移ろう中東、変わる日本
2012-2015

酒井啓子

みすず書房

移ろう中東、変わる日本　2012-2015　目次

本書は既発表の文章に改訂を加えて編んだものです。15章は雑誌『世界』（岩波書店）二〇一五年三月号に、ポスト・スクリプトはウェブ版『ニューズウィーク日本版』「中東徒然日記」に二〇一五年十一月十六日付で発表。それ以外はすべて雑誌『みすず』（みすず書房）に二〇一二年三月から二〇一五年七月の間に不定期連載されたものです。各章冒頭の（　）内に記した数字が初出の年月です。

少し長いまえがき

「もう戻らない」。そういって僕は通りに出た
自分の血であらゆる通りに書きつけた
耳を貸そうとしなかった奴に聞かせてやった
すべての障壁は崩れ落ちた
夢が僕らの武器だった
明日は僕らの目の前に開けている
ずっと前から待っていた
探し回っても居場所がなかった

僕の国のすべての通りで　自由の声が呼んでいる
（山本薫「社会・文化運動としてのエジプト〝一月二五日革命〟」、酒井編

『〈アラブ大変動〉を読む』東京外国語大学出版会、二〇一一年）

これは、二〇一一年一―二月、エジプトで後に「アラブの春」と総称される大規模な民衆デモが起きたときに、ユーチューブ上で流行った歌の歌詞だ。

長らく市民生活を苦しめてきた独裁政権に、「ノー」を突きつける。自分を縛ってきたさまざまなしがらみ、拘束から、自らを解放する。権力による締め付け、官憲の暴力、社会の冷たい目、言いたいことも言えないこと、歌いたいことも歌えないこと――。そうした束縛を振り払って通りに出た若者たちが、革命の成功に歓喜し、勝ち取った自由を、高らかに歌い上げている。

その三年後、歌詞を翻訳した山本さんが、言う。「今、辛くてこの歌が聞けない」。

チュニジアの田舎町で、一人の青年が生活苦と自尊心を傷つけられて焼身自殺したことをきっかけに、これまでどんな独裁、どんな弾圧にも黙って耐えてきたアラブ社会が、突如として立ち上がった。チュニジア南部で始まった民衆の路上デモは、わずか二週間で全国に広がり、当時の大統領を亡命に追いやった。その波はエジプト、バハレーン、イエメン、リビアへと続き、カタールとアラブ首長国連邦を除くすべてのアラブ諸国で、政府の退陣、改革を求める民衆デモが起きた。いわゆる「アラブの春」である。

その勢いと解放感は、世界中に強烈な衝撃を与えた。年の離れた筆者の若い友人は、そのとき気持ちが塞がっていて、長い間家から出てこられなかったのだが、テレビでエジプトの街頭デモの様子を見たことで元気をもらった、と話してくれた。

四度にわたって繰り返されたイスラエルとアラブ諸国の間の戦争、イスラエルの占領、石油による格差の拡大と資源を巡る争い、各国にはびこる汚職とコネ社会と権力政治、湾岸戦争とアメリカ軍の駐留、アメリカでの同時多発テロ事件とアフガニスタンでの戦争、イラク戦争とアメリカの占領、内戦、そしてテロ――。過去半世紀近く、何も楽しいことがなかった、戦いと暴力と抑圧にまみれて暮らしてきたアラブの人々が久しぶりに自己解放の喜びを味わったのが、「アラブの春」である。

それが今は、どうだろう。

冒頭の歓喜の歌が今はもう聞けない、と翻訳家が言うのは、今再びアラブ社会、中東地域を覆っている暴力と抑圧を見てである。「アラブの春」で長期政権が打倒されたエジプトでは、民選で選ばれたイスラーム主義政党の政権が民衆のデモによってひっくり返されて、二〇一三年には再び軍事政権に逆戻りしている。バハレーンに波及した民衆デモは、シーア派の台頭を予感させたことで隣国サウディアラビアの危機感を刺激し、周辺諸国の介入によって潰された。同じく宗派バランスの変化を予感させたのが、二〇一五年のイエメンでのホーシー派による政権奪取で、この背景にイランありと疑心暗鬼になるサウディは、対イエメン空爆という泥沼に足を踏み込んでいく。

宗派対立、周辺国の介入という点では、シリアほど凄惨な事態に陥った例は、ない。「アラブの春」の流れに一歩遅れる形で反政府デモが起きたシリアでは、サウディアラビア、カタール、トルコなどが反政府側に肩入れする一方で、イラン、イラクはアサド政権側についた。大量の資金的、軍事的援助を背景に、さまざまな反政府勢力が反政府活動を激化させるのに対して、政権側は樽爆弾や化学兵器を使い、数十万人の死者を出す内戦へと発展していく。内戦を見かねてと称して介入する国際社会もまた、アメリカやヨーロッパが反政権側に、ロシアが政権側について、新たな冷戦の代理戦争とも言われる事態になった。

畢竟、被害を受けるのは戦場と化したその土地で暮らすシリア人たちで、戦火に耐えかねて村を、街を、国を逃げ出す。全財産をはたいて闇の亡命ルートを探し、非合法に国境を越え、定員をはるかに超えた密航船にすし詰めになり、転覆しては救命ボートにすがって命からがらヨーロッパの地にたどり着く。たどり着いた先では数々の検問、有刺鉄線、国境警察に阻まれ、追い返され足蹴にされ発砲されても、なんとか安全な地までと、這うように進む。そのシリア難民は、二〇一五年夏にはその数四〇〇万人に上り、九月初めにはドイツのメルケル首相が難民受け入れを宣言せざるをえないまでに、ヨーロッパの玄関口に膨れ上がった。

国外に逃れられた人々はまだいい方で、国内で居場所を奪われた国内難民は、七六〇万人にも上る。国外、国内を合わせると、シリアで難民化している人たちは、人口の半数を超える。この事態は、第二次世界大戦以来の危機的状況だと言われている。

こうしたなかから、「イスラーム国（ＩＳ）」は生まれた。カリフ制の再興という、一見イスラーム社会の「理想」に見える理念を掲げて、しかし他宗派、他宗教に極めて冷淡で残酷な、排外主義を掲げる集団。「イラクと大シリアのイスラーム国（ＩＳＩＳ）」と名乗って二〇一三年頃から活動を拡大していったこの集団は、二〇一四年にイラクに進撃して、イギリスと同じか少し大きなくらいの領土を征服した。

その残虐性、偏狭性、奇抜性に、世界は震撼する。震撼し、これを潰さなければと考える。だが、各種の軍事介入を繰り返してきたアメリカは疲弊し、周辺国はもちろんヨーロッパやロシアは応援する勢力がまちまちで、どこをどう叩いたら「イスラーム国」というモンスターをやっつけられるのか、誰もわからない。理念のない空爆、共通利害のない介入は、ますますモンスターを強大にする。モンスターのほうに理念が、義が、夢があると考える人々が、世界中から「イスラーム国」に集ってモンスターを支える。その一つの帰結が、二〇一五年十一月にパリの劇場やカフェを襲った、同時テロ事件だ。

これが世界の終わりのすがた
これが世界の終わりのすがた
これが世界の終わりのすがた
ドンともいわないで、すすりなきのひと声で

（Ｔ・Ｓ・エリオット、西脇順三郎・上田保訳「うつろな人間」
『エリオット詩集』（世界詩人全集16）新潮社、一九六八年）

「イスラーム国」が代表する世界は、混沌である。すべてこの地に構築されてきた近代の試みを壊し、溶解させ、この地が抱えてきたさまざまな遺恨と怨念をブラックホールのなかに吸収して、新たな「共同体」と称する生き方を捻り出す。多くのイスラーム教徒が「あれは私のイスラームではない」と主張する一方で、世界には「イスラーム＝暴力」という文明の衝突論が蔓延する。

どうしてこうなってしまったのだろう。

四年前に、自己解放の歓喜に酔いしれたアラブの若者たちの明るい未来は、どこに行ってしまったのだろう。「イスラーム国」に象徴される今の中東の混沌は、無計画に高く飛翔しようとした結果の陥穽であるようにも見えるし、人々の飛翔を許さない、暴力と恐怖で人心を抑えつけてきたアラブの統治手法の最後のあがきのようにも見える。

飛翔の高みからブラックホールへと、アラブ社会と中東の人々が流転していくさまを、筆者は四年間、見続けてきた。ともに高揚し、怒り、議論し、痛がり、無力さに苛まれながら。その都度、月刊『みすず』にしたためてきたエッセイを中心に収録したのが、本書である。無邪気な共振も、素朴な糾弾も、執筆した当時のままにしてある。それは、二〇一一年から二〇一五年までの間に中東で起ったさまざまな出来事に、いまだ決着がついていないからだ。

どうしてこうなってしまったのだろう、という問いに、結論はまだない。今後、結論が出るのか、決着がつくのかも、わからない。世界で起きていることを見ると、西欧社会はますますイスラームに門戸を閉ざし、排外主義がはびこり、私とあなた、の弁別を当然と考える方向に、どんどん進んでいるように見える。自分たちが住むこの日本もまた、例外ではない。

パリで事件が起きた翌日、今ではパリに住んでいる前述の若い友人（エジプトでの革命に目を啓かれた彼女だ）にメールを送った。大丈夫？　と。

大丈夫です、と言った後で、彼女はこう綴った。「こんなことがシリアでは毎日起きているかと思うと、言葉がありません」。

流血と暴力への恨みばかりに感情を支配されるなか、フランスのトリコロールだけを悼む風潮が世界に満ち溢れているなか、私は彼女の言葉に救われた。

なので、この本は彼女と、すべての痛みをわかちあう人たちに捧げる本である。

二〇一五年十二月九日

酒井　啓子

1 「アラブの春」と「ウォール街」と「3・11」をつなぐもの

東日本大震災から一年（2012.3）

私事で恐縮だが、昨年、持病が再発した。

膠原病と呼ばれる自己免疫疾患の一種で、十年近く前に発病して治まっていたものが再び悪化したのである。

症状は実に軽く、日常生活にはほとんど支障がないのだが、何せ厄介なのははっきりとした原因や予防法が解明されていない、難病扱いだということだ。何に気をつけ、どう対処していいのか、医者も患者も試行錯誤の途上にあるとも言える。検査、検査で盛夏の一カ月ほどを病院暮らしに費やし、日本中が震災の悲惨さと放射能の危機に怯え、世界中が「アラブの春」と「ウォール街占拠」に興奮するなかで、個人的には不可解な病にどう向き合うかに、少々頭を痛めていた。

しかし、十年前に病を得たときに、感銘を受けたことがある。それは、この病気の患者さんたちが、驚くほど前向きなことだ。医者にもわからないことなのだから、くよくよしても仕方がない、と割り切るせいもあるかもしれない。そして、患者はこの病気のことをよく勉強する。医者がわからない分、自分こそがよくわかっていなきゃ、という意識があるのだろう。患者の多くが治療されるべき対象であるとともに、研究材料でもある。ちゃんと研究して治療法の開発に利用してもらわなければ困る、という責任感に近いものもある。検査データも投薬歴も、下手な医者よりよっぽど正確に把握している。専門知識はよくわからないからと、何から何まで医者任せにする、という態度にならないのが、この病気の患者さんの特徴かもしれない。実に自立した人が多い。

そう考えながら、この感じは以前に慣れ親しんだ世界だなあ、と思い起こした。最初に中東地域で暮らした、一九八〇年代後半のイラクでの三年間である。

当時のイラクは、隣国イランとの戦争状態にあった。その十数年後、米軍によって転覆されることになるサッダーム・フセイン率いる独裁政権が、その政治的野心と権力維持のために始めた戦争である。指導者の野心とは無縁のイラクの庶民たちは、いかにこの災厄から無事逃れるか、日々腐心していた。

そこで感心したのは、普通の庶民たちがラジオにかじりつき、さまざまな外国語放送を聞いていたことだ。独裁政権の常として、大本営発表が当てにならないことは庶民もよく知っている。当時のニュース、情報入手手段といえば、今のように衛星放送やインターネット、携帯電話があるわけではない。せいぜいラジオか、地上波のテレビしかなかった。そのラジオに人々は釘付けになって、ＶＯＡ（ヴォイス・オブ・アメリカ）やＢＢＣ（イギリス）、あるいはかなり怪しげな情報も含むがラジオ・モンテカルロ（フランス）などが流す情報に耳を傾けていた。親族にペルシア語がわかる者がいれば、交戦相手国のイランから流れるニュースを聞く家庭もあった。イランから士気を鼓舞する意気軒昂な演説が聞こえてくれば、ああこれはイラン軍の進撃が近いな、と分析する。

情報ルートを多様化させるだけではない。情報分析能力も研ぎ澄まされていた。イラク軍が派手な戦果を掲げて敵国を攻撃したことを報じれば、すぐさま報復でミサイルが飛んでくるに違いない、と庶民は分析する。狙われやすい首都を離れて地方の親戚の家に疎開するかどうか、疎開するならどのくらいの期間か、あるいは疎開しなくて済んだとしても、食料品などの買いだめはどの程度しておくべきか。大本営発表といえども、実に要点を摑んで精密に分析し、それに応じて明日の行動を判断するのだ。

いかに独自に情報を得て、いかに正確に分析するか。それは戦時下のイラクの人々にとって、死活問題である。お上からの情報が信頼できなかったり、限られていたりすれば、ただそれを盲信するようなことはなく、自分たちなりに事態を総合的に把握し、さまざまな視角を持とうとする。独裁政権の下では庶民が情報統制で洗脳されているのでは、と思われがちだが、実際はさかさまだ。信用できない情報しかないと知っているからこそ、さまざまな情報を知ることに貪欲になる。

二〇〇三年のイラク戦争後に、十四年ぶりにイラクを訪問した際に見た姿も、同じだった。フセイン政権が倒れて情報統制が外れ、玉石混交ながら膨大な量の情報が巷に溢れるなかで、タクシーの運転手たちが客待ちの間、道端のキオスクで買い込んだタブロイド判の新聞を食い入るように読んでいた。どの勢力が伸びるか、誰が権力を取るか、ダークホースは誰か……。

活字で入ってくる情報だけではない。戦後すぐ、警察や軍などの治安を守るべき組織が崩壊したとき、街の角々で自発的な自警団が出現した。ノンポリの地元の若者が急遽集まって外敵からコミュニティーを守ろうとする場合もあれば、特定の政治集団が手下を使って街区の治安維持を一手に引き受ける場合もある。どの勢力に依存し、どの新興集団を信頼すべきか、正確に判断しなければ、それは即座に命取りになる。生き馬の目を抜く戦後のイラク社会を生き延びていくためには、必死で多種多様な情報を集めなければならない。

その姿は、ただ「物知り」になるために国際情勢のニュースを漫然と聞いている日本の庶民とは、まったく違っていた。自分で情報を集めることが自分の生き死ににどれだけ直結したことであるか、イラクの人々と普通の日本人とでは、その感覚が大きく異なっていたのである。原因のわからない難病に向き合う、あくまでも前向きな膠原病の患者たちを除けば。そして今、政府の大本営発表に惑わされず、自助努力で事態を把握しようとしている震災、放射能被害の当事者たちを除けば。

「お上」や目上の長老たちの言いなりになるのではなく、市民が個人としてちゃんとした判断能力と意見をもって社会を作っていく、というのが近代の市民社会の基本だとすれば、戦時中、戦争直後のイラクの人々は、自分自身の意見と判断能力を持っていた。少なくとも、持とうとしていた——それが市民社会を作ることにはつながらなかったとしても。

だが、震災後の日本社会を見ると、私たちの社会がいかに情報の「お上」依存から逃れられないかがよくわかる。それほどまでに私たちの社会が市民社会として成立していなかったのかと思うと、戦慄するほどだ。発表される放射線量が正確でなくともただ大丈夫と盲信するか、根拠のない風評に惑わされる。何が正確な情報かを自分たちで探して分析する、という姿勢が、最初から準備された社会ではなかった。

これだけ政府が頼りにならないとわかってもなお、政府に頼らない独自の解決策を見出そうとしない、あるいはできない日本社会とはいったい何なんだろう、という疑問を、中東社会を見ていると、どうにも払拭できない。先に挙げた「いつ逃げるか」の判断も、「お上」主導で進めていれば、出遅れることは目に見えている。イラク駐在時、ミサイル攻撃の応酬が激しくなったとき、現地の住民が次々に疎開するのを見て、イラク在住の日本人社会の間でも「一時帰国」などの決断が上から下されることがあった。だが、たいていの場合は決定に時間がかかり、「帰国」を決めたときには周囲の住民は疎開から戻ってきていた——そんなケースは、しょっちゅうだった。

どうして日本社会はこうも臨機応変ができないんだろう、と感じる最適の例が、電力事情だ。イラン・イラク戦争、湾岸戦争、イラク戦争と、二十年以上戦争と経済制裁が続いたイラクでは、火力発電の材料たる原油は豊富にありながら、製油所や発電所が修理できないまま、イラク戦後九年を経た今もまだ、全国的な電力不足が続いている。一日の半分も電気が来ない、などという状況は、都市部ですら当たり前になってしまった。でも、猛烈な夏の暑さ、オール電化に慣れ親しんだ生活のなかで、お上からの電力供給が足りないからといって、黙って我慢できるようなイラクでの生活ではない。畢竟、国民は自助努力してなんとか電気を確保しようと工夫する。

最も多いのは、各家庭が小型発電機（縁日の屋台で使っているような、ブンブンうなるヤツだ）を自宅に備え付けておくやり方だが、もう少し進むとコミュニティーが協力して共同出資し大型発電機を買う、という方法になる。地域によっては、その土地の企業が余った電力（それぞれの企業は当然自家発電している）を地元住民に安価に分けてあげる。進出企業にしてみれば、住民の不要な反感を買わないように周辺住民と上手くやることは、必要不可欠な措置だ。特に外国系の企業は、「米軍占領の協力者」とか、「復興事業で焼け太り」などと誹謗中傷の槍玉にあがりがちだから、特に配慮しなければならない。

さらには、国境地帯の県ではしばしば、自治体ぐるみで海外から電力を買う交渉をしている。イラクの南部県では、長い国境を接するイランに原油を陸路で売り、代わりに精製油や電力を供給してもらう契約を交わすケースが見られた。イラク南部社会は宗教的にはシーア派イスラーム教で、イランの多くの住民と同じ宗派なのだが、そのことがメディアではよく「イラクのシーア派＝イランと心情的に一致」と見なされがちである。だが、その結びつきとは実際には、こうした経済的合理性に起因するものに他ならない。

さて、震災後の日本の電力事情を見て、真っ先に疑問に思ったのは、なぜイラクで行われていたことが日本でできないのだろう、ということだった。法制度だの経済システムがまったく異なることは、よくわかる。逆にそうした「自助努力」ができてしまうほど制度的にきちんとしていない、抜け道の多いイラクのほうが問題であることも、よくわかる。

しかしそれが問題なのは、平時においてである。危機のとき、頼るべき制度やシステムが頼れないものと露呈したとき、「自助努力」もできない社会はどうやって生き延びていけるだろうか。

なぜ問題を起こした電力会社にしか、その電力を依存できない環境が続いているのか。自然な市場原理に従って行動しているのは、日本人ではなくイラク人のほうではないのか。独占的に物事を動かしている組織、機関が信用できない、と文句を言うこともさることながら、そもそもそうした組織や機関は信用できないものだ、という前提が、イラク、あるいは中東、ひいてはアジア、アフリカの途上国全般に蔓延している。だからこそ、そこで生き延びていくために社会は、非合法だと断罪されながらも自立的でなければやっていけない。

これまでは、国家やさまざまな諸制度が完備されておらず、宗派や民族や部族などの社会的紐帯ばかりが強いアジア、アフリカ諸国は、先進国に倣って近代化、制度化を進めなければならない、というのが当たり前だった。細分化された専門分野ごとに技術や知識が独占的に保有され、国民はそのマシーンに乗っていれば安定した生活が保障される、そうした先進国の制度こそが、開発政策の目指すべき目標だった。制度がきちんとすれば、上司の捺印をもらうのに何日も何カ所もの部署を書類を持ってまわるような無駄な時間と努力をしなくてもすむ。一つのパーツが手に入らなくて直らない機械を使いまわすために、全国の部品売り場を訪ね歩かなくてもすむ。安いものを手に入れようと、怪しげな口コミ情報ばかりに振り回されなくてもすむ。便利で快適な生活と引き換えに、人々は自分の生活をマネージしていく機会を失っていく。

それを近代化というなら、途上国、特に中東の国々の多くは、一九五〇年代来、権威主義体制のもとで国家主導の近代化を推し進めてきた。その権威主義体制下での国家の独占に反旗が翻ったのが、まさに二〇一一年の「アラブの春」だった。

国家は政策のすべてを独占しているだけではなく、雇用機会からさまざまな情報、価値観に至るまであらゆる分野に介入してきた。かつては宗教や親族や地縁などのネットワークに沿って、自立し自助努力しあうことができていた社会は、近代化の過程で解体され、それぞれ個化、分断されて、国家の直接支配を受ける。全国に張り巡らされた諜報網、治安組織が、政府批判が噴出しないか、生活の隅々まで眼を光らせていて、国民はそうした国家の介入に怯え、自らの行動を律していく。かつては部族の長、モスクの説教師、あるいは村の長老が共同体の要を務め、人々の紐帯を維持してきたが、近代化、国家の制度化とともに、人々の忠誠の行き先は国家のみに限定されていく。

その息苦しさに反旗を翻したのが、チュニジアやエジプトの若者たちだった。数十年間我慢してきた彼らがなぜ突然立ち上がったのか、これまで国家に対して抱いていた畏敬と恐怖の意識を、なぜ突然払拭して「ノー」と言えるようになったのか。その疑問に対しては、今多くの研究がなされているところだが、しばしば指摘されるように、インターネットなどのソーシャル・ネットワークの役割が大きかったことは確かだろう。

だが、新しい情報テクノロジーがどういう点で彼らの意識を変えたのか。最も重要なことは、国民がネットを通じて自分たちで情報を得る機会を再び得られたことだ。かつて社会が井戸端会議や噂話などで口コミ・ネットワークを維持し、国家の情報独占に対抗できたように、今や若者はネットを通じて新たな社会的ネットワークを築き上げている。かつては長老や説教師、部族長を結節点としてつながれていた紐帯が、ネットを通じて見知らぬ人々同士の間に、横に広く結ばれつつある。

そしてそのことは、同じ内容が発信されていながら、それが行き着く社会的効果がまったく異なる、という現象を生む。象徴的な例が、エジプトで官憲に殺害された青年、ハーリド・サイードの遺体の映像だ。激しく拷問され、無残にも顔かたちが変わってしまった綺麗な顔立ちの青年の写真は、その後ネットに公開されて、同じ世代の同情と怒りを呼んだ。それが、エジプトで政権転覆を成功させた大規模なデモの継続につながったのである。

しかし、こうした虐待された遺体の映像は、従来は官憲側が遺族を恐れさせるために利用したものである。「お上」にたてつくとこんなことになるぞ、という、威嚇のための手段だった。だが、それが市民側が作るブログにアップされることで、虐待映像は恐れではなく怒りを呼び覚ました。同じ無残な遺体の姿でも、治安組織にいいように利用されるのではなく、被害者に同情し死を悼む人々によって見届けてもらえるのだ、という意識が、人々に国家からの暴力に対する恐怖心を超えさせたのだ。社会の側が国家とは別に情報を持ちうるということが、国家と社会の関係を決定的に変えた。

「アラブの春」が、権威主義体制のもとでの国家の独占に対する反発だったとすれば、「ウォール街占拠運動」などの先進国で起きた街頭デモは、先進民主主義体制でもさまざまなことが市民の手にはなく一部の人々に独占されているではないか、という糾弾の声だったと言えよう。管理社会、高度専門化社会のなかで、自由と民主主義と言いながら、実際にすべての人に成功の機会が、自由に与えられているわけではない。自分たちが実現してきた自由と民主主義は、本当に自分たちが求めた理想の民主主義ではないのではないか、という疑問は、権威主義体制に向けられた批判に比べて、圧倒的に深刻だ。

ユーロ危機もその流れで考えれば、自由と民主主義に支えられたヨーロッパ共同体という幻想が崩れていく過程なのかもしれない。それぞれの国の独自性を捨てて、EUに加盟するための条件をクリアすることに血道をあげて、それで繁栄が約束されるのだと信じられてきたのが、この二十年間である。その約束が、確実ではなくなった。約束を信じた自分たちが悪いのか、約束したEUが悪いのか。遊んで暮らしたキリギリスでしかないじゃないか、と働きアリ先進国から非難されながらも、どうして自分たちが債務のツケをはらわなければならないのだ、というギリシャの公務員たちの抗議は、ヨーロッパ共同体などという理念はもういいから、自分たちなりの生活をさせてくれ、という主張にも聞こえる。

「アラブの春」や「ウォール街占拠運動」で共通に見られるのは、「自分たちは見捨てられている」という強烈な自覚だろう。「アラブの春」でデモ隊が繰り返し強調した「尊厳」とは、そういう意味だ。そして、その自覚に基づいて彼らが主張するのは、見捨てるな、ということではない。自分たちを見捨てるようなシステム自体に対する激しい忌避である。「アラブの春」や「ウォール街占拠運動」の新しさとは、国家や「お上」に、自分たちを何とかしてくれ、と要求する従来の「陳情」型の抗議運動ではなく、自分たちを見捨てた者たちが独占するものに対して、それを奪還しようという運動だということである。

遅ればせながら日本もまた、震災と原発事故を経て、「お上」に牛耳られているものに疑問を投げかける契機が生まれているのではないのだろうか。「お上」が調べないものを自分たちで調べ、自分たちで対処する。複数の情報を自分たちなりに分析し、納得のいく対応をとろうとする。それは（おそらく過去数十年の間で）初めて、どういう情報や知識を持っているかが人々の生き死にに直結する事態が発生したからだろう。難病患者が自分の病気を熟知して向かい合おうとするように、すべて日本に住む者たちが震災と放射能と向き合わざるをえない今、知恵と工夫とたくましさを必要としている。

自分たちを見捨てるシステムに安住することは自分たちの生を脅かすことなのだ、という新しい認識が、先進国でも途上国でもともに芽吹いたのが、二〇一一年だった。それが、それぞれの環境で次にどのような行動となって現れるのか。あるいは危機を体験したことで得た、知識と情報が身に染みる「他人事じゃない」という感覚が、危機が喉元を過ぎたことで再びただの「物知り」に戻ってしまうのか。

それはアラブ世界だけの話でも、ウォール街だけの話でもない。私たちの震災後の世界の話なのだ。

2 「私の名前を憶えてほしい」

イラク戦争開戦九周年（2012.5）

三月二十日、今年で九年目にあたるイラク戦争開戦「記念日」は、例年に比べて静かだった。日本だけではない。世界中で、「三月二十日」でイラク戦争を思い起こそうという大がかりなイベントは、ほとんど姿を消した。

理由は単純である。昨年末、米軍が、米大使館の館員ないし警備として残留する者を除いて、すべての部隊をイラクから撤退させたからだ。二〇〇三年以降米軍とともにイラクに駐留していた外国軍もまた、とうにイラクを去っていた。

開戦記念日の数日後、私はロンドンで開催されていた中東研究に関する学会に出席していた。イギリスといえば、中東研究の発祥地、最も歴史と伝統、蓄積のある学問的中心である。そこで頻繁に言われていたことは、「イラクは昨日の物語になった」である。

とにかく、忘れたい。米英が率先して、すべての批判をものともせず、がむしゃらに軍事攻撃に突っ走っていっても、それでも武力でイラクのフセイン政権を倒すことは正しいのだ、と信じていた九年前の自分たちを、忘れたい。アメリカもイギリスも、政権は代わり、開戦の責任を問われるべき人物は去り、あれは一時の気の迷いだったのだと、過去の話として蓋をしてしまいたい。何よりも糾弾されるべき「占領軍」は、もういない。そういえば、昨年六月にワシントンで会議に出席したときも、米政権関係者が口々に、「来年の今頃は自分たちはもうイラクにはいないのだから」と自らに言い聞かせるように語っていた。

脱イラクのムードが蔓延するなか、反対に話題が集中していたのが、「アラブの春」である。学会の全体のタイトルからして「革命と反乱——変化の形態と原因を理解するために」で、報告の三分の二近くが「アラブの春」に関したテーマだった。

一年前、アラブ民衆が立ち上がるさまに歓喜し興奮した一時期の熱気は、すでに失われている。むしろ政権交代した後のチュニジア、エジプトの新政権がどうなるのか、懐疑と懸念をもって見る向きのほうが、強い。学会の出席者の間でも、議論になった。欧米諸国は「アラブの春」後に出現したイスラーム主義政党の勢いに否定的な見方だが、日本はどうか？　せっかく民主化したのにイスラーム主義勢力が「革命」を乗っ取ってしまったようで、「アラブの春」の成果は失われてしまったのではないのか？

それでも、今ここで新しい「アラブ」と積極的に関係を構築しなければ、という意欲が、あちこちに溢れていた。ある学者は、イギリスがアラブ諸国に研究拠点を持っていないのは問題だ、学術センターの設立などを考えている、と熱心に語る。「アラブの春」が起きたとき、欧米の学者のほとんどがそれを予見できなかったのはなぜなのか。象牙の塔に籠って理論書や歴史書を読むばかりしかせず、現地社会から遠く離れてしまっていたのが失敗の原因だったのではないのか。

日本はどうなんだ、と言われて、困った。今こそアラブに目を向けて、というイギリスの盛り上がりは、日本にはない。震災にかかりきりになっているからだけではない、遠いというのはこういうことかもしれない。ロンドンにいると、反政府行動を圧倒的な武力で弾圧するシリア政府に対して、あちこちで在英シリア人や市民運動家が抗議デモを組織したり、反体制派への支援活動を行っているのに、出くわす。中東で起きていることが、ロンドンにそのまま反映される。

イラク戦争を過去のものと葬り、「アラブの春」に夢を抱いたとしても、その二つの事象には、因縁とも言えるつながりがある。「アラブの春」という名前が登場したのは実は七年前のことで、当時民主化の「手柄」をめぐって、ブッシュ米政権とアラブの市民運動との間で綱引きがあったとも言えるからだ。

「アラブの春」という言い回しが「プラハの春」を想起させることからもわかるように、この名づけには「社会主義・全体主義・自由に対する統制からの自由」という意味が込められている。その表現が出現したのは、二〇〇五年だ。同年三月、それまで隣国シリアに実質的に支配されてきたレバノンで、「杉の木革命」と呼ばれる市民運動が起きた。これは、二月にハリーリ元首相が暗殺されたことを契機として反シリア抗議デモが活発化、その結果、四月にレバノンからシリア軍が撤退したものだった。

これを、当時のブッシュ米大統領は、「アラブの春」と呼んだのである。三月半ば、米国防大学での演説でブッシュは、「とうとう雪解けがきた」と発言した。イラクでの武力による政権転覆を目的とした「中東民主化のドミノ」現象が、とうとう始まった、と思ったのだった。強引でもイラク戦争を行えば、中東の独裁諸国は次々に転覆され、民主化が進むのだ、というネオコンの論理が証明されたのだと、胸をなでおろしたのだろう。その三カ月後には、当時国務長官であったコンドリーサ・ライスは、エジプトのカイロ・アメリカン大学で講演し、次のように述べた。「一七九人ものシリア人学者や人権活動家が今、「どうかダマスカスに春が開花しますように、その花が満開になるように」と求めている。シリアの指導者はこの声に応えなければならない」。

確かに二〇〇五年は、今アラブ諸国が経験しているような政治的自由化、民主化への希求が進んだ時期だった。同じ頃、エジプトでは、当時のムバーラク大統領が、それまで信任投票と大差なかった大統領選挙に、複数候補が立候補できるよう改革の準備がある、と発言していた。その一年前の二〇〇四年には、ムバーラクの退陣を求める「キファーヤ運動」が組織され、二〇一一年の「革命」につながる市民運動の出発点となった。さらにはサウディアラビアでは、それまで民選議会をいっさい持たなかったのだが、同じく二〇〇五年に地方評議会で選挙が導入された。

そしてアラブ人学者もまた、そうした民主化への希求を、「春」と呼んだ。エジプトの著名な社会学者でムバーラク政権期に投獄、拷問を受けたこともある人権活動家、サアド・アッディーン・イブラヒームは、ムバーラクが憲法改正に見せた意欲を評価して、レバノン紙にこう書いた。「もし（大統領選挙に関する憲法を改正する動きが）真剣に実践されれば、……レバノンやイラク、パレスチナで起きていることと相まって、それはアラブの自由の春の先駆けとなろう」（*Daily Star* 二〇〇五年三月三日）。

だが、それはブッシュやライスが考えたように、「イラク戦争を契機とした民主化ドミノ」の成果だったのだろうか？

イラクでは、二〇〇五年一月に晴れて初めての「自由で民主的な」議会選挙が実施された。「イラクの民主化」の成功に快哉を叫びながら、その実ブッシュ政権は頭を抱えていた。選挙の結果、シーア派イスラーム主義政党が圧勝し、（欧米からすれば）親イラン（に見える）政権が成立したからである。その後イラクに起きたことは、みな記憶に新しい。毎月数十人、多いときには一三〇人を超える米兵が殺され、宗派対立のなかで月三〇〇〇人以上のイラク人が命を落とした。内戦状態は二〇〇八年半ばからようやく収まりを見せたものの、アメリカは、二〇〇七年年頭にはイラクから手を引く方向で事態の収拾を図っていたのである。二〇〇五年は、ブッシュ政権がイラク戦争に「中東民主化構想」を夢見続けることができた、最後の年だったと言えよう（その夢が無残にも打ち砕かれていくさまは、ジョージ・パッカーの『イラク戦争のアメリカ』（みすず書房、二〇〇八年）にまざまざと描かれている）。

エジプトやチュニジアで、二〇一一年の政権交代を「アラブの春」と呼ぶ現地の人々はほとんどいない。「アラブの春」という表現が、ブッシュによって米主導の「民主化ドミノ」を企図して使われたとなれば、そんな表現は使いたくないのも、もっともである。

では、イラク戦争は中東の民主化にまったく関係がなかったかといえば、そうではない。皮肉にもブッシュが期待したのとは逆の形で、イラク戦争は二〇〇五年の最初の「アラブの春」を、そして今の「アラブの春」を準備した。イラク戦争に反対するアラブ諸国の人々が、二〇〇三年以降反戦デモの形で市民運動を展開するようになったからである。

アラブの人々が街頭に出て抗議を叫ぶ経験をしたのは、まずはパレスチナ問題に関してだった。二〇〇〇年、パレスチナでオスロ合意枠組みが崩壊し、第二次インティファーダが発生したとき、エジプトやモロッコ、チュニジアでパレスチナ人を支援するデモが組織された。二〇〇六年のイスラエルのレバノン南部に対する攻撃、二〇〇八―九年のガザ攻撃の際にも、反イスラエル、反戦活動がさまざまな層の人々の間で展開された。

権威主義体制のもとで、人々は勝手に街頭に出て文句を言う自由を経験することがなかった。しかし、イスラエルに対して、あるいはイラクの米軍に対して堂々と反対の声を上げることで、市民運動の経験を積んでいったのだ。とはいえそれは、かつて反植民地主義、反イスラエルの前衛を担った「アラブ・ナショナリズム」や、イスラーム主義とは、少し様相を異にしている。「アラブ・ナショナリズム」が軍人や思想イデオローグによって主導されたのに対して、今街頭でデモを繰り広げる人々は、ふつうの、何の変哲もない若者である。リーダーがいない。それが「アラブの春」の特徴である。

長い通勤時間をかけて職場に通い、能力にそぐわぬ仕事をし、結婚しようにも婚資が貯まらず、家族の面倒を見、友人に愚痴をこぼしながらテレビを見て一日を過ごすふつうの若者。彼らが、半世紀、あるいは四半世紀前の若者と違っていることがあるとすれば、それは見るテレビが衛星放送で、友人にこぼす愚痴がインターネットか携帯になったことだろう。国営テレビでは流されなかった国際情勢、周辺国の状況、世界の人々が何を考えているか、自分の国の政府がいかに頼りにならないか、といった情報が、九〇年代後半以降汎アラブ衛星放送やインターネットを通じて、大量に人々のお茶の間に流れ込んだ。地上回線の電話では盗聴を心配しても、ネットではさほど気にせず文句を言い合うことができる。新しい通信手段が、ふつうの若者が街頭に飛び出して行く環境を準備した。

だから、街頭に飛び出した人々が持っていたのは、携帯であっても武器ではなかった。素手で政権の暴力的鎮圧に立ち向かう非暴力運動を繰り広げたのも、「アラブの春」の特徴である。だが、なぜ彼らは、素手で政権の暴力に向き合うことの恐怖心を振り払うことができたのか。軍や秘密警察、私兵など、あらゆる暴力装置が物理的にも精神的にも人々を傷つけ、痛めつけてきたというのに、なぜ突然、人々は軍や警察を怖がらなくなったのか。

運動を率いた経験のある活動家の一人が、こう言った。若者は、これまで運動に参加すること自体を恐れていた。女性は、男性と一緒に座り込みをすることで何か性的に危険なことが起きるのではと心配していた。しかし実際にデモを行い、座り込みで一晩男女雑魚寝で過ごしてみれば、何も起きないことがわかる。時には警察と衝突しても、実はたいしたことではないと、吹っ切れる。

そこには、詩人の秋山清氏がこう歌った情景が生まれたのだろう。

ぼくの顔と鼻のなかから血がながれ
顔はくろくはれている。
これくらいのことかとおもった。
やつらの暴力というもののささやかさを思いながら
ぼくはたちあがった

（高畠通敏『政治学への道案内』三一書房、一九七六年）

人々がどのように恐怖心を振り払って「たちあがった」かを、まざまざとこの目で見たのは、今年バハレーンを訪れたときのことである。

二〇一一年二月、「アラブの春」はペルシア湾の小島バハレーンにも波及した。バハレーンは、アラビア半島の他の国々同様、王族支配の下で議会などろくに機能してこなかったが、その政治的不満を解消するために豊富な石油収入が国民にばら撒かれ、国内対立の芽を摘んできた。バハレーンが周りの金持ち首長国と違うのは、もともとシーア派住民が居住するこの島に、十八世紀に今の王族を中心としたスンナ派部族が半島から移住し、地元住民を支配した、という点である。バハレーンは、二割強のスンナ派の支配一族が優遇され、八割弱のシーア派の地元住民が政治的に疎外される国として成立した。

そのバハレーンで、チュニジアやエジプト同様のデモが頻発したとき、王政はこれを「民主化の脅威」ではなく、「シーア派の反乱」と考えた。周りの王制・首長制諸国も、シーア派＝イランの脅威、と考えて、バハレーンの王族を全面支援する決定をした。その結果、バハレーンの「春」はあっけなく潰され、地元の貧しいシーア派の人々は一層の弾圧を受けることになってしまった。

この三月、バハレーンを訪ねたところ、デモに参加する機会を得た。首都の真ん中で大規模に組織するデモは一年前に潰されたが、地域の人々は今も諦めていない。シーア派住民の間では、各地で毎日のように、政府批判のデモが繰り返されているのである。

そこで出会った女性たちは、そのほとんどが十代後半か、二十代の若者だった。どうして？　と尋ねると、昨年の首都でのデモに参加してから意識が変わったのだ、という。それまで家族や友達とテレビを見て他愛なく笑っていた生活から、気軽な気持ちでデモに参加した。それが、弾圧された。何もしていないのに、催涙弾を撃たれ、涙を流し、警察に追われて転んで怪我をした。怖かったというより、腹がたった。地元に戻ってきたら、自分たちが慕い、尊敬していた地元の社会的指導者たちが、逮捕されていた。職場では、デモに参加しないようにと誓約書にサインを迫られ、拒否したら仕事から干され、給料ももらえない。そんなことはおかしい、と思ったので、ますますデモに出続けることにしたのだ、と彼女たちは言う。もうテレビを見てケラケラ笑っている自分には、戻れないのだ、と。

デモは、地元の村のなかを練り歩き、最後は警察本部の前で抗議行動をし、催涙弾で蹴散らされて終わるのだが、その途中、デモ隊は犠牲者たちの家を訪ね歩いた。催涙弾が原因で呼吸困難に陥って命を落とした子供、官憲に殴打されて死亡した少年。私を案内する女性活動家は、ひとりひとり犠牲者の名前を挙げていく。そして、言う。「彼らの名前を憶えておいてね」と。

同じ言葉が、デモに参加していた十七歳の女の子を紹介してくれたときにも、言われた。女の子は病院に入院していたところを、何の理由もなく逮捕されたという。誰にも知られず連れ去られた恐怖。しかしだからこそ、その後デモに参加するようになったのだという。「ハラというの。名前を憶えておいてね」。

各国の「アラブの春」で印象的なことは、街頭での抗議行動に参加した人々が、それぞれの自己主張を紙やダンボールや壁に書き付けて、それを高らかに掲げていることである。カイロのタハリール広場を埋め尽くした数十万人の人々は、ことごとく「ムバーラク、出ていけ」と書いた私製プラカードを掲げていたが、同時にさまざまなことを自分たちの言葉で綴っていた。「とうとう私は、自由な人間だ」「私は恐れていたけれども、今はエジプト人になったんだ」「祖国よ、(独裁から解放するのに)時間がかかってごめん」——。こうしたスローガンを高らかに掲げた若者たちの写真集が、カイロ・アメリカン大学から英語で出版されている(Karima Khalil, *Messages from Tahrir: Signs from Egypt's Revolution*, The American University in Cairo Press 2011)。

そこには、バハレーンの女の子たちのように、犠牲者の名前を語る人たちがいる。「友人のアミールを探していた……見つけたのは遺体安置所だった」「弟のハイサムは今週結婚するはずだったのに……死んだ」。そもそもエジプトでムバーラク政権打倒運動が盛り上がったきっかけに、無実の罪で警官に殴打されて死んだハーリド・サイードという青年の存在がある。彼の無残な死に怒りを覚えて「われわれは皆ハーリド・サイードだ」というフェイスブックが立ち上げられた。わずかな期間に膨大な数の人々がそこに集い、ネット上だけではなく街頭にも溢れ出した。それがエジプト「革命」の原動力となった。

名前を掲げる。自分の、そして愛おしい人の。

デモ参加者たちの数々の主張、バハレーンで女の子たちが言う「名前を憶えておいてね」という言葉から筆者が思い起こすのは、数年前に亡くなったパレスチナ人詩人、マフムード・ダルウィーシュの「身分証明書」という詩である。

書きとめてくれ、
おれは　アラブ人、
身分証明書番号は　五〇、〇〇〇。
子供の数は　八人、
九番目が
――この夏　生まれる。
気にさわったかね?

……
書きとめてくれ、
おれは　アラブ人。
あんたがたは　じいさん以来のブドウ畑と
おれが耕していた区割の土地を　ふんだくった、
おれと子供たちみんなで耕していた土地だ。

（土井大助訳、アラブ連盟駐日代表部・長野アラブ友好協会編
『パレスチナ抵抗詩集（２）マフムード・ダルウィーシュ』）

あるいは、彼を最も有名にした代表作「パレスチナの恋人」では、こうだ。

君のために　その上に詩と名前をしるし
……
接吻より甘い文句を私は書く
彼女はパレスチナの乙女であった
そして、今もなお

（池田修訳、野間宏編『現代アラブ文学選』創樹社、一九七四年）

アラブ諸国、あるいはその他アジア、アフリカの非欧米諸国の多くでは、人々の命はとても軽い。飢餓や戦争やテロや弾圧で、誰にも知られず、誰にも惜しまれずに失われる命は、とても多い。

そんな死に方はいやだ、と声を上げたのが、「アラブの春」だったのではないか。だからこそ、各国で展開されたデモではほとんどと言っていいほど、一番山場となる日に「尊厳の日」という名がつけられた。そして、新しく「名前」を記録する場として、フェイスブックやブログが使われた。それは単にバーチャルなネットの世界だけの話ではない。それを通じて、「名前」が世界中の人々に記憶される。

私の名前は誰かに憶えておいてもらえる可能性があるのだ、と考えるところに、希望が生まれる。私は誰にも知られずに生まれ死んでいく存在ではなく、誰かに見られ、誰かに慕われ、誰かに影響を与えるかもしれない存在になることができる。

それこそが、「アラブの春」(ブッシュやネオコンがなんと言おうと)で人々が得た、「生きる自由」だったのである。

3　ヨーロッパという呪縛

ギリシャ財政破綻とEU（2012.7）

ギリシャ近現代史の専門家、村田奈々子氏が最近書かれた論文に、「ギリシャはどれほど「ヨーロッパ」か」という題の稿がある（『中央公論』二〇一二年五月号）。その記述に、いたく感銘を受けた。

今日のギリシャにあたる地域とそこに生きた人々にとって、「ヨーロッパ」は長らく「他者」であった。古代ギリシャ世界が、ヨーロッパ文明の揺籃の地と見なされようとも、中世以降そこは「ヨーロッパ」ではなかったし、そこに住む住民が「ヨーロッパ人」であったこともない。

ギリシャが十五世紀以降、四〇〇年間弱にわたりオスマン帝国の下にあったこと、十九世紀前半にヨーロッパでのナショナリズムの高揚の影響を受けて独立運動が起き、それが南東欧諸国のオスマン帝国からの独立の発端となったことは、よく知られている。十四世紀に今のトルコ、アナトリア半島に発祥したオスマン帝国は、シリアやイラク、エジプトなど南方のアラブ地域へと広範に領土を拡大していったが、同時にルーマニア、ギリシャ、バルカン半島諸国、さらにはハンガリーから黒海北岸へと進出し、ヨーロッパで覇を争った。十六—十七世紀にオスマン帝国軍がたびたびウィーンまで進軍したことは、ヨーロッパ、とくに東欧では歴史的大事件として語り継がれている。今でも時折、「ウィーンから東はヨーロッパではない」といった物言いを耳にする。だが地理的には、オスマン帝国は明らかにヨーロッパ政治の一大アクターだった。

一方で、オスマン政庁では、ボスニアなど南東欧諸国出身の政治家、高級官僚も多く出現した。十九世紀初頭、エジプトに成立したムハンマド・アリー朝の創設者ムハンマド・アリーは、アルバニア出身だった。

つまり、ギリシャ人にせよその他の南東欧の人々にせよ、中世以降オスマン帝国の下にあって、そのなかで活躍する者もいたわけだ。だがそれは、もともとヨーロッパの民であるはずなのに「異教徒」に「隷属」する状況は、一時的な「病」（村田氏、同上）だ、と見なされ、ヨーロッパに「回帰」することが自然なこととされてきた。少なくとも、西欧視線の世界史観は、そうである。

その視点に村田氏は、反論する。そもそも「オスマン帝国のギリシャ語話者正教徒を、古代ギリシャ人の末裔ととらえる見方」は、「十八世紀西ヨーロッパの啓蒙思想と親ギリシャ主義の興隆」によって生まれた見方だ、と氏は言う。オスマン帝国時代、そこに住む正教徒は「正教徒がオスマン帝国の支配を受けることで、正しい信仰が維持できると」考えていたにもかかわらず、である。つまるところ、ギリシャのオスマン帝国からの独立は、ギリシャがルネサンスによるギリシャ古代文明礼賛ブームで近世ヨーロッパにおいて持ち上げられ、それが非ヨーロッパに支配されていることに屈辱を感じたヨーロッパ主流の国々が、囚われの母なるギリシャを救うヒロイズムに酔いしれた結果の出来事だったと言えるのではないか。

この話は、今、経済破綻したギリシャをお荷物扱いするEUへの強烈な皮肉へとつながる。ギリシャを勝手に文明の祖と持ち上げ、EUに組み込み、経済破綻したら温かく「支援」の手を差し伸べるヨーロッパ。だが、今EUがギリシャに突きつける要求は、厳しい。「ギリシャ人は東洋《オリエント》的な特徴をもつ「粗野で」「野蛮な「人々でありつづけ」、ヨーロッパはそれを「自分たちと対等のパートナーとは見なさなかった」と指摘するのは、上述の村田氏だ。かつてオスマン帝国の異教徒支配から救い、冷戦期には「東」の脅威から守り、今はEUという繁栄の証《あかし》の一員として沈没しつつあるその経済を救済する、と騎士《ナイト》ぶりを発揮して、そのために過酷な条件でも守ってもらわないと困る、というのだが、それはギリシャ国民の思いとは大きく外れている。EUの求める緊縮政策に反対する左派系政党が大きく支持を伸ばし、五月の総選挙で過半数を獲得する政党がなく再選挙に至った。その国民の選択は、EUからの期待と国民の自覚のズレを如実に表している。

映画監督のテオ・アンゲロプロスにインタビューした藤原章生は、ギリシャ人は今、「「もう放っておいてくれ」「金は返せないから、つぶしてくれ」と言っている」と言う（藤原章生「「地中海から時代が変わる」か　テオ・アンゲロプロスの言葉」『世界』二〇一一年十二月号）。まさにそれは、ヨーロッパ中心視線に振り回されるのはもう勘弁してくれ、という彼らの主張なのではないだろうか。

ヨーロッパの「思い込み」で振り回されたギリシャの宿命は、中東地域では馴染みの姿である。何よりも、今の中東地域の諸問題の根源とも言えるイスラエルの建国自体が、ヨーロッパの「ツケ」だ。ヨーロッパのユダヤ人たちが、自分たちの国がなければ生存不可能であり、よってイスラエルという国を建国すべきだ、とするナショナリズム思想、すなわちシオニズムを十九世紀に作り上げたのは、ヨーロッパでのユダヤ人迫害があったがゆえに他ならない。

ところで、二十世紀初頭、ユダヤ人シオニストたちの間で建国の機運が盛り上がっていたとき、その意向を受けた大英帝国は、ユダヤ人国家の建設用地候補として、現在のケニア、ウガンダの高地を考えていた、という史実がある。すでにユダヤ人たちの間では、パレスチナへの入植が徐々に進められていたが、オスマン帝国領土下にあるパレスチナでのユダヤ人国家の建設は難しいとして、チェンバレン植民地相などが「とりあえずアフリカへ」と考えたのである。大英帝国植民地下にあった東アフリカの領地であれば、他国を刺激せずユダヤ人の要望を受け入れることができる。だがこの提案は、シオニストの間で大議論を巻き起こし、結局拒否された。

なぜシオニストたちは東アフリカの地では満足できなかったのか。それはシオニズム思想自体が、「神に与えられた地に帰る」ということから生まれているからである。ではなぜ、ヨーロッパで迫害されたユダヤ人たちは自らの国を建設するというときに、「神に与えられた土地」すなわちパレスチナにこだわったのだろうか。

この問いへの回答は、当たり前のようにも見える。ユダヤ教という宗教を信じるユダヤ教徒という民がカナンの地を神によって与えられた、という聖書のくだりは、ユダヤ教徒やキリスト教徒でなくとも、よく知っているからだ。だが、実はそう単純ではないのは、現在のユダヤ人のすべてが、その起源を古代パレスチナの地に求められるわけではないからである。

七世紀、コーカサス地域および黒海・カスピ海北岸に、ハザール王国という国が出現した。民族的にはチュルク系とされるこの王国では、七三〇年に当時の王ブーラーンがユダヤ教に改宗し、その住民も少なからず改宗したと言われている。そこで、このハザール王国の子孫がヨーロッパのユダヤ人(アシュケナージム)の起源だという説が生まれてくる。現在では、テルアビブ大学の歴史学者、シュロモー・サンドなどの主張が有名だ(『ユダヤ人の起源——歴史はどのように創作されたのか』武田ランダムハウス・ジャパン、二〇一〇年)。

この説は、ヨーロッパのユダヤ人が故郷《ホームランド》たるパレスチナの地に帰る権利がある、とするシオニズムの主張を、真っ向から覆す。帰ろうにも、ハザール王国起源のユダヤ人は先祖をどれだけ遡っても、パレスチナに住んでいた、という事実にはたどり着けない。イスラエルは当然のことであるが、欧米の主流学説の間でも、この説は異端として否定されている。だが、先に引用した村田氏の著作でも述べられているように、古代の父祖の地に住んでいた住民と、今その地に住む住民が同じだとするのは、どの地であれ、幻想にすぎない。エジプトでも、古代ナイル文明のツタンカーメンやクレオパトラの子孫が、今そこに住んでいるわけではない。イラクでバビロニア文明を継ぐ人々の子孫は、ほぼ皆無である。

にもかかわらず、シオニストが古代の父祖の地とのつながりにこだわるのは、なぜか。そこにヨーロッパの当時の状況が関係してくる。ヨーロッパ各地に点在したユダヤ人コミュニティーは、それぞれ定住した地の言語、慣習のなかで生活していた。ユダヤ教徒の言語であるヘブライ語も、宗教儀礼以外にはほとんど使われなくなっていた。リトアニア出身のエリエゼル・ベン・イェフダーがヘブライ語による雑誌を発行し、ヘブライ語の再興、現代語化を開始したのは、一八七九年、テオドール・ヘルツルによって第一回世界シオニスト会議が開催される一八年前のことである。それが本格的に普及するまでは、ユダヤ人社会の日常会話はドイツではドイツ語、フランスではフランス語で行われていた。

言葉も出自もばらばらなヨーロッパのユダヤ人たちを、どのように「国民」としてまとめられるか――。その際に重要となるのが、共通の歴史的記憶である。かつてユダヤ人国家の建設を「神に約束された」こと、しかもそれが聖書に書かれているということは、お互いに見も知らない者同士をネイションとして結びつけるのに、最も強力な拠り所となった。だからこそ、「パレスチナの地」にこだわることが絶対だったのである。

そもそも見も知らない人々をネイションとして結びつけるという発想自体、近代ヨーロッパ起源の思想である。キリスト教社会に規定された中世のヨーロッパ・システムが崩壊し、そこで出現したネイションという存在は、身分の如何にかかわらず普遍的な権利を有する個人が共同体を形成するのだという考え方を基盤にしている。

にもかかわらず、ヨーロッパでのネイション形成は、ユダヤ人＝ユダヤ教徒を排除する形で進められた。それは、ユダヤ教徒が「宗教的だから」、宗教的要素を共同体建設の核に置かないという近代ナショナリズムの特質と相容れない、という理由で排除されたのではなかった。むしろ、逆であった。

右に述べたように、言語もほとんど忘れ、ユダヤ教徒としての信仰儀礼も失われた世俗化したユダヤ教徒でありながら、それでも「フランス国民」「ドイツ国民」として受け入れてもらえなかった。宗教的であると世俗的であるとにかかわらず、自らが住む地でのネイションから排除されるという現実に、ヨーロッパのユダヤ教徒は直面する。それがゆえに彼らは、信徒としてではなく「ユダヤ人」として自分たち自身のネイションを築かざるをえない、との結論に至ったのである。

これは、近代ヨーロッパのナショナリズムの矛盾に他ならない。その矛盾を解消せずしては、近代ナショナリズムは不幸なままに終わるしかないのではないか――まさに、ナチス・ドイツなどの特定人種の優越志向を生んだように。

その陥穽に果敢に挑戦しているのもまた、ヨーロッパのユダヤ人だ。第二次世界大戦後、多くが新生国家イスラエルに希望を求めて移住したドイツのユダヤ人ではあるが、なかにはドイツ人としてそこに残ったユダヤ人がいた。宗教、信仰としてのユダヤ教徒というアイデンティティーとは別に、自分たちのネイションはドイツだ、と彼らは主張する。その主張が通らなければ、ユダヤ人迫害を続けたヨーロッパ、特にドイツのナショナリズムが反省し、ネイションとして新しく生まれ変わったことにはならないではないか。

こうした戦後ドイツのユダヤ人の姿は、武井彩佳氏の『戦後ドイツのユダヤ人』（白水社、二〇〇五年）に詳しいが、何より印象的なのは、カナダ在住でユダヤ教徒の歴史学者、ヤコヴ・M・ラブキン氏がその著作『トーラーの名において』（平凡社、二〇一〇年）で指摘する、欧米在住のユダヤ人たちが激しくシオニストを糾弾する場面だ。

ユダヤ教徒として信仰篤ければ篤いほど、シオニズムの非宗教性が、ユダヤ教にとっての冒瀆と映る。ユダヤ教のラビたちにとっては、「神がわれわれを〈聖地〉に呼び戻してくださるまでのあいだ、神がわれわれをお住まわせになった現在の場所で、愛国者として暮らし、仕事に励まなければならない」（ラブキン、前掲書二三八ページ）のであって、人為的にイスラエルという国を建国することはそれに反することだからである。

「ユダヤ教国家を僭称する」として、欧米ユダヤ教徒の一部がイスラエルを批判する一方で、最近注目されるのが、キリスト教徒福音派を中心とする在米キリスト教右派のイスラエル支援である。福音派は、一九七〇年代頃から社会的影響力を強め、レーガン政権以降、特にブッシュ政権下において、アメリカの政治に大きな影響を与えている。大統領選挙を間近に控える今、その選挙の行方を左右するほどの一大勢力だ。

このアメリカの福音派の思想の根幹には、聖書無謬主義がある。聖書の言葉は神の言葉として正しい、と考えるこの発想からすれば、聖書に「カナンのすべての土地をあなた（ユダヤ教徒）とその子孫に永久の所有地として与える」（創世記第十七章）と書かれたユダヤ人国家の建設は、神に約束されたものだ。当然それは、シオニズムの思想と重なる。

さらにキリスト教徒右派の間で見られる千年王国思想は、キリストの再度の降臨を信じ、そのためには現世での信仰を深めキリスト再臨の準備としてイスラエル国家の建設を進めるべし、と考える。彼らの間では、「イスラエルのためのキリスト教徒連合」や「イスラエルのための全米キリスト教指導者協議会」といった組織も設立されており、こうした人々がイスラエルへの支援を強め、ロビーとしてアメリカの政策を左右している。最近の世論調査には、在米福音派のなかでのイスラエル支持は七〇％にも上るという結果もある。

もっとも、アメリカの対中東政策の歴史を顧みると、こうしたキリスト教としての視点に立った姿勢は、決して今に始まったことではない。9・11事件以降、アメリカでは、アメリカの対中東政策とそれがなぜ反米意識を醸成したのかを振り返る著作が多く出版されているが、その多くが指摘するのが、キリスト教布教活動としての中東とのかかわりの大きさだ。石油が中東とアメリカを結びつける一世紀近く前、女性の宣教師ハリエット・リヴァーモアがパレスチナに四度も足を運んでいる。十九世紀半ばには福音派の宣教使節団がエジプトを訪れているし、マーク・トウェインがその聖地巡礼の経験を描いた有名な「イノセント・アブロード」を書いたのも、同じ時期だ。

さらには、第二次世界大戦直後に現在のパレスチナ、西岸地域で発見された死海文書は、そうした欧米の中東への関心を高めた。同じ時期には、イラク南部のサービア教徒の存在が欧米のキリスト教研究者の間で、突然脚光を浴びた。サービア教徒は、クルアーン（コーラン）では「啓典の民」と書かれているため、キリスト教徒の一種と指摘されるが、特に結婚式など社会儀礼の多くを水中で行う慣習を持つ。そのため、キリスト教の洗礼者ヨハネと関連があるのではないかと考えられたからである。

とはいえ、アメリカのキリスト教宣教師の中東訪問は、ヨーロッパのそれに大きく後塵を拝してきた。キリスト教の源の地が「異教徒」に汚されている、というヨーロッパの発想は、古くは十字軍の時代に遡るが、その後もヨーロッパ諸国の中東への関心を支える、中心的な要素であり続けたからだ。

そしてその関心が最も高まったのは、植民地主義時代である。宗教上の関心は、同胞キリスト教徒社会がムスリム支配のなかで迫害にあっている、だから擁護しなければならない、という認識に簡単につながり、そして、現地のキリスト教徒社会を通じた西欧列強の中東地域進出という政策的行動につながった。そのことが、十九世紀以降中東のキリスト教徒社会を大きく変質させることになる。

その典型例はレバノンだろう。レバノンでは、オスマン帝国支配下、イスラーム教のスンナ派やシーア派、キリスト教ではマロン派や東方正教会、またイスラーム教としては異端と見なされるドゥルーズ教徒と、各宗派集団が自律的な社会を維持してきた。それが西欧諸国の同地への進出に並行して、西欧諸国がそれぞれゆかりのある宗派集団を支援し、宗派間の対立を激化させる。一八四〇年以降激化した宗派間の武力衝突は、フランスが後押しするマロン教徒と、イギリスが支援するドゥルーズ教徒の衝突を軸に展開した。以降、レバノンは「宗派対立」を前提として論じられる、典型的な「モザイク国家」と見なされるようになったのである。ユーゴスラビアが解体されたときにはユーゴの「レバノン化」と言われ、イラク戦争後はイラクが「レバノン化」と言われるほど、レバノンの宗派対立は当たり前視されるようになった。だが、そこに西欧諸国の「キリスト教」を口実にした介入が出発点にあったということは、歴史の過程のなかで易々と忘れ去られている。

同じような事例は、枚挙にいとまがない。イラクのアッシリア人もそうだ。アッシリア人は、宗教的にはアッシリア東方教会、あるいはカルデア教会のキリスト教に属するが、そのキリスト教性を利用して、イギリスはその委任統治期（一九二一―三二年）、アッシリア人による「イラク部隊」を編成した。新生のイラク国軍とは別に、イラク駐留英軍をサポートする、よりイギリスに忠誠心を持ちうる（とイギリスが考えた）キリスト教徒の部隊に頼ったのである。

簡単に予想できることであるが、その後イラクがイギリスから独立した際、排外主義に傾斜したイラク・ナショナリズムは、標的をアッシリア人に当てた。少数民族に対する弾圧行為に、「外国の手先に対する成敗」という「正当」な理由が付与される。二十世紀半ば以降、中東のあらゆるところで、同じ論理で少数民族、少数宗派が、権力集中を強める諸政権の犠牲となっていったが、ここにも「欧米による庇護」に振り回された人々の姿が浮かび上がる。

話をギリシャに戻そう。ギリシャがヨーロッパに「取り戻された」十九世紀前半、ヨーロッパでは

「東方問題」がピークに達していた。東方問題とは、オスマン帝国の衰退とともに権力の空白が生ずることを想定された南東欧、コーカサス地域を巡り、ヨーロッパ列強が勢力均衡を図るために展開した諸外交問題を意味する。この時の「東」とは、オスマン帝国以東を指した。

だが、ヨーロッパにとっての「東」概念は、ヨーロッパはどこかを規定する、まさにヨーロッパ・アイデンティティーの裏返しに他ならなかった。トルコ人学者、フセイン・ユルマズによれば、「近東」という言葉が使われ始めたのもこの時期であるが、「近東」と「より近い東（nearer East）」と両方の用語が使われ、後者は十九世紀末までには聖書の地を意味するようになっていく。

さらにヨーロッパ列強間の覇権抗争が激しくなるにつれ、大英帝国のアジア進出の戦略的要地としての「中東」という地域概念が導入されたことは、よく知られたことだろう。二十世紀初頭、アメリカの海洋戦略学者のアルフレッド・マハンや、大英帝国のジャーナリスト、ヴァレンタイン・チロルなどが、ペルシア湾岸を中心とした地域を「中東」と名づけたのだが、それは「近東」や「より近い東」以上に地理的に漠然としたものでしかなかった。アフガニスタンを含むのか、インド洋まで広がるものなのか、その定義はそれぞれ使用する者によって、まちまちである。

問題は、戦略的な位置づけで名づけられた地域名称が、いつしか文明と同一視されていったことである。トインビーは、近東がヘレニズム文明やギリシャ・ローマ文明に起因した地域で、中東はナイル、メソポタミア文明に由来する地域だ、とみなした。トインビーから七五年の年月を経て――ちょうどソ連が存在する直前と直後にあたる――、ハンチントンがその著作『文明の衝突』を発表し、西洋近代文明とイスラーム文明が衝突する可能性を指摘したことは有名だが、そこでは地理上の衝突と文明間の衝突が同一視されている。

「中東」とは、本来ヨーロッパの都合で設定された地理的概念でしかなかったはずだ。「東」に先立ちヨーロッパで認識されていた「オリエント」という地域概念は、エドワード・サイードによれば、「ヨーロッパ人の頭のなかで作り出されたものであり、古来、ロマンスやエキゾチックな生きもの、珍しい体験談などの舞台であった」。そして「「東洋」と「西洋」といった局所、地域、または地理的区分は、人間によって作られたものである」、とする（エドワード・サイード『オリエンタリズム』平凡社、一九七八年）。

それに「文明」という主体性を持った意味を付与することで、あたかも実体を持った二つかそれ以上の世界が、地理上の境界線を巡って衝突しているように、その認識が変えられていく。キリスト教世界に対する、イスラーム世界。西洋近代に対する、前近代のアジア。それを重複させたのがハンチントンの「西洋近代対イスラーム文明」の対立項だが、それはブッシュ政権時代の「対テロ戦争」政策を支える思想にもつながっていった。ブッシュ政権が、イラク戦争後、対テロ戦争政策の最中に「拡大中東」という概念を提示したことは、記憶にも新しいだろう。そこには、アフガニスタンやパキスタンが含まれた。ブッシュの「対テロ戦争」の対象となる地域に、「拡大中東」という名がつけられたことは、明らかである。

さらに言えば、この時期この地域に対して、「不安定の弧」という表現もなされた。中東から中央アジア、北朝鮮までの大きな弧で囲まれる地域を総称したのだが、安全保障上の脅威となりうる国を、地理的概念のなかに落とし込んだものである。

そして、その地理的概念に宗教や文化、社会慣習などの本質主義的な要因がかぶせられる。「不安定の弧」を少し小さくした弧に、レバノン、シリア、イラク、イランを覆う三日月地帯があるが、これはかつては（レバノンを除き）「悪の枢軸」と呼ばれ、イラク戦争後は「シーア派の三日月」と呼ばれた。言うまでもなく、「三日月」はかつてのメソポタミア文明の「肥沃な三日月地帯」を捩った表現だ。ここにも、文明と地域を安易に結びつけようとする欧米の発想が浮かび上がる。

それにしても、地理的概念と文明観が、常に混同されつつ衝突を生むのはなぜなのだろうか。再び、ヨーロッパの源と見なされる場を振り返ってみたい。一つは近代の祖たるルネサンスの源のギリシャであり、もう一つはキリスト教の源たるパレスチナという聖地である。問題は、そのいずれもがヨーロッパの外に置かれてきたことだ。

ヨーロッパの「繁栄」は、その二つの欠けた「ヨーロッパの源」をいかに取り戻すか、その闘いのなかで実現したものだと言えるのではないか。前者は、二世紀前に「取り戻した」というのに、今再びヨーロッパから零《こぼ》れ落ちそうになっている。そして後者は、イスラエル建国によって確保された結果、紛争の絶えない地となった。ヨーロッパから排除されたユダヤ人が、ヨーロッパが信仰の核としながら地理的にはヨーロッパから外れているエルサレムという土地を拠点に、ナショナリズムという切ない宿命だ。

西洋近代を実現しようとイスラエルを建国した——。それは、何とも言えない皮肉でグロテスクで、

　中東は、イスラエルの建国によって、近代西洋のネイション概念の矛盾が吹き溜まる場所となった。と同時に、中東はキリスト教のつながりで、常に介入に晒される場ともなった。ネイションという近代思想とキリスト教——。そのどちらも陰に陽に自らの核に持つヨーロッパは、その科学と軍事力で周辺地域を凌駕していく。ヨーロッパはその周辺・辺境地域に対して激しい求心力を発揮し、「ヨーロッパとは何か」と問いかけるたびに、辺境はそこから排除されたり組み込まれたりする。

　それはサイード言うところの、「オリエンタリズム」のゆえに、何人も、オリエントをみずからの自由な志向と行動の対象とすることができなかったし、今もってなおできないでいる」状況である。中心は影を干渉の対象としてしか見ず、影もまた中心の意向を反映した行動しかできない、というオリエンタリズム的な構造が、長年続くことになるのだ。

　しかしそのヨーロッパの優位は、克服できるものなのだろうか。それは単に技術の問題なのか、それともヨーロッパが近代の魁《さきがけ》を標榜したからなのか、あるいはキリスト教だからなのか。その問いにどう答えるか、影とされた周辺地域は、ヨーロッパ以上に、トラウマのように悩み続けている。

　しかし、ギリシャがヨーロッパの支援を拒否したり、EUに加盟したくて仕方がなかった世俗志向のトルコがここ数年イスラーム志向を強めたり、さらには「アラブの春」の結果穏健なイスラーム主義勢力が議会や大統領選挙で多くの票を獲得したり、といった最近の傾向は、ひょっとするとそうし

たトラウマに対する一つの回答なのかもしれない。「自分たちはヨーロッパではない」、あるいは「ヨーロッパを過剰に意識しないでもやっていける」と言い切ることができれば、それは初めて周辺地域が「他称」でしかない地域名称を超えて生きていけることを意味するのだろう。

「アラブの春」と欧米が総称する二〇一一年のアラブ諸国の動乱は、それぞれの運動の主体によって「自分たちの革命」だ、と強く主張されている。アラブでもない、ましてや「中東」ともひっくくれない、自分たちのネイションとして実現した変革なのだ、と自覚している。そのことは、アラブ、あるいは中東の人々が、広域の地域を取りまとめる帰属意識がなくともやっていける、ということを意味している。

「中東」というヨーロッパによる他称を避けて、この地域の人々は自らの住む広域をどう呼べばよいのか、長く頭を痛めてきた。学者の間では、「世界のこっち側（this side of the world）」などといった曖昧な表現がとられることもある。

「総称されること」の呪縛から解き放たれること。それは、ヨーロッパとの距離が大きく揺らいでいる今、可能になりつつあるのかもしれない。

4 「宗派は放っておけ」と元大臣は言った

地域研究ができること（2012.9）

学会というのは、いつも若い研究者のみずみずしい研究意欲に触れることのできる、楽しい機会である。今年六月に開催された日本比較政治学会では、慶應大学の加茂具樹《かもともき》氏の中国人民会議に関する報告を、わくわくして聞いた。中国共産党の一党支配のもと、中国の国会にあたる人民代表大会などただのお飾りにすぎない、とする説が多いなかで、加茂氏の議論は、いや、そうではない、国民の利益代表として、人民代表大会はもっと重要な役割を果たしていると見るべきだ、と考えるところから始まる。

氏の研究のすごいところは、その圧倒的な実証分析にある。氏が取り上げた事例は、揚州市の人民代表大会なのだが、ウェブサイトに公開されている第四期から第六期まで（一九九八年から二〇一二年まで）の、一三〇〇人近い揚州市人代代表の個人情報を丹念に分析し、さらにこれら代表によって人代に提案された議案と建議二五〇〇件近くについて、その内容、行政機関の回答を、緻密に研究している。筆者とは専門領域を大きく異にするとはいえ、量的にも質的にも、これだけのデータをマメに読み込むことが簡単な仕事ではないことは、門外漢にもすぐわかる。

その作業を通じて、氏は、同人代代表が共産党の代理人として働くだけではなく、むしろ選挙で選ばれた選挙区の代表者として行動していることを証明する。これは、一党独裁、権威主義体制のもとでの議会がただの統治手段の末端として利用されているだけ、とする一般論に対して、強烈な反証を示すものだ。

それだけではない。筆者が心のなかで拍手喝采したのは、氏が、人民代表大会以上に中国人民政治協商会議が重要だと「発見」した、と述べたときだ。中国政治研究の素人にとっては、人民代表大会に比べて、政治協商会議は馴染みが薄い。それがどう重要かは、未公開の報告論文なので詳細を差し控えたいが（加茂氏の人民代表大会についての研究としては、『現代中国政治と人民代表大会』（慶應義塾大学出版会、二〇〇六年）という力作がある）、ここでぜひ強調したいのは、氏が、それまでさほど注目されていなかった機関が重要だということ、その役割が通説で言われていることと異なることを、膨大な公開資料を使って証明したことである。

皆が気がつかなかったことを、発見すること。当たり前と思っていたことがまったく別のことを意味することに気がつくこと。これぞ、研究の醍醐味だ。過去の研究を上手にまとめただけの、研究というよりお勉強の上手な若手研究者の報告が多いなかで、加茂氏のような「発見」は貴重である。

特にその発見を、膨大な現地資料のなかから生み出すこと。それこそが、地域研究と呼ばれる学問の妙味である。先人が積み重ねてきた無数の発見と分析とはあえて異なる「発見」を、現地社会の日常的な営為のなかに追い求めること――。それを実現したときには、「神は細部に宿る」ことをまざまざと実感する。それが楽しくて、研究はやめられない。

筆者がその醍醐味に気がついたのは、一九八〇年代後半、初めてのイラク長期滞在中のことだった。もともとイラク研究は、日本ではむろんのこと、欧米でもごくわずかの研究者しか行っていなかった。その数少ないイラク研究では、イギリス植民地時代以来続いてきたオリエンタリスト的な「後進国」に対する物珍しさか、イギリス統治政策の延長で宗派社会や少数民族、部族社会をいかに扱うかといった、中東社会に対するありがちな「中東＝宗派、部族＝モザイク社会」的視点が主流を占めていた。あるいは、一九四〇年代以降台頭してきたバアス党や共産党など、左派系のナショナリスト思想が欧米の関心を集め、それら左派政党のイデオロギーやそれが出現した背景などを分析する研究が盛んだった。

そのような通説を打ち破って、当時のイラク政治研究の金字塔を打ち立てたのが、ハンナ・バタートゥという研究者の『イラクにおける旧社会階級と革命運動』という大著である。一二〇〇ページを優に超す分厚さもさることながら――今のようにパソコンでコピペが簡単ではない時代のこの分量は、他が太刀打ちできない分量だ――、同時代の中東研究者が感服したのは、綿密なイラク共産党、バアス党の党員の出自データを記載した大量の表である。共産党の場合は、四〇年代からその幹部のデータを丹念に追っている。実にページ総数の二割が、本文内や付録の表に充てられているのである。

その精密さは、後世のイラク人政治学者が、「バタートゥは幸運にも当時の警察にコネがあって警察資料を見せてもらえたから、ああいうことができたんだ」とやっかむほどだった。イラク共産党は一九六三年のバアス党政権期以降弾圧され、多くが逮捕投獄されていたので、共産党幹部のデータにアクセスしようと思ったら、警察内部に相当入り込んでいなければできない技である。しかも、バアス党政権下の警察といえば、泣く子も黙る存在。イラク人学者たちが悔しがるのも尤もではあるのだが、それでも、「酸っぱいブドウ」と負け惜しみを言って自らを納得させるしかないほど、バタートゥの研究は同時代および後世の研究者に衝撃を与えたのだった。

そんな環境だったので、バタートゥ以降の研究者は、彼の手法を完全模倣するか、あえて避けて通るかしかなかった。徹底した情報統制のもと、バアス党政権下のイラクで、しかもイランとの戦争中で何か画期的な調査ができるはずもない。著者もまた、そんな高望みは脇へやって、三年間のイラク滞在を淡々と続けていた。

だが、現地社会に住むということは、さまざまなことに気づかせてくれる。市井の人々が話す端々に、「彼／彼女は……の出だからね」と、頻繁にその人の社会的属性が登場する。そしてその社会的属性が、名前から判断されることに気がついた。

アラブ人の名前は、基本的にわれわれの社会が持つ「姓＝家の名・自分の名」という構成とは、大きく異なっている。自分の名前がまずあり、次に父の名がくる。その後祖父の名、曾祖父の名……と続く。旧約聖書に「ノアの息子はセム、ハム、ヤフェト……ハムの子孫はクシュ……」といった表現が登場するが、まさにこれが父と子の系譜を名乗りの中核に置く方法だ。「……の息子」という表現を続けていけば、人類すべてが原則的にはアダムとイブにたどり着くはずだ。だがそれはたいへんなので、現代のアラブ諸国では、祖父の名までの三名連記を身分証明書などに記載する正式名とするケースが多い。バアス党政権下のイラクはその典型だった。

祖先三代の名が連なったところで、それだけではその人物の出自を仄めかすようなものはない。むろん宗教、宗派を特定できる名前がないわけではない。スンナ派のウマルやウスマーン、シーア派のジャワードやジャアファルなどが、その例だ。だが宗派共通の名前（ムハンマドやそれから派生する名前）や、一神教すべてに共通する名前（女子ならマリヤ（ム）、男子ならムーサー）、宗教に起因しない現代風の名前が連なれば、それすらわからない。

だが、淡々と二代前の祖先の名前を連ねるよりも、人は自らの出自のなかで誇りに思う遠い昔の先祖の子孫であることを名乗りたいものである。祖先の名を連ねていけば、自分と神の造りし最初の人間の間には、さまざまな英雄がいるだろうし、地元で名を成した人物もいよう。先祖が高名な地に住んでいたこともあろうし、目立つ身体的特徴を持った者もいただろう。

そういう特徴的な先祖の名前を取り上げて、それに定冠詞をつけて、あたかも家の名前のように名乗る。「イブラヒーム、聖地メッカ出身の」とか、「サイード、鍛冶屋の先祖を持つ」とかのようにである。それを、ラカブという。「あだ名」といった程度の意味だ。そして共通の有名な先祖の名前をラカブに使う人々が、アシーラとかカビーラと呼ばれる集団である。日本語に訳せば、すなわち「部族」となる。

前述したように、当時のイラクは、左派政党主導の、近代化路線まっしぐらだった。部族や宗派は後進的なものとして、政府は否定あるいは無視していた。しかし、八〇年代後半、対イラン戦争が長期化し、社会が疲弊してくるなかで、イラク政府は部族的紐帯を活かすようになる。筆者が滞在していた八〇年代半ばは、まさにそうした風潮が生まれ始めていた時期だった。「私は……部族の英雄を先祖に持つ……家の出身なのだぞ」と、市井で人々が名乗り始めていたのである。

そのことに気がついたとき、筆者が注目したのは、国会議員選挙の立候補者紹介だった。当時バアス党政権下にあったイラクでは、国会選挙といってもまったくの出来レース、民意のかけらも反映しない、と思われていた。研究に値するものとは、到底考えられていなかったのである。むしろ官製データを使うことで、研究者として判断をゆがめられる、と嫌う学者も多かった。

だが、結果はゴム印で押したように変わり映えのしないものであっても、候補者の政治行動には見るべきものがあるのではないか。極めて統制された選挙で、候補者がどう自分をアピールするか、そのやり方は時代の空気を反映しているに違いない。

そこで、八〇年代、三回にわたり実施された国会選挙の立候補者の、官製新聞に掲載された自己紹介を分析することにした。そこで、「発見」した！　八〇年代半ばまでは立候補者の誰もラカブを使ってはいけなかったのに、八九年の選挙では次々に使うようになったのである。九〇年代の選挙に至っては、名前の記載欄にわざわざ、ラカブ欄が設けられたほどだ――公式の氏名は、上述した三名連記なのに！　しかも、そこで使われたラカブのほとんどが、部族の名前だった。

名前に伝統的な出自を語らせない、としてきたバアス党の近代主義、一党支配が崩れていく過程が、まさにこの時期だったのである。

なぜ、イラクで八〇年代後半にラカブを使う人が増えたのか。それは戦争や経済破綻によって国家機能が失われていくのを補完しようとして、支配者が、党や統治機構の代わりに親族関係や部族的紐帯、同郷意識を利用して人々を統治しようとしたためである。

イラクに限らず、中東の権威主義体制は、どこでも八〇年代頃から一党独裁体制を維持していくのが困難となっていった。戦争だったり、経済的疲弊であったり、あるいは冷戦終焉に伴う社会主義体制からのシフトだったりと、理由はそれぞれ異なるが、国内に張り巡らした党のピラミッド的支配網は、機能しなくなっていた。支配者はそれに並行して、個人支配の度合いを強め、いきおい兄弟や息子、親族を起用してネポティズムへと傾斜していく。シリアのアサドやエジプトのムバーラクの大統領親子、イラクのフセイン元大統領一族がその典型だ。だがそうした個人支配は組織的な支えを欠くので、党や国家組織に代わる支持基盤が必要となる。それが、ラカブで示される部族や同郷集団などの、社会的アイデンティティーである。

一九九〇年代のイラクでは、湾岸戦争以降に科された経済制裁によって、国家が国民に提供すべき行政サービスが極端に低下した。社会主義を謳って最低限の生活は保障されていたはずなのに、国に福利厚生が期待できない。ハイパーインフレのなかで、公務員給与は長く据え置かれたままだ。社会主義国家の常として、「一流大学卒業→高級官僚」はイラクでもエリートコースだった。それが、キャリア公務員がタクシー運転手を副業にし、大学教授がチグリス川で釣り糸を垂らして夕食のおかずを求める姿に変貌する。

そんななかで、部族のネットワークは、困窮する市民のセイフティーネットになった。都会で核家族を営む若い男女が、経済制裁下の不況で家計をやりくりできなくなる。イラン・イラク戦争までは、男女平等、女性の社会進出を謳っていたイラクなのに、戦後戦場から大量に兵士が帰還すると、彼らに職を与えねばというので、女性が職場から追い出された。共稼ぎのできない安月給の家庭は、畢竟、親元、祖父母を頼るようになり、それでも間に合わなければ、かすかなつてを頼ってでも一族郎党の長にすがる。大卒エリートがホームレスになる一方で、教育もない国境周辺の遊牧部族がヤミ貿易で巨万の富を得る世の中である。部族への依存は、やむをえないことであると同時に、近代知識人の屈辱の時代だった。

部族だけではない。宗教に基づくネットワークも同じである。湾岸戦争後の荒廃した社会のなかで、政府は人々の信仰心を促すことで国家が提供できない社会秩序を維持しようとした。経済格差が拡大し、旧来の価値観が崩壊するなかで、人心の荒廃を信仰によって補わせようとしたのである。政府は信仰キャンペーンなるものを展開し、これまでの世俗主義はどこへやら、宗教促進政策を展開した。

そこに、今のイラクにつながる宗派対立の根がある。宗教を前面に押し出した政策を展開したとき、バアス党政権が衝突したのはシーア派宗教界だった。かつては世俗化・近代化政策のもとで、同じく軽視・否定されてきたスンナ派、シーア派両宗派だったが、信仰キャンペーンによってどちらの宗派の宗教界も社会的に影響力を増していくなか、バアス党政権はシーア派宗教界に警戒感を強めた。

一九九九年、それまで親政府派と見なされていたシーア派の宗教指導者、ムハンマド・サーディク・サドルが殺害された。バアス党政権下でも金曜礼拝の実施を認められていた彼は、一見政府の反米政策におもねるような説教をしながら、徐々に支持者層を広げていた。その結果、彼の人気の高まりを恐れた政府の手によってであろう、殺されたのである。

彼こそは、戦後のイラクで旧体制とアメリカ占領を最も手厳しく糾弾する政治組織「サドル潮流」の長、ムクタダ・サドルの父親であった。ここでも、「親の子」であることが重要なのだった。

そこで、イラク戦争後のイラク社会である。

アメリカのブッシュ政権は、戦争を仕掛けるとき、イラクはスンナ派とシーア派とクルドという三つのグループが対立している場、と理解していた。そして、人口的に少数のスンナ派のバアス党が、あとの二つを抑圧している、というのが彼らの基本的な理解だった。アメリカに限らず、イラク統治の古い歴史を持つイギリスですら、メディアが堂々と「イラクはイギリス支配前はシーア派のバスラ州、スンナ派のバグダード州、クルドのモースル州の三つに分かれていた」などと報じる始末であった。この認識、三つの州に分かれていたという点では正しい。だが、それがそれぞれ、宗派やエスニシティを代表していた、という理解は、大間違いである。在英の中東史家は、この間違った認識を、繰り返し手厳しく批判し、訂正するのに一苦労していた。

にもかかわらず、「イラクは宗派と民族に分かれて、統一的な国家を運営するのは難しい」という欧米のイラク観は、その後弱まるどころか、ますます当たり前視されていった。二〇〇六年から始まった、イラク国内での宗派対立の激化がその原因である。そらみろ、やはりイラクはスンナ派とシーア派で、抜きがたい宗派間憎悪があるじゃないか。それがフセイン政権時代のスンナ派重用政策の裏返しであることは、否定しがたい事実じゃないか——。そうした声がますます強まり、米政府の高官のなかには、大真面目に「イラク三分割論」を主張する者すら現れた。

繰り返しになるが、イラクに限らず中東諸国の多くは、七〇年代までは世俗的なるものを良しとする、近代化路線をとってきた。そこでは、宗派や部族、民族など、本人の努力によらない天賦の要因ではなく、職業や階級、思想で社会の構成が決められるのだ、と考えられてきた。

そのような時代に生きた中東の知識人の多くは、「イラク社会は宗派と部族で規定される」という見方に、激しい抵抗を示す。現在パリ国際関係学校長として教鞭をとり、レバノン政府、国連などで要職を歴任した当代きってのアラブ知識人、ガッサン・サラーメが、今年三月ロンドンで開催された英中東学会の基調講演で、こう演説した。「私はレバノンで文化大臣まで務めたので、こう言うといかがなものかとは思うが、しかしあえて言いたい——文化をあまり強調しすぎるのは、よろしくない」。

文化至上主義に走って、宗派やエスニシティ、部族の違いを、乗り越えられない文化の壁と考えると、紛争解決の糸口を見失うではないか、というのが、彼の主張である。特に、宗派を強調しすぎることに対する批判は、手厳しい。スンナ派対シーア派、という欧米の短絡的な二分法に乗っかって、現地社会出身の若手研究者までもが宗派対立を前提視した議論を展開しているのはケシカラン、宗派対立なぞは時代を経れば消えてなくなるにすぎないものなのだから、あまり強調しすぎるなと、後進の研究者たちに檄を飛ばす。国際政治、域内政治のしわ寄せを集約するかのように、宗派対立が内戦に発展し、常に国家分裂の憂き目にあってきたレバノンの出身だからこその、重い発言である。そして、その経験を後世に伝えられないもどかしさは、イラク戦争後の国連事務総長顧問としてイラク復興に取り組みながら、バグダード国連事務所爆破でデ・メロ国連特使を失う、という経験をしたからこそのものだと言えよう。

だが、こうした老人の忠告に、若者は反論する。六〇―七〇年代、イラクで宗派意識が表面化しなかったのは確かかもしれない。だがそれは、バアス党政権が否定し続けてきたからにすぎないのではないか。抑圧されていたからだけで、抑圧が解ければそれが噴出するのは当然なのではないか？

やれやれ、と、サラーメ氏も（そして筆者も）、頭を振る。筆者は、やはり八〇年代の後半、同じような質問をされたイラク人学者のことを、思い出す。「あなたはシーア派か、スンナ派か」と聞かれて、彼は寂しそうな顔をした。イラクの最高学府を卒業して、イギリスに留学して博士号を取った彼に、なぜ欧米人（日本人も）は、どこの大学を出たのか、博士論文のテーマは何かなどを聞かずに、宗派や民族という出自を聞くのか。彼が成し遂げたことではなく、生まれ育ちでその人の価値が定められる社会。

そんな社会であるべきではない、というのが、昔ながらの中東の知識人のこだわりである。

それにしても、中東社会は宗派・民族で分断される、という視点が欧米起源で、それが中東の知識人界に逆輸入されて定着するのだとすれば、中東の外で中東社会を分析する欧米社会の（日本も含めて）研究者たちの責任は、重大である。そもそも、中東で過去に欧米の学者たちが行ってきたことといえば、欧米諸国が直接・間接的に中東を支配するための、スパイまがいの国策研究に起用されることだった。考古学者だったはずのアラビアのロレンス（T・E・ローレンス）が第一次世界大戦中にイギリスの対中東支配の先鞭として利用され、冒険家だったはずのガートルード・ベルはイラクでキングメーカーとも影の女王とも呼ばれて、イラク王国の骨格を決めるほどの影響力を誇った。

そんな経緯があるからこそ、中東社会では外国人の研究者に対する警戒心は、強い。外国人研究者は自国の知的財産を奪いに来るものと、敵視されることのほうが、歴史的には多かった。だが、ここでも筆者やサラーメ氏が、やれやれ、と感じる世代間のギャップがあるのかもしれない。欧米の短絡的な視点を無防備に受け入れてしまう――そしてサラーメ氏に怒られる――今の若手研究者にとっては、海外から中東のことを研究することにまつわる政治的な胡散臭さ、内政干渉と見なされる危険などは、考えの及ばない世界のことなのかもしれない。

などと思っていたら、案外そうでもないのかもしれない、という経験を、最近した。日本人の若手のアルジェリア研究者と話す機会があったのだが、日本人がアルジェリアのことを研究してアルジェリアに何の益があるのか、と問われて、何も答えられないことへの歯がゆさを、彼女は吐露した。自分がやっている研究は結局のところ、アルジェリアの知を搾取しているだけではないか、外国人がその社会を研究することに、どういう意味があるのか——と。

まだ三十歳代の若い研究者が、そういう出発点からの悩みを抱えていること自体に、いたく感心した。と同時に、外国人が中東（に限らず、他国）を研究することの意義はどこにあるのかを、改めて考えさせられた。

サラーメ氏が苦言を呈するような若手研究者ならば、欧米のありきたりの視点をどんどん取り入れて、欧米式の近代民主国家を築いていけばいいじゃないか、ということになるだろう。宗派や民族、部族で対立が生まれるならば、それを前提に人口比に応じて役職を割り振りしたり、アファーマティブ・アクションを導入したり、先進国が多文化主義に基づいて採用している政策をそのまま導入すればいいじゃないか。海外で中東を研究する研究者は、海外の視点を現地社会に持ち込むことに専念すればいいじゃないか。

それでは面白くない、というところから、地域研究という学問は出発する。欧米標準の社会、国家のあり方が、すべて世界中に適用されるのが解法だというのであれば、地域研究という学問は、必要がない。では地域研究とは、何か。欧米標準以外に社会のしくみを説明するものが、それぞれの地域に内包されているはずだ、という認識を起点とし、それぞれの地域の特質を理解することで、多様な世界のあり方をより豊かに掴み取る研究である。

具体的にはどういうことか。加茂氏が「発見」したように、欧米起源の「通説」が気がつかない、あるいは無視してきたもののなかに、何かを発見することである。そしてその発見は、現地社会が当たり前すぎて気がつかないようなものである。

筆者自身の経験に戻れば、筆者が八〇年代後半のイラク滞在で「発見」したことは、欧米のオリエンタリストたちが昔から指摘してきた「中東＝宗派、部族＝モザイク社会」ということではなかった。ラカブを使用するという、宗派や部族を含めたさまざまな社会的アイデンティティーの選択が、その時代、政治環境に応じて変化することが、「発見」だった。「中東＝宗派、部族＝モザイク社会」という視点が席巻する今、その見方を克服する中東社会への視角をどのように打ち立てることができるのか。その道筋はやはり、現地社会のなかからしか見えてこない。現地社会で当たり前のこととして、会話や行動の端々に表れてくる一つの傾向——。それを、社会を動かす鍵としてキャッチする、鋭敏な触角を持つことが、「発見」につながる。

同時に、その「発見」を言葉にし、論理にしていくこと。それが「外国人が他国のことを研究すること」の意義となる。現地社会で当たり前すぎて言葉にすらされないこと、客体視することができないことを、外国人だからこそ、ロジックとして説明することができる。

最後に、二十年前にイラクで出会った一人の若者（当時）のエピソードを挙げておきたい。彼はバグダード大学の獣医学部の学生で、シーア派だった。婚約者はクルド人。彼自身、どうやってもバアス党政権下で出世の見込みなどないと、しょっちゅう飲んだくれていた。エリートコースを行く医学部学生と違って、獣医を志望するというのは、遊牧や牧畜に依存する地方の貧困農村を救いたいという、彼の問題意識を反映している。

その彼が、前述したバタートゥの本を読んだ。感激した、と絶賛する。自分たちがなぜこのような境遇にあるのか、なぜ地方農村が貧しく、なぜシーア派住民が住む南部社会の発展が阻害されているのか、すとんと合点がいった、と言う。

その社会に生きている者が、あまりにどっぷり埋没していて俯瞰することができない、そういうときに、その社会の外から現地社会を相対化した像を見て、漠然と感じていた諸問題が、くっきりと見えてくる。そういう作用を、地域研究ができればいいのではないかと思う。現地社会に生きる人々が、いわく言い難いこととして抱えているさまざまな事象を、言葉と論理で像を結び、それが現地社会の人々に、しっくりくる説明として受け入れられること。「知の搾取だ」と非難されることなく、他国の社会を研究するということは、そういうことではないか。

そんな「発見」が、一生のうちに一回でもできれば、研究は楽しい。

5　土地を守ること、人を守ること

領域国家を相対化する（2012.11）

一九九一年一月十七日、戦争となれば敗北は明らかなのに、なぜイラクが湾岸戦争を回避しなかったか。その理由に、こういう噂がある。

「当時フセイン大統領はギリギリまで徹底抗戦の構えを続けながら、本当に開戦となれば直前にイラク軍をクウェートから撤退させるつもりだった。そうすれば、「イラクのクウェート占領」を非難して拳を振り上げて軍を大展開したアメリカは、メンツを失う。そのタイミングを窺っていたのに、開戦やむなしとなった当日、フセイン大統領は寝ていた。米政権の決断を知った駐イラク・ソ連大使は、深夜慌ててフセイン大統領の官邸に駆けつけたが、門番曰く、「大統領閣下はご就寝です。明朝またどうぞ」。明朝を待たず、明け方には空爆が始まった」。

つまらない理由で戦争は始まる、という、冗談とも本当ともつかない話だ。ちなみに、湾岸戦争の原因となったイラクのクウェート占領がなぜ起きたかにも、噂話が囁かれている。

「イラクとクウェートの間で、国境地帯の油田採掘をめぐる交渉が続いていたとき、クウェート側がフセイン大統領を侮辱する発言をしてしまった。イラク側代表団は、その言葉をそのまま大統領に伝えたら大変なことになる、と判断して黙っていたが、団員の一人が大統領への忠義をひけらかそうと功を焦って、大統領に伝えてしまった。案の定、激怒した大統領は、即刻クウェートへの進軍を命じた」。

こちらも真偽のほどは定かではない。だが、独裁国家ではしばしば、指導者のさじ加減のちょっとした失敗で、国を焦土とするほどの戦争になる。哀れなのは、国民だ。いつ戦争が起き、どれだけ深刻なものとなるか、常にアンテナを張り巡らしていなければならない。イラクがクウェートに進軍したとき、あるイラク人の知り合いは即座にこれを「侵略だ」と見抜き、戦争になる、しかも大規模な、と予測した。それ以前、イラン・イラク戦争が始まる前には、ペルシア系の先祖を持つイラク人のなかには、きな臭いムードを感じて子供たちを国外に出す者が少なくなかった。

本来戦争とは、外交手段が尽くされたときに、最終手段としてやむをえず取られる手段のはずである。だが、中東諸国の国民は、自分たちの指導者がそういう合理的判断ができるかどうか、怪しいものだと思っている。かつてのイラクのサッダーム・フセイン元大統領や今のシリアのバッシャール・アサド大統領などは、文民なので軍事を知らず、だから余計に戦争のやり方が下手だ。だいたい、戦争で負けても自らを敵と果敢に戦った悲劇のヒーローとする、などという精神は——あえて湾岸戦争で米軍相手の戦争を選んだフセインや、死ぬ覚悟の自爆攻撃者などがそうだが——、基本的に軍人の発想ではない。

フセインがクウェートに侵攻して湾岸危機を起こしたとき、しばしば比較されたのが一九六一年、クウェート独立時の当時のイラク首相、アブドゥルカリーム・カースィムだった。カースィムは、フセイン同様クウェートの領有権を主張したが、エジプトなど他のアラブ諸国の反対にあい、主張を撤回した。ときのエジプト軍と交戦すれば負けることを軍人として知っており、かつ、当時のナーセル・エジプト大統領のアラブ民衆の間での人気を政治家として知っていたからである。こうした事例を引いて、「軍人のほうが開戦にあたってはまともな判断をする」、と考えるアラブ人は多い。将校は、自らの部下をまざまざと死に追いやりたくないはずだからだ。

軍人は、敵が何人死に味方が何人死んで、その人数が見合うものかどうかで、方針を定める。二〇〇六年、中東で圧倒的な兵力を誇るイスラエルは、レバノン南部で反イスラエル活動を展開するヒズブッラーに対して大規模な攻撃を仕掛けたが、一〇〇人以上の死者を出した。通常、ガザなどパレスチナ地域を攻撃するケースでは、イスラエル人一人の死亡に対してパレスチナ人は一〇〇人殺されている。それに比べて、一介の「テロ組織」（とイスラエルや欧米諸国は言う）であるヒズブッラーとの戦いでは、イスラエル人一人当たりのレバノン人の死者が約十人となった。決して均等なつり合いではないが、イスラエルにとっては見合わない数字だ。ヒズブッラーは勝利を喧伝し、当時のイスラエル政権は政治的窮地に立たされた。

イラク戦争をめぐるアメリカでの軍とホワイトハウスの齟齬も、有名な話である。二〇〇一年のアフガニスタン攻撃で、わずか一カ月足らずでターリバーン政権を倒した米軍は、それに気をよくして、イラクを攻撃する際にもわずかな兵力で大丈夫、と過信した。確かに軍事攻撃自体は四十日間と、短い期間で戦況が決したが、その後米軍は二〇一一年末まで反米抵抗運動の対象となり続け、四五〇〇人近い死者を出した後に撤退する。その間、軍はブッシュ政権が必要な数の部隊を配備しなかったからだと非難し、二〇〇七年にようやく大幅な増派が実現したのだが、これもまた、ラムズフェルドやチェイニーのように、戦争のルールよりカネ勘定ばかりを優先させた、文民の浅知恵ゆえの失策だ、と言われている。

今中東で起きている戦争が厄介なのは、そうした軍特有のルールが通用しない世界が生まれていることだ。第一は、人ではなく機械が戦う世界である。兵力とカネを出し渋ったブッシュ政権のツケを払うように、オバマ政権は今、もっぱら機械による戦争に頼っている。イラクやアフガニスタンに兵員を派遣して死者をいたずらに増やすことは、国内の反戦運動、ひいては政権批判を高めるからだ。戦争の前線で戦うのが機械であれば、それはアメリカ側にとっては高価ではあるが、ただの消耗品である。そうして無人偵察機や爆弾処理ロボットが戦力の主軸となり、人は戦場から遠く離れた基地でゲームのように、コンピューターを操作する。赤外線監視カメラだけに頼って、アメリカ国内に居ながら戦場の村をボタン一つでふっとばすことだって、あるわけだ。攻撃する対象の人物が、何を考え、どんな思いをしているか、頭のなかまでは遠視カメラではわからないだろうに。

『ロボットの戦争』（NHK出版、二〇一〇年）の著者、ピーター・シンガーは、そんなゲーム感覚と化した最近の戦争が、軍の本来の意味を大きく変質させていることを指摘している。将校が自らの兵員たちの命を気遣いながら、決死の覚悟で突入か否かを決めていた伝統的な戦いに比べて、今の戦争は軍人だろうと文民だろうと、簡単に機械を飛ばして大量に敵を殺すことができる。外交の最終手段、などという深刻さもなく、「ちょっと痛い目にあわせてやる」程度の感覚で、戦争が始まる。兵器の先進性のレベルは違うが、イラン・イラク戦争を始めた時（一九八〇年）のイラクのフセイン大統領の発想がそれだ。フランスなどから輸入して、最新鋭の航空機を揃えた。敵のイランはイラン革命の混乱で、軍は動きが取れない。飛び道具の優位さに頼って、隣の地域大国に「ちょっと痛い目にあわせてやれ」と、大規模空爆を行った。ところが、人海戦術に勝るイラン軍の執拗な反撃にあって、八年にもわたり消耗戦を強いられたのだ。

同じように、最新兵器を使う米軍の「対テロ戦争」もまた、安い命を武器にした「自爆作戦」に悩まされる。ただでさえ無為に殺される運命にある現地の人々にとっては、米軍が高額な機械を使ってまで守りたいもっと高額な米兵の命を奪うことでしか、少しでもその命を価値のあるものにする可能性が見えない。イスラエルの封鎖と攻撃に晒されるパレスチナの住民も、そうだ。天井のない牢獄と呼ばれたガザで、ただ非人道的な生活を強いられ続けるくらいなら、パレスチナ人一〇〇人に相当するイスラエル人一人の命を奪ってやるために人生を賭けたってかまわないじゃないか、と考える。

格安に貶められた命と命のない機械が戦う、今の中東を舞台とした戦争。それは、「会ったこともない同胞のために、貴重な命を賭ける」という、近代ナショナリズムの基本をまったく逸脱している。国民の命が大事だからこそ戦争をやむなしとする、のではなく、安い命か機械を消耗品として、一握りの政策決定者が簡単に始めることができる、そういう戦争に、変質しているのだ。

伝統的な軍のルールが通用しない戦争の二つ目は、今シリアで進行中の内戦とも言える状況である。同じ「アラブの春」でも、去年エジプトやチュニジアで起きたことと、今シリアで続いていることは、まったく様相を異にしている。エジプトでムバーラク政権が崩壊したとき、軍は政権を見限って、反政府デモを続ける民衆の側に立った。ムバーラク政権が反政府派潰しに使ったのが、せいぜい「ラクダ部隊」というお粗末な私兵だったのに対して、組織としての軍は市民の側につくことを組織利益と考えたのだ。

それに対して、シリアはまったく違う。軍は決して政権から離反せず、行きすぎなまでに反政府派への弾圧を繰り返す。これは、軍の政権との関係の違いに起因する。シリアでは軍に限らず治安機関や特殊部隊など、複数の暴力装置が並行して存在する。そしてそのいずれもが、バアス党という一党独裁体制のもとで確立されたものであり、かつ現大統領のバッシャール・アサドと密接な関係を持つ者によって指揮されている。

つまり、軍は国や国民を守るための暴力装置ではなく、党や政権を守るための組織になってしまったのだ。そのような体制は、一九六〇年代以降、アラブ諸国では少なくなかった。イラク戦争の前までのイラクが、その典型である。フセイン政権のもとでは、すべての暴力装置が政権に独占されていた。独占されたばかりか、それぞれが競争を強いられ、相互に監視しあい、どの組織が最も政権に忠誠を示すかに汲々としていた。

二十年前のイラクで、しばしば耳にしたエピソードがある。「ある青年が反政府活動のかどで某警察組織に連れられて行った。しばらくすると別の治安警察が青年の家族を訪れ、青年の行方を質した。青年の親が、息子は警察に連行された、と言うと、別の治安警察はそれを信用せず、父親を連行した。さらにまた別の組織が来て、同じことを言う家族の一人を連行した。それが繰り返されて、家族は誰もいなくなった」。

シリアで起きていることも、似たような状況ではないか。ある部隊が行っていることと、別の部隊が行っていることと、統制がとれているかどうか。若いアサド大統領に、その統御能力があったのかどうか。シリア内戦へと発展した反政府活動の激化の原因は、昨年三月に南の街ダラアで、政府批判の落書きをした子供たちが無残な遺体となって帰ってきたことだった。ここでも、管轄の軍、治安警察の思慮のない過剰反応で、起こらなくてもよかった衝突が暴発している。

いずれにしても、軍や治安組織にとってはっきりしていることは、この政権が倒れたら自分たちの命はない、ということだ。国や国民ではなく、小さな権力サークルを守るために、すべての暴力装置が戦いをやめない世界が、ここにある。

さらに厄介なのは、頑強に作り上げられた権力の独占体制に、人々が慣らされてしまうことである。

シリアでも、イラク戦争までのイラクでも、すべてが党や政権を向いた体制のなかで、人々は生きていかざるをえない。権力を独占した者たちは、自分たちのルールを社会に強要するが、それが長期に続けばそれに即して人々の生活も組み立てられていく。党が望ましいかどうかは別にしても、党員になって昇進が約束されるのなら、形だけでも党員資格を取る。生活のあちこちで党員割引制度があれば、生活費を浮かすために党員になろうと思う。さまざまな苦情申し立てをする際に、政権の幹部に少しでもコネがあれば苦情処理は早くなる。大統領一族と同じ宗派であれば話は通じやすいけれど、別の宗派でも政権幹部にコネがないわけじゃない。

二〇一一年まで、アラブ諸国の長期政権が倒れないのは、こうしたシステムが国民生活の隅々にまでいきわたっていると考えられていたからだ。それでは息が詰まる、と思って立ち上がったのが、エジプトやチュニジアの「アラブの春」だったことは、半年前に述べた（第2章）。だが、立ち上がった先にあるものが今のシステムよりマシかどうかわからない、と、国民が途方に暮れているのが、二〇一一年三月以来のシリアである。アサド体制が望ましい、と思う人々はほとんどいなくとも、システムが崩壊して混沌状態が訪れるのは困る、と考える。システムが破壊されれば、これまで阿吽の呼吸で成立してきたルールが一変されるわけで、その後にどういうルールに自分を慣らしていっていいのかが、わからないからだ。

ここでもまた、戦後のイラクがよい先例として人々の目に映っている。治安警察と党が有無を言わさぬフセイン政権の下で、それを前提に人々は人脈を確保し、自分たちの利益を追求する方途を確立してきた。それがイラク戦争で崩壊し、今度は海外からイスラーム主義者たちが帰国して政権を取った。建前は民主主義、選挙というシステムの下で、国民全員が自由に議論しあったうえで新しいルールを決めることになっていたはずなのに、水面下ではぽっと出の政治家の間で新ルールをめぐる抗争が展開する。新しい政治の軸になるのはイスラーム主義なのか、親米なのか、ナショナリズムなのか、はたまた部族や宗派なのか。ルールの見えない状況で、人々は、どこに踏み越えてはならないレッドラインがあって、どこが安全地帯なのか、わからなくなる。彼らにわかっていることは、自分たちがルール作りの中心になれるわけではない、ということだけだ。

そして、対立しあう勢力は、人々に自分たちが考えるレッドラインを明確に示そうとして、暴力をもって警告を与える。親米対反米、宗派・民族対立、政治家同士の野望など、対立軸が増えれば増えるほど、それぞれが主張するレッドラインが複雑化し、日々変化していく。結果、人々は家から一歩も外に出られないほど、次々に勝手に引かれていくレッドラインに囲まれて、身動きがとれなくなるのだ。

そんななかで、わかりやすいレッドラインを引いてくれる勢力が、一番ありがたがられる。宗派とか民族とか血筋とか、見た目とか言語とか慣習とかがそれだ。イラクでもシリアでも、内戦の原因は宗派対立だと言われがちである。だが、宗派を軸にした対立は、あくまでも結果であって、原因ではない。レッドライン、つまりどこが踏み越えてはならない一線か、というルールが混乱に陥ったとき、簡単に人々を統制できるのが、宗派や民族や、見た目の違いなのだ。

ルールが変わることへの不安は、一〇〇年前に中東という地域が成立し、近代国家として再出発したときから、運命づけられてきた。九十年前にオスマン帝国が崩壊し、八十八年前にカリフ制が廃止されたとき、「国家」の概念が大きく変わった。それまでイスラームを基本ルールとしてきた国家が、西欧型のナショナリズムを導入し、国民国家へと変貌せざるをえなくなったのである。

それまでの中東の諸王朝では、イスラームを国家統治の根幹とする以上、イスラーム教徒であるかどうかが問題で、民族は問題ではなかった。帝国内では、トルコ民族でもアラブ民族でも、あるいはクルド民族でも関わりないというのが、実態はともあれ、国のルールだった。また、イスラームを統治原理としたこれらの国では、その法体系はイスラーム法に基づいていた。だからこそ、西欧近代法をイスラーム法に優先させること、法と宗教を分離することは、オスマン帝国崩壊後に独立した中東イスラーム諸国にとって大きな転機であり、今なお国家の方向性を模索する上での最大の争点となっている。

こうした「変化」は、イスラーム史、中東の歴史の教科書で必ず指摘される「常識」だが、もう一つ、国民国家導入で大きく変化したルールがある。それは、統治の対象が人から領土に移ったことである。

アラビア半島からイラク、ヨルダンにかけての社会は、二十世紀半ばまで遊牧生活の残る部族社会であった。チグリス、ユーフラテス川流域やイエメンの農業地帯や、海沿いの漁業地帯を除けば、移動を基本とした商業社会が主流だった。当時の社会の基盤をなす部族は、部族長が忠誠・庇護関係を核として部族民を統率し、武力を持ち、他の部族と合従連衡を展開し、準国家とも見なすべき主体であった。政治交渉を経て大きな部族連合が成立すると、その後首長国として自立する勢力も少なくなく、実際ペルシア湾岸のアラブ諸国の多くはこうした経緯で成立したものである。

その部族が国として主権を主張する場合、その主体は人の集団であり、領域ではない。部族国家は忠誠を示す臣民を庇護する責任を持つ――部族民が敵に殺されれば組織として報復する――が、領土に対する主権主張については、オアシスや商業要地など部族としての生業に不可欠な資源を除けば、厳密ではない。八〇年代まで、イラクとサウディアラビア、クウェートの間には国境は画定されず、中立地帯が設けられていた。アラビア半島の砂漠地帯の国境もまた、未定のまま長らく放置されていた。移動を当然とする部族集団が国境をまたいで居住しており、彼らにとってはどこの国に帰属するかはさして重要ではなかったからである。

だが、二十世紀半ばに近代的国民国家を建設するようになって、どこに行っても人は人の集団に帰属する、という部族的な国家のあり方から、人は土地に縛られるという領域国家のあり方に変化した。そして石油という資源の発見で、土地争いは一層熾烈なものとなった。地下でつながっている油田を、どのように地上で線引きするか。細い海峡、河川のどこに国境を引くかで、大型石油タンカーが自国に届くかどうかが決まる。勢い、国境をめぐる対立が激しくなるのは必至だった。

イラン・イラク戦争も、湾岸戦争も、最近のペルシア湾岸の政治的緊張の再燃も、こうした国境問題が原因である。一世紀弱前に導入された「国＝領土」という新しい統治のルールが、資源と利権にまみれて紛争を引き起こし、領土大事で人が無視される。イラン・イラク戦争はシャット・ル・アラブ川のどこが両国の境界か、どれだけ安全に自国の船を自国領に到達させるかをめぐる対立から発生したものだが、領土への野望と引き換えに、代々イラクの土地に住みイラク社会に同化してきたシーア派の国民が、「ペルシアとつながりがある」として排除されることとなった。

では、領域で人の帰属が決まる、という西欧起源の国家に関するルールが導入されるまで、アラビア半島やペルシア湾岸の主体たちは領土主権に対してどういう考えを持っていたのだろうか。

ペルシア湾岸の諸部族が歴史的に自分たちの自立性を維持するためにとった手法は、悪く言えば二枚舌外交である。オスマン帝国は、十九世紀半ばまでアラビア半島地域にはさほど関心がなく、アラブ地域全体に緩やかな主権を主張するだけだった。しかし十九世紀以降、英仏が積極的に中東地域に進出し、特にインド交易ルートの確保のためにペルシア湾岸地域へのアクセスを強めると、オスマン帝国はイラクを経由地として、アラビア半島東部までプレゼンスを強調するようになった。西欧列強に押され気味の帝国は、近代化と富国強兵、中央集権化で周辺領域への支配を再構築しようとしたのである。アラビア半島に今のサウディアラビアの原型であるワッハーブ・サウード連合の王国が成立、イラク南部まで勢力を拡大したことも、帝国南進の背景にあった。

だが、この時までにはペルシア湾岸の有力部族たちは、首長としてそれぞれの領域に実権を確立していた。クウェートではサバーハ一族、カタールではサーニー一族という、今の首長家の基礎が築かれていたのである。彼らは進出途上のイギリスの協力を得て、自立化していた。

とはいえ、十九世紀末にイギリスの庇護下に入るまでは、クウェートもカタールもアラビア半島東部への支配を強めるオスマン帝国と露骨に衝突することはなかった。彼らは形式的にはオスマン軍の軍門に下り、クウェートのサバーハ家は帝国領バスラ州の一行政区となることで、カーイムマカーム（郡知事）の地位を得た。しかし、彼らの目的はあくまでも、自国の自立性の維持である。イギリスとオスマン帝国の抗争を最大限に利用しつつ、自らの支配を固めていったのである。当時この地域の船舶が、オスマン帝国海軍に出会うとオスマン軍の旗を掲げ、英国船に会うと英国旗を掲げたという史実も残されていて、その融通無碍さこそが小国として生き延びる道だったのである。

その二枚舌外交は、さまざまなアイデンティティーを政治状況に応じて使い分ける、中東地域の帰属意識の柔軟さの反映でもある。個人を国籍、民族、宗教・宗派など、一つの出自に固定して縛り付けるのではなく、状況に応じて自らの帰属性を選択して提示する。アラブ・ナショナリズム盛んな時期には、人々はアラブ民族であることを前面に押し出し、イスラーム主義思想が自己主張のために有効であれば、イスラーム教徒としての紐帯を強調する。帰属する部族を明示することが社会の分裂と対立につながると思えば、それを超えて国民としてのアイデンティティーを主張するし、宗派意識が政治的野心を実現するのによいと思えば、宗派を名乗る。

領土によって人の帰属が決まる、という現在の領域型国民国家システムが導入されたとき、中東社会はそれまでの融通無碍のルールを失った。かつて、二つの国の旗を立てて紛争を回避してきたペルシア湾岸の小国たちは、今、そうした二枚舌を発揮する余裕もなく、さまざまな領土紛争の種を抱えている。その大半がイランとの間の対立だ。アラブ首長国連邦は大トンブ、小トンブ、アブー・ムーサ島などの領有権をめぐって対立しているし、バハレーンもまた、イランの主権主張の対象だった。

ペルシア湾自体が領土問題の焦点で、イランは「ペルシア湾」と呼んでイランの湾であると主張、対岸のアラブ諸国は「アラビア湾」と呼べ、と対抗する。まれにイラクが自国の権益を主張して、「バスラ湾」（バスラはイラク領のなかで唯一ペルシア湾に開いている港湾都市だ）と呼んだりする。国際的な学会でも湾岸地域がテーマとして取り上げられると、ほとんど儀式とも言える、お決まりの応酬が必ずと言っていいほど見られる。主催者はたいてい中立を期して単に「ガルフ（湾）」と呼ぶのだが、イラン出身の学者が「ペルシア湾」と主張し、アラブ人学者が猛反論して収拾がつかないのだ。

むろん、いずれの国もこの問題を真っ向から取り上げれば、一層収拾のつかないことになる、ということはよくわかっている。そもそも中東全体の領土問題の蓋を開けたら、ありとあらゆる問題が浮上する。イランとの間だけではない、サウディアラビアとイエメンの間では二〇〇〇年まで国境が画定しなかったし、アラブ首長国連邦との間にも長らくブライミ・オアシスの帰属をめぐって対立があった。

だから、収拾がつかないとわかっていることを持ち出すのは、純粋な国境問題ではなく、政治情勢を反映してのことに他ならない。今年四月に、イランのアフマディネジャード大統領は、アブー・ムーサ島を訪問し、アラブ首長国連邦はむろんのこと、湾岸のアラブ諸国はこぞってイランを非難した。だが、イランはさらに革命防衛隊の海兵隊を同島と並んで領有権を主張している大小トンブ島に配備、軍事的解決も辞さないとの姿勢を匂わせている。

これは、なにも両者の間で領土的ナショナリズムが突如として高揚したわけではない。想起されるのは、昨年末から今年初めにかけての米・イラン関係の緊張である。米政府はイランの核開発疑惑を理由として経済制裁を強め、対抗的にイランはホルムズ海峡の封鎖を示唆した。そうしたなかでの、ペルシア湾の小島の陣地取り合戦である。同じ時期、サウディアラビアはバハレーンをサウディに併合する、といった案も持ち出しており、まさに「ペルシア」湾か「アラビア」湾かの消耗する議論を、実地で展開せんばかりの有り様だ。さらには、シリアでのサウディ対イランの対立も無視できない。アサド政権の存続を支援するイランに対抗して、サウディアラビアとカタールがシリア反政府派にせっせとカネと武器を送り込む。

資源と戦略的要地を求める戦いは、太古の昔からあった。しかし国の根幹が人ではなく領土で、人はただそれに付随するものだという国家認識が、いびつな形で中東の権力者の戦争観を支えるようになったのは、過去半世紀のことにすぎない。わずかな土地のために、安い人の命を意のままに使って、国家、いな、統治者の覇を誇るためだけに、簡単に戦争が選択されてしまう。そして、ルールはいつまでも一部の統治者によってしか変えられないのだ。

再びイラクのフセイン元大統領にまつわるジョーク。

「イラン・イラク戦争中、フセイン大統領が右腕のアジーズ外相に言った。「今国境を開いて国民に出国の自由を認めたら、わが国には二人しか残らんだろうな」。アジーズ外相曰く、「閣下と、もう一人は誰です？」」

ソ連時代のアネクドートを捩ったものらしい。

大学の学部の授業で初めて国際政治を学んだとき、さまざまな紛争解決の類型のなかに、プリミティブな紛争回避方法として「逃げること」が挙げられていた。その例の一つが、遊牧部族であった。面や線をめぐって争いが起きようとしたとき、土地を守るより構成員を守る。そのために衝突を避けて移動する。

近代国家では、国境が移動を阻み、移動せざるをえなかった者は難民として、庇護してくれる主を失った存在となる。どこかに土地を持つ国家に帰属していないと、「無国籍者」として移動自体ができない存在とされる。

だが、土地は常にどこかの国が専有しなければならないものなのだろうか。一つのオアシスを複数の部族が、対面して衝突しないようにうまく移動しながら共有していた、国家が面ではなく点と線だった時代の中東社会の知恵を、再び活用することはできないものだろうか。少なくとも、国家が、誰も住まない砂漠の土地や大海の孤島をめぐって人の命を賭けるのでも、大国間の主権主張に挟まれながら口八丁で共存してきた人々を強引に分けるのでもない手段を模索することは、できるはずである。

6　マリ―リビア―アルジェリア―アフガニスタン

終わらない「対テロ戦争」（2013.3）

中東研究が、テロと密接に結びつくようになってしまったのは、いったいいつからなのだろうか。中東＝戦争、という認識は、筆者が中東研究を志した頃から、あった。革命に、戦争に、内戦にと、とかく血なまぐさい地域だというイメージはあったが、だが当時の国際政治を象徴して、民族解放とか反植民地運動など、当時の価値観から見れば、将来に希望を抱ける戦争が多かったように思える。

それが、「テロ」に置き換えられるようになったのは、いつからだろう。イラン革命の発生時、欧米の知識人による評価は二分された。ポストモダンの革命だ、と評価したフーコーなどがいた一方で、大勢はこの革命を「宗教の反動」と見なし、「狂信」とか「後退」といったマイナス評価に傾斜した。なるほど、宗教である。暴力に宗教が結びつけられて、中東の血なまぐさい事件はポジティブなものからネガティブなものへと、その見た目が変わっていった。変えたのは、中東の外の世界からの目である。イスラーム世界の外から見て、イスラーム教徒が絡んで起きていることは、何でもかんでもすべてネガティブで残虐に見えるような認識構造が、世界に蔓延した。世界でテロが起きるたびに、世界中のイスラーム教徒が、まるで全世界から「お前たちの宗教のせいだ」と言われているような強迫観念に苛まれる。そしてその強迫観念が被害意識につながって、自分たちの宗教は全世界で迫害されている、と感じる。

その最大の転機は、二〇〇一年にアメリカで発生した同時多発テロ事件、いわゆる9・11事件だろう。9・11事件の後しばらくの間、筆者の中東出身の友人たちのほとんどが、世間に申し訳なさそうな、ひどく暗い顔をしていた。9・11事件の犯人の責任を、彼らがとる必要はこれっぽっちもないのだけれど、世界中でイスラーム教の国の出身者だとわかると、疑いの目で見られることが当たり前のようになっていた。友人たちは、それなりに国際社会に精通しているので、不当な疑惑に怒りながらも、一蓮托生に白い目で見られる運命に、耐えていた。すでに物故者となったエジプト人の友人は、外国人を対象としたテロが起きるたびに、「これで世界がまた自分たちを嫌いにならないで欲しいのだが」とよく言っていたが、彼がアルジェリアで起きた悲劇を見たら、きっと「これで日本人が中東や北アフリカを嫌いにならないで欲しいのだが」と、悲しげにつぶやいたことだろう。

イスラームやアラブなど、自分たちにまつわる属性が、世界中でネガティブにしか受け取ってもらえない、そしてそれを助長するような暴力的出来事ばかりが続くことに落ち込み、自信を失っていた中東の人々が、そのトラウマを払拭して自分たちに自信を見出したのが、二〇一一年の「アラブの春」だった。「テロ」や戦争で国際メディアの一面を飾るのではない、もっと明るく活き活きとした、将来に希望の見える出来事を引き起こしたことで、世界の中東を見る目が変わった。エジプトの街角で起きた民衆デモのうねりは、同じ年、ニューヨークや他の欧米の諸都市に飛び火して、オキュパイ運動が起きた。中東が世界に発信するのはテロというネガティブなもの、ではなくなった。代わりにこれからは、民衆運動というポジティブな流れを世界に発信していくんだ――。そんな意気込みに溢れていたのが、「アラブの春」だった。

それからわずか二年で、再び中東や北アフリカに、「テロの巣窟」のイメージが舞い戻っている。今年一月、アルジェリア東部のイナメナス地方にある天然ガス・プラントで、日本人を含む多くの民間人が拉致拘束され、アルジェリア国軍との真っ向からの戦闘で、人質となった方々が命を落とした。犯人グループは、かつて9・11事件の背景にいたアルカーイダの系統を名乗る一派だと言われ、北アフリカではアルジェリアのみならず、マリやリビア、ニジェールなどで「イスラーム・マグレブ諸国のアルカーイダ」と呼ばれる武闘派勢力が跋扈している。「アラブの春」から二年も内戦状態の続くシリアでは、政府派、反政府派の暴力の応酬のなかに、海外からの武闘派集団がさまざまに入り込んでいるようだ。アルカーイダとは別に、イスラームの遵守を社会に強要する狭量なイスラーム厳格派は、「アラブの春」後の諸国にも出現している。

そうなってくると、「アラブの春」自体が、あたかも「アルカーイダのテロ」と同じ部類の、中東の血なまぐさい現象の一部であったかのような言説すら生まれてくる。平和的運動に見えた「アラブの春」もまた、結局は中東社会に「特有な」暴力を覆すことはできなかったではないか。とどのつまりは、イスラームやアラブといった属性を持った人々が暴力から卒業することはできないのではないか――。

世界で「テロ」が起きるたびに、中東研究者はどきっとし、犯人がイスラーム教徒じゃなければいいな、中東出身者じゃないといいな、と祈るのだが、それは自分たちが研究している対象を贔屓目に見たいからではない。三十年前に起きたことと、十年前に起きたことと、今起きていることは、見た目が似ているかもしれないけれども、そこには大きな政治的社会的変化がある。その変化こそが重要なのに、メディアを含めて世間の多くでは、その似た様相を宗教や民族の固有性に帰してしまう。そうではないのだ、ということを説明するのにものすごく多くの時間を割かなければならなくなる（しかも、繰り返し）。なので、だから「イスラーム」や「アラブ」がらみで「テロ」が起きることは、たいそう嫌なのだ。

だが、なぜ途中の「変化」が大事なのか。結果が同じであれば一緒ではないか、と言われるかもしれない。しかし、途中に変化しているということは、再び同じ暴力に戻らずにすむ別の道があったはずだ、ということである。途中の変化を見落とすこと、それを重要と思わないことは、解決の可能性を最初から捨てていることに他ならない。

ここで想定している「変化」とは、９・11の時の中東・イスラーム世界の「暴力」と、アルジェリアで起きたテロ事件のような「暴力」の間にある十二年間でのことである。９・11事件を起こした中東・イスラーム世界、国際社会が抱える諸問題は、解決されたのだろうか。解決されたことは何で、解決されていないことは何なのか。何かが解決されていないので再び「テロ」が起きたのだろうか、それとも解決しても解決しても「テロ」は起きるものなのだろうか。

より直截に言えば、過去十二年間に展開されたアメリカ主導の「対テロ戦争」は、何を解決したのだろうか。そもそも「対テロ戦争」は「テロ」の原因を何と想定して、何を解決すべく開始されたのだろうか。

9・11から「アラブの春」まで、「対テロ戦争」時代の十年を、筆者は「理念の空中戦の時代」と名づけている。ウォルフォヴィッツなどのネオコンに主導されたブッシュ政権は、世界に民主主義を広げることはアメリカの使命であり、戦争を以てしてもその任務を遂行すべきなのだ、という理念を掲げて、アフガニスタンやイラクやイエメンで戦った。サッダーム・フセインのような独裁者でも、サウディアラビアのような非民主的な王国でも、アメリカの利益に沿えば支援する、というリアリスト的政策を基本としてきた米政権が、9・11の衝撃でプラグマティックな政治判断から離れて、理念を掲げて空中に飛び出したのだった。

一方で、アメリカを直接の攻撃対象としたビン・ラーディンやアルカーイダといったイスラーム武闘派も、自分たち独自の理念で、戦っていた。サウディアラビアやエジプトなど他国の出身なのにその出身地を離れて国際社会を浮遊し、とうとう「厳格なイスラームに基づく国家建設」という彼らの「理想」を実現する夢の地を、アフガニスタンに見出したのである。それもまた、リアルから逸脱した理念の戦いだった。つまるところ、9・11とそれに続くアフガニスタン戦争は、ネオコン式民主主義対アルカーイダ式イスラーム主義という空中戦だったのである。

アメリカの場合は、ブッシュからオバマへ移り、世論も9・11の衝撃から冷静さを取り戻し、むしろイラクやアフガニスタンで展開される「対テロ戦争」での被害に痛みを覚え、再びリアルに戻りつつある。だが、イスラーム武闘派は、どうか。彼らが理想郷と期待したアフガニスタンからは、追われた。自国に戻って活動を続けることもできない。だとすれば、再び国際社会を浮遊して、第二のアフガニスタンを探すしかない。ちょうど二〇〇三年以降、イラク戦争後のイラクが反米機運、宗派対立へと傾斜していた。その権力の真空に、彼らは再び入り込む。内戦の混乱のなかで、自分たちの「理念」を実現できる場を拡大していく。

イラクだけではなかった。中東の、中央権力の行き届かないところはすべて、浮遊するイスラーム武闘派の再定住先としてターゲットとなる。「アラブの春」で決着が長らくつかなかった国、外国が介入した国々には、政治の混乱と社会の疲弊、そして大量の武器が残った。リビアやシリアがそれである。権力の空白地帯が拡大再生産され、それらの国だけではない、周辺国にも武闘派流入候補地を生み出していった。

マリ北部で長年自立を求めてきたトゥアレグ部族が力を増し、南部の中央政権と内戦状態に陥ったのは、リビアでカダフィ政権が倒れたことと、密接な因果関係がある。リビアで雇用されていたトゥアレグ部族の兵士が、二〇一一年以降、ふんだんに溢れた武器を持って本国マリに帰還したからだ。

その後、北部は「独立」を宣言し、中央政権ではクーデタが起きた。

「対テロ戦争」でもそうでなくても、外国の手によって権力関係が無理やり変質させられた国には、必ず「破綻」した地域が生まれる。そこに、行き場を失ったイスラーム武闘派や彼らを模倣した犯罪者たちが、忍び込む。そしてもともとそこにあった、純粋に民族独立運動として始まったものが、歪められ、矮小化されてゆく。


空中戦派が自らの戦いの場を転々と変える一方で、中東のリアルな社会は確実にそれとは異なる変化を経験していた。9・11事件直後には、同胞（実際にはビン・ラーディンのことをそうは思えないのだが、国際社会がそう言い続けるので、そんな気になってくる）の仕出かした不始末に、頭をうな垂れ、視線を落としていたのだが、あまりに十把一絡げの犯人扱いが続くと、酷いとわかっていても、ビン・ラーディンを弁護したくなる。「対テロ戦争」という空中戦など、自分たちの生活にはまったく関わりないのだが、横暴な欧米の攻撃が衛星放送やインターネットでお茶の間に流れ込み続けると、つい、反米勢力を応援してしまう。それはただ、サッカーでアウェーで戦う自国選手を応援するのと、大差ない気持ちだ。

とはいえ、中東諸国で生きる大半の人たちにとっては、喫緊の問題は目の前の現実の生活である。給料が上がらない、就職口はない、政府の腐敗は目に余る、明日買うパンの値段はまた上がった——。政治に不満はいろいろあっても、それを発散できる自由な選挙があるわけでもなく、我慢して家に戻ってテレビで衛星放送を見、イラクやアフガニスタンを攻撃する米軍に悪態をつき、アルカーイダの反米テロにちょっとだけ快哉を叫んで、一日を終える。

そんな一日を変えてみてもいいかも、と思える空気が生まれてきたのが、二〇〇〇年代の半ば頃だった。ネットでアメリカの悪口を言うだけではなく、役人や官憲や政治家の悪口を言ってみる。衛星放送を見て米軍に悪態をつくだけではなく、街角に出て反戦デモに参加してみる。憤懣を発散できるほど自由ではないが、とりあえず選挙に行ってみる。行ってみると、思わぬ妨害を受ける。軽い気持ちでネットで文句を言うと、連行されて虐待を受ける。アメリカに文句を言うためにデモをするのもいいが、本当はいちばん文句を言うべきなのは、自国の政府じゃないのか？

そうして、二〇〇八年頃からアラブの若者たちは、空中戦に飽きて路上に出るようになった。それが偶発的に政権転覆につながったのがチュニジアの例であり、それに勢いを得て、エジプトでムバーラク政権が倒れた。衛星放送とネットにへばりついて居間から出てこなかった人々が、「アラブの春」で路上に出てきた。リアルな世界のなかで、リアルな「路上戦」を、リアルな自分たちの支配者に対して仕掛ける。それは、空中戦に別れを告げることであり、そこで戦う人々は、空中戦を戦うイスラーム武闘派とはまったく異なっていたのだ。

ではなぜ、せっかく別れを告げたはずの武闘派が、再びアラブの土地を侵食しているのか。その前に、なぜ国際社会を浮遊するイスラーム武闘派が登場したのか、振り返ってみる必要がある。二十年前、アルカーイダがアフガニスタンに拠点を置くには、三つの国際政治の暗部が重なり合う必要があった。第一はアラブ諸国での強権政治であり、第二は冷戦であり、第三は民主化の波である。

イスラーム武闘派は、最初から武闘路線一直線だったわけでも、国際的ネットワークを確立していたわけでもない。武闘路線は、遡れば六〇年代のアラブ諸国の民族主義政権時代に起源を辿ることができる。一九二八年に設立された、イスラーム主義の魁《さきがけ》とも言うべきエジプトのムスリム同胞団は、ナセル大統領率いるアラブ民族主義政権のもとで、創立者を殺されるなど、徹底した弾圧にあった。その弾圧の過程で、非寛容な暴力主義路線が生まれてくる。その中心人物であるサイイド・クトゥブもまた処刑されると、穏健な主流派から分かれてさまざまな武闘派が登場した。八一年にサダト大統領を暗殺したのも、九〇年代に外国人観光客を狙ったテロ活動を展開したのも、こうした「追い詰められた過激派」だった。エジプトに限らない。アラブの各国で、強権的体制を取る政権は、いずれも似たような措置を取った。

国内で死刑判決を受けたり、国籍を剥奪された彼らは、国内に居られない。ここに、浮遊する国際派武闘勢力を準備するひとつの芽が生まれる。

同じ頃、別の方向から同じような芽が育まれていた。それは冷戦中、ソ連軍駐留下でのアフガニスタンにおいてである。一九七九年、アフガニスタンに成立した共産主義政権内の混乱を収めるために、ソ連軍が同国に進軍した。このソ連のアフガニスタン侵攻は、共産主義国ソ連が、サウディアラビアなどの湾岸アラブ産油国の目と鼻の先に迫ったことを意味した。しかも、その十カ月前には、アメリカはイラン革命によって、シャー政権下のイランという同盟国を失っている。湾岸産油国とソ連の間に立ってアメリカの利益を代弁してくれる防波堤は、もういない。かといって、米軍が自ら乗り込めば、冷戦が「熱戦」になってしまう。この危機に、米政権は米軍に代わってアフガニスタンで反共抵抗運動を展開してくれる勢力を、探すしかなかった。

それを提供したのが、イスラーム義勇兵だった。ソ連＝共産主義＝唯物論に基づく宗教否定、という、イスラーム教にとって最大の敵によって国土を蹂躙されたと考える信仰深いアフガニスタンのイスラーム教徒たちは、武器をとって駐留ソ連軍に抵抗を始める。国内だけではない。全世界から義勇兵が募られる。世界への呼びかけは、イスラーム世界の盟主を標榜するサウディアラビアが請け負った。資金も潤沢にある。集まったイスラーム教徒たちは、パキスタンで軍事訓練を受けて、戦士へと変貌し、アフガニスタンに送り込まれた。

この、サウディアラビアとパキスタンとの間で生まれた戦士育成ネットワークを支援し続けた国こそが、アメリカである。イスラーム教徒とイスラーム教諸国の反共意識を利用して、冷戦の駒としたのだ。その集められたなかに、ビン・ラーディンがいる。世界最大の産油国の財閥の六男坊は、こうして屈強な戦士となった。

問題は、冷戦も終焉期を迎え、一九八九年にソ連軍がアフガニスタンから撤退した後も、戦士は戦士のまま残ったことである。ビン・ラーディンは故郷サウディアラビアに帰国したが、その精神はイスラーム戦士であり続けた。翌年には湾岸危機が起き、サウディアラビアは米軍の駐留を要請する。

自分たちは異国の軍を追い出すためにアフガニスタンで戦ってきたのに、それに成功して帰国したら、なぜ故郷に異国の軍が易々と入ってくると言うのだ？　しかも、ソ連兵を追い出せ、と言い続けてきたアメリカの軍が？

サウディアラビア政府と衝突したビン・ラーディンは、国を追われることとなる。行き場を失った彼は、スーダンに拠点を築くが、一九九八年にアメリカのクリントン政権はビン・ラーディンを狙ってスーダンを空爆。以降、ビン・ラーディンは敵をアメリカに定めて、空中戦に邁進したのだ。

最後の芽は、アルジェリアで息吹く。一九九一年から始まった、熾烈な内戦である。

二〇一三年一月十六日にアルジェリアのガス・プラントを武装集団が襲撃し、人質拘束事件を起こしたとき、世界はかくも早く二十年前のことを忘れてしまうものか、と驚いた。一九九〇年代のほとんどの日々、アルジェリアでは世俗派民族主義の強権政府と、それに挑戦し弾圧を受けたイスラーム主義勢力の間で、激しい内戦が展開されていたのである。反政府急進派への徹底した殲滅作戦を行って、現在の「安定」を築いた現政権だ。人命尊重より「テロに対する戦い」を優先させるであろうことは、容易に予想がついた。

二十年前の内戦の引き金を引いたのは、民主化である。一九八〇年代末、まさにベルリンの壁崩壊に端を発する東欧での民主化の波が、中東・北アフリカにも迫っていた。一九八九年に建国以来初めて複数政党制が認められ、九一年には初めての自由な選挙が実施されたのだが、そこで大勝したのがイスラーム主義勢力だった。当時の民族主義政権の中核を担っていた国軍は、イスラーム主義勢力の台頭を危惧し、クーデタを起こして憲法を停止、選挙結果を無効とした。以降、国軍とイスラーム主義勢力の間で、約十年間にわたり、十万人を超える犠牲者を出す内戦が続く。容赦ない軍・政府の弾圧に呼応して過激化、暴力化したイスラーム武闘派の一部は、国にいられなくなり、国外に亡命する。その後は、第一の芽、第二の芽で見てきたのと、同じ経緯だ。

問題は、このとき欧米諸国がイスラーム勢力を弾圧した国軍の行動を黙認し、民主化の後押しをしなかったことである。そのことは、民主化してイスラーム主義者が政権をとるよりも軍事独裁のほうがマシだ、と欧米は判断している、とのメッセージとなって、中東諸国全体に伝わった。強権的政権はますます反政府勢力を弾圧し、民主化への道のりはますます遠ざかる。そしてそれを遠ざけているのは、欧米諸国に他ならないのだという認識が、中東諸国の世論のなかに定着していく。

こうして、反政府勢力が官憲による弾圧で暴力化し、故郷にいられなくなり、冷戦下で大国に使い捨てられたイスラーム戦士と合流し、アメリカに狙われ、あるいは欧米が自分たちの政治参加の道を閉ざしたと思い、国際的に浮遊する反米武装集団と化していった。それが、アルカーイダと名乗るさまざまな空中戦戦士たちの来し方である。

となれば、空中戦戦士たちは、故郷に戻り、米軍にも狙われず、平和裏に政治参加を果たせば、国際社会に浮遊する必要はないはずである。そして、そうした戦士を再生産しないためには、右に挙げたような自国政府の強権的弾圧、大国や周辺国による内戦への介入、民主化に対する国際社会の横槍を、なくせばよいはずである。

武力で反政府派を潰す政権は、「アラブの春」で少なくとも一部の国で姿を消した。民主化すればイスラーム化するのでは、という危惧から民主化を頓挫させる欧米の干渉も、少なくともエジプトやチュニジアでは見られなかった。だが、「アラブの春」を支えるという名目で、大国や周辺国の介入は続いた。リビアでカダフィ政権を倒すために、大量の武器弾薬がリビア国内に流れ込んだ。シリアでは今、トルコやサウディアラビア、カタールから、反政府側に支援が流入している。

空中戦は終わったが、リアルな利益に基づいて、大国はいまだ中東、北アフリカに介入を続けているのである。世界の超大国アメリカが仕掛ける「対テロ戦争」は、世界の目が虎視眈々と見張っている。だが、アルジェリアの事件を生んだ「介入」は、死角にあった。直前に隣国マリでフランスが開始した「対テロ戦争」が、それである。

前述したように、アルジェリアの南西に位置するマリでは、二〇一二年四月にトゥアレグ部族が支配する北部地帯が、南部の中央政府から「独立」した。トゥアレグ部族の分離独立運動は歴史が長く、一九六〇年のマリ独立の二年後には、中央政府に反旗を翻している。徹底的に弾圧された後も繰り返し反乱を起こし、徐々にイスラーム武闘派の台頭を生んできた過程は、右に挙げた他の中東諸国が辿った道と、変わらない。アンサール・ディーンと呼ばれる厳格なイスラーム主義者たちが主導権を握り、アルカーイダの浸透を招き、母屋を乗っ取られる。北部の分離独立は、二〇〇七年頃から民族運動からイスラーム武闘派の、どこにもない理想郷の拠点づくりへと変質していったのである。

それは、ターリバーンとアルカーイダがタッグを組んだアフガニスタンの再来に見えた。当然、周辺国はそれを警戒するが、それ以上に神経をとがらせたのがフランスだった。二〇一二年末、マリ政府の要請によって北部のイスラーム武闘派制圧のために、周辺アフリカ諸国軍に武力行使を認めるという国連決議が採択される。フランスは即座に軍事介入を決断し、一月十一日、「サーバルキャット作戦」と名づけた掃討作戦を開始した。ドイツやスペインなど、EU諸国もフランス側について戦闘に加わっただけではなく、米英もしっかり協力している。アフリカでのフランス版対テロ戦争に、対テロ戦争老舗国も参加したのだ。

その後の帰結は、よく知られている。アルジェリア南東部のガス・プラントでの人質事件で犯人は、フランスとそれに協力する「対テロ戦争」の担い手を脅迫するという口実を使った。フランス軍に支えられたマリ軍は、一月末には世界遺産のトンブクトゥをはじめ――ちなみにマリ北部のイスラーム武闘派は、世界遺産を破壊するところまで、バーミヤンの大仏を破壊したターリバーンと酷似している――、北部主要地域を奪還した、としているが、その後どれだけ安定を得られるか、大いに疑問視されるところだ。

さて、そのフランスである。フランスは、近年になって突如、アフリカでアメリカのネオコンばりの「対テロ戦争」を始めたのではない。遡れば、冷戦期のアフリカで、アメリカがアフガニスタンで行ったことと同じことを行っている。アフガニスタンでイスラーム義勇兵の育成が始まる二年前の一九七六年、フランスの諜報機関はアフリカで、「サファリ・クラブ」という組織を結成した。なにも植民地宗主国の狩猟サークルではない。ターゲットは野獣ではなく、ソ連と共産主義者だった。アフリカを舞台に繰り広げられる冷戦の代理戦争で、いかに共産主義・社会主義勢力を封じ、西側の同盟国を確保するかを目的としたのである。

その対象となった地域は、コンゴやスーダン、ソマリアなど、まさに七〇年代に共産主義台頭の最前線となった地域だった。これらの地域で反共支援を展開するために、クラブは資金と知恵と人材を提供した。クラブの主要メンバーは、サウディアラビア、イラン、エジプトで、専らサウディが資金調達し、フランスが通信と運搬、技術提供を担当、エジプトとモロッコは兵器と人員を提供したと言われている。

アフガニスタンでアメリカがサウディとパキスタンの協力の下に行ったことと同じ工作を、ここではフランスが、やはりサウディとその他親米アラブ諸国を起用して行ったのだ。時間的な系列で見れば、むしろこちらがアフガニスタンの原型となったと言うべきか。

十年前、アメリカがイラクに対して国連の支持なく戦争を決断したとき、当時のフランスのドヴィルパン外相は、衆人環視の国連総会の場で、ブッシュ政権下のアメリカに対して、滔々と民主主義のなんたるかを説き、イラク戦争開戦に猛反対した。その堂々たる姿に感銘を受けた人たちは、少なくなかっただろう。だが、そのフランスは今、「対テロ戦争」を十年間戦って疲弊し腰が引けているように見えるアメリカに代わって、アフリカでの「対テロ戦争」を主導している。

誰も天使であるわけではない。だが、アメリカの横暴に釘をさすフランスの姿が、反米がくすぶる中東の国々に救いの手に見えたこともあった。エジプトなど、かつてイギリスに支配されたアラブ諸国では、少なからぬ知識人が、子弟をフランス系の私学に通わせる傾向がある。エジプトで筆者が住んでいた家の大家が言うには、「エジプト人はイギリス支配にうんざりしていたから、話す言葉だけでも抵抗の意を示そうと思って、フランス語を学んだものよ」。確かに、エジプト人の会話の随所にフランス語が混じるところは、そんな影響かもしれない。

だが、英米にせよフランスにせよ、とどのつまりは西洋の植民地主義国だ。中東諸国を支配の対象にしか見ていない。あるいは、自国の覇権拡大の、単なる駒だ――。そんな欧米諸国への懐疑、諦念感は、アラブ、イスラーム世界に根強い。

「アラブの春」は、そうした「欧米陰謀論」を払拭したように見えた。欧米を悪の権化視するのではなく、自らの社会に内在するものを問題視した。それこそが空中戦を路上のリアルな日常に引きずりおろし、イスラーム武闘派の閉塞した戦いに転換点をもたらしたのである。

だが、国際社会はといえば、相変わらずの「対テロ戦争」を続けている。今回のマリ戦争とアルジェリアでのテロ事件は、そのことを白日のもとに晒した。ビン・ラーディンを生み、武闘派を国際的に浮遊させ、彼らが住み着く破綻国家を作る、かつての失敗と同じことが、場所と主体を変えて、世界中で繰り返されている。

９・11で米国が始めた「対テロ戦争」は、成功して終わったわけでも、反省して改善の結果終わったわけでもない。ただ時間を経て、攻撃する側が痛みに耐えかねて、終わりつつあるだけだ。本当に重要なことは、「対テロ戦争」が起きてしまった原因をどう予防するかを考えることのはずなのに、それについては議論がなされていない。「対テロ戦争」から卒業した後は、どうするのか。その堂々巡りが、中東出身者と中東研究者を、鬱々とさせる。

吹き溜まりに溜まる者たちを、力ずくで足で踏みつければ、溜まる者たちはただ空中に飛び散るだけだ。その発想が変わらない限り、本当に「対テロ戦争の時代」は、終わらない。

7　十年ののち

アルジェリア人質事件（2013.5）

今年一月、アルジェリアで発生した人質事件で十人の日本人が命を失ったとき、政府の対応や各紙の報道ぶりを見ていて筆者が真っ先に感じたのは、強い違和感であった。何に対する違和感だったのか？　安倍首相が「人命優先」を強調したこと、メディアがすべて、祈るような気持ちで「人質の無事」を願ったことに対してである。

当たり前ではないか、と言われるかもしれない。「人命を優先すべき」という反応が起きるのは、別におかしいことではない。にもかかわらず違和感を感じたのは、九年前、イラクで人質事件が発生した時に、この国が「人命優先」を捨てたと筆者が思っていたからである。

二〇〇四年一月、イラク戦争後の米軍主導の復興支援事業に加わるべく、日本政府はイラクのサマーワに自衛隊を派遣した。ボランティア三人とジャーナリスト二人の日本人がイラク西部のファッルージャで拉致・拘束されたのは、自衛隊の本隊がサマーワに到着して一カ月、その活動を本格化させようとした矢先だった。日本人を拉致した犯人は、自衛隊のイラクからの撤退を要求する。当時イラク国内を大手を振って跋扈していた外国軍は、戦後の占領軍として地元のさまざまな勢力の反感を買っており、強引に外国軍撤退を推し進めようとする反米勢力の間では、外国人を人質にして撤退の駆け引き材料にする手法が流行っていた。日本人が人質となったのは、自衛隊を「占領軍」と見なす風潮がイラクにあったからである。ファッルージャは、当時の反米武装抵抗運動の中心地だった。

拉致されたNGOの人々やジャーナリストたちは、反占領勢力の作戦にまんまと利用されて自衛隊派遣という国策を阻害した、と見なされて、各方面から激しく批判された。人質を取った犯人に対してではなく、人質となった人々に糾弾の矛先が向けられたのである。与党政治家のなかには、人質は「自衛隊の派遣に公然と反対している」人たちだと言い、そんな「反政府、反日的分子のために血税を用いるのは、……不快感を持たざるをえない」と非難する議員もいた。

ただ、こぞって批判論調を展開したのは、メディアだった。人質となった人々の行動の無謀さをあげつらい、「お上に逆らった者の自業自得」的な扱いをした。そこでは「人命尊重」ではなく、「自己責任」という言葉がしきりと強調された。

アルジェリアで人質事件が起きたときに、政治家やメディアが「人命優先」を言ったときの違和感は、もっと言えば「ぬけぬけと」という感想である。九年前に人質に対して「自己責任」と言って見捨てるほどの非難をした人々に対して、「どの口がそう言うか」という思いである。

九年前のイラクでの人質事件で、かつて「人命は地球より重い」としたはずのこの国の人命優先政策は、自衛隊の駐留に差し障りがあってはならんとして、「国策優先」に転換された。なのになぜ、今再び人命優先の論調が復活するのか。すっかり「国策∨人命」に舵を切り、テロには屈しないと覚悟を決めたはずではなかったのか。

アルジェリアで日本人を人質に取った勢力は、イラク戦争やアフガニスタン戦争の原因となった9・11事件の犯人、アルカーイダ系テロリストの流れに連なる人々だった。よって、アルジェリア軍の行動は紛れもない「テロに対する戦い」であった。「テロに対する戦い」を遂行するためには生き死にを賭けるべし、という覚悟が、当たり前のように受け止められていたのではないのか。それが、何が原因で再び、「人命∨国策」に戻ったのだろうか。いや、本当に戻ったことを自覚しているのだろうか。

そう、違和感とは、今の「人命∨国策」に対する違和感ではない。十年前のイラク戦争から数年間、なぜこの国はいとも簡単に「国策∨人命」というムードを定着させてしまったのか、という違和感である。そしてその違和感は、「国策∨人命」に至ってしまったことの反省もないまま、イラク戦争が投げかけた諸問題を喉元過ぎたとたんに、忘却の彼方に葬り去ったことに、向けられている。

イラク戦争とは、何だったのか。それはアフガニスタンのターリバーン政権に対する軍事攻撃とともに、9・11事件を背景としたアメリカの新たな戦争観が現実となって現れた戦争であった。9・11事件以降、アメリカが主導したいわゆる「対テロ戦争」は、「テロリスト」という非国家主体を征伐するために、それを匿う、あるいはそれと関係を持ちうる国家主体を戦争の対象とした。

従来の戦争と異なっているのは、その点である。アフガニスタン攻撃では「アルカーイダ」とターリバーン政権の関係は明白だったが、イラクのフセイン政権に関しては、9・11事件に関連した「テロリスト」とフセイン政権の関係は、いっさい証明されていなかった。むしろ世俗主義のフセインとイスラーム主義のビン・ラーディンでは、水と油である。だが、大量破壊兵器を開発している「かもしれない」、その兵器をテロリストに横流しする「かもしれない」との推測で、対テロ戦争の対象となった。

加えて「対テロ戦争」の新しさは、アメリカをはじめとする「世界」の安寧を確保するために、他国の政権を武力で転覆することを是とした点である。当時、アメリカの政策決定サークルに多大な影響を持っていた新保守主義者（いわゆるネオコン）の主張は、アメリカの安全が確保されるためには、アメリカの理念に反する非民主的な体制を変えなければならない、というものだった。

アメリカの対中東外交の歴史を見れば、中東諸国に「民主化」を促そうとした政策は、過去にも例がないわけではない。カーター政権時代、人権外交を進めた結果、同盟国イランのシャー政権の独裁性が問題視され、イラン国内で反シャー運動が激化した。そして、イラン革命が起きて反米イスラーム政権が誕生したという、皮肉な経験がある。

だが、ネオコンの特徴は、こうした民主化推進を軍事力を以てでも行うべし、とした点であった。他国の政府が民主的かどうかなど、アメリカ国民にとってみればわざわざカネと兵力を費やして「改革」するほどのことではない――。それが、従来のアメリカの世論だっただろう。イラクのフセイン政権が反米で独裁的だったのはイラク戦争時に始まったことではなく、湾岸戦争以来、アメリカにとって鬱陶しい敵だったことには変わりがない。九〇年代、国連の経済制裁にもかかわらず、原油輸出拡大をてこに、ロシアやフランスを相手に徐々に国際社会に復帰しつつあったイラクのフセイン政権に、アメリカが打つ手がなく苦慮していたことは、よく知られている。クウェート占領を強行したサッダーム・フセイン政権を、湾岸戦争で転覆できなかったことは、長く米政権の目の上の瘤であり続けた。だが、9・11事件までは、米軍の武力を費やしてフセイン政権を倒す選択をした場合に受ける米兵の被害は、政権転覆のメリットに見合うものではない、と見なされていた。

それが「被害を出しても見合う」との認識に変わったのは、9・11事件で多くの無辜の人々の命を失ったからである。そこには、二六〇〇人以上の市民を殺されたアメリカの、国民と政府の想像を絶する怒りがあった。大義のために米国民の命を賭けることはできない、と従来考えてきた人たちでも、戦わずしてこれだけの被害を出すなら戦わざるをえない、と考えた。失った人命の大きさから、多少の犠牲を我慢しても貫く大義がある、その大義の前には国民の命を賭けるのが正しい、とアメリカの世論は考えた。それが、ブッシュ政権にアフガニスタンとイラクを攻撃させたのである。

そう考えれば、イラク戦争を開戦に踏み切らせた理由である「大量破壊兵器の保有」や「フセイン政権とテロリストのつながり」は、真の目的ではなかったことがわかる。9・11事件のような対米攻撃を行う、能力ではなく意志を持つ反米勢力は、予防先制攻撃で排除する。それがアメリカを9・11事件のようなテロ攻撃から防ぐ最大の方策であると、当時のネオコンたちは考えた。イラク戦争後大量破壊兵器がイラクで見つからなかったことで、パウエル国務長官や世論はショックを受けたかもしれないが、多くの政策決定者はさほど驚きはしなかっただろう。

一方で、イラク戦争の背景に石油利権への野望があった、と指摘されることが多い。だが、戦後の展開を見れば、決してそれが中心的な理由だったわけではないことがわかる。イラク戦争後、イラクの油田開発を積極的に進めているのは、米企業よりもむしろ、イギリスやロシアなど、旧来からイラク石油業界と深い関係を持つ企業だ。戦後の復興事業の発注先を見ても、最も多いのは米企業で十六件を請け負っているが、ドイツ、フランス企業の十四件と大差はない。

米軍がイラクに駐留していた九年間弱、イラクでの米軍基地運営や米軍による復興事業に多大な資金が費やされたという点で、米軍事産業は大いに潤ったかもしれないが、油田開発権の独占は実現できなかった。実現できないまま、二〇一一年に米軍が撤退したことを考えれば、それほど命を賭けて得るべきものではなかったということだろう。一九七〇年代の石油ショック以前の時代と異なり、今、外国資本が力ずくで石油利権を獲得しなければならない経済的メリットは少ない。

開戦から二年ほどすると、アメリカは、この戦争がどこかおかしいことに気がつく。二〇〇三年五月一日、当時のブッシュ大統領が「主要な戦闘の終了」を宣言してから三カ月後には、復興のためにイラク入りしていた国連ミッションが自爆攻撃にあって殺害され、イラクに駐留する外国軍は各地で激しい反占領抵抗運動に晒された。米兵の死者は、多いときには一カ月に一三〇人を超える被害となった。

被害の大きさもさることながら、イラク駐留の米軍の非人間的な行動が明るみに出て、世界で米軍の非道に対する批判が高まった。バグダード近郊のアブ・グライブ刑務所で、米兵が面白半分にイラク人被収監者に暴力を振るう。裸にして人間ピラミッドにしたり、犬をけしかけて怯える姿を録画し、仲間内で見て笑いものにする。イラク人に対するそうした扱いがネットで流れて、「戦闘終了」からわずか一年後には全世界が、この不祥事を知ることとなった。

しかも、収監されているイラク人の多くが、誤認逮捕された者だった。反米テロに怯える米兵にとって、会うイラク人すべてが「テロリスト」に見える。言葉が通じない分、噂だけで、大量のイラク人民間人を拉致拘束した。

こうした米兵の破廉恥な行為に、傷ついたのは米国民である。自分たちの兵士は、イラク人を独裁から解放し、世界の安全を守るために戦争を行ったのではないのか。再び9・11を起こさせないように、「テロリスト」を撲滅するために命を賭けているのではなかったのか。駐留が長引けば長引くほど、帰還兵士から戦場の様子を耳にする機会も増える。戦場での危険と同時に、現地住民や中東全体で、米兵への憎しみが募っていることを、感じないわけにはいかない。

直視し難い自国兵の姿と、反米感情の高まりに、アメリカ国内でイラク戦争を批判的に見る視点が生まれた。二〇〇六年、駐留中の米兵がイラク人少女を集団レイプし、家に火を放って一家を惨殺する事件が発生したが、ブライアン・デ・パルマ監督はこの事件を赤裸々に再現する形で、『リダクテッド』という作品を作り上げた。そこまで手厳しくなくても、駐留兵にとってイラク戦争がいかに人間的に苦しむ出来事だったかを取り上げた映画は、アカデミー賞作品『ハート・ロッカー』を含めて、多く制作された。

こうした自省の流れのなかで、オバマ大統領が登場したのである。就任前からイラク戦争に消極的だったオバマが政権について、米軍のイラクからの撤退は加速化した。

もっとも、戦争を決断した本人であるブッシュ大統領ですら、二〇〇七年には撤退の方針を固めていた。ブッシュとしては、「成功裡」にイラクを離れるという形を取りたかったのだろう。二〇〇五年には憲法制定、国民議会選挙と民選による新政権の成立を実現して、「イラクを民主化した」という名目は立てられた。だが、その結果成立した政権はイスラーム政党を与党とし、イランと密接な関係を持つシーア派政治家が主導権を取る、米政権としてはあまり望ましくない政権となってしまった。

二〇〇六年からの二年間は、治安の悪化がさらに内戦状態へと深刻化した。イラク戦争開戦から二〇一一年末に米軍がすべて撤退するまでの間に、死亡が確認できた米兵は四五〇〇人弱に上っている。イラク人民間人の被害はもっと多く、二〇〇六年後半以降、月三〇〇〇人もの市民が自爆攻撃や反米攻撃の巻き添えなどで、命を失った。宗派や民族の違いが、親米政権を支持するか反対するかという政策的対立と同一視され、異なる宗派の間で殺し合いが始まる。身の危険を感じた人々は故郷を後にし、海外に逃げられる者は周辺国で、そうでない人々は国内で難民化した。難民の流出がピークだったと言われる二〇〇七年には、海外での難民、国内難民それぞれが全人口の一割近くあったと報告された。

身の危険だけではない。生活苦もイラク人が海外に逃げ出す原因となった。国内での経済復興事業を進めようにも、外国企業の活動は治安の悪さから頓挫する。戦争およびそれ以前の国連による経済制裁で破壊され疲弊したインフラストラクチャーは、修復されないまま、放置された。現在でもなお、国内の発電量は需要の半分強しかなく、戦争から十年を経てなお、人々は電力不足に悩まされている。

これが、戦争で大量の人命と資金を費やして得た、イラクだ。ネオコンが「自由で民主的で親米政権」を期待した新しいイラクは、テロと内戦と失業者の溢れる、荒廃した地になってしまった。

9・11事件以降、「命を賭しても戦うべき相手がいる」と確信し、その相手に対する疑惑が推測でしかなくとも戦争を繰り広げてもよいのだ、というムードが、数年間蔓延していたことは確かだ。実際、「テロリストとつながっているかも」「大量破壊兵器を持っているかも」と、アメリカに疑惑を持たれるだけで徹底的に潰されるのだという危機感から、当時のリビアの元首ムアンマル・カダフィは、さっさと大量破壊兵器開発の中止を決断した。だがそうしたムードは、人道面にせよ経済面にせよ現実の戦争というコストの大きさに直面して、二〇〇七年頃には終息したのである。

今、アメリカがイラク戦争から学んでいるのは、他国の政治体制にむやみに首を突っ込んでも得なことはない、ということだろう。二〇一一年「アラブの春」で、カダフィ体制に対する反政府運動が高揚した際に、欧米諸国は一斉にリビアの反政府派を支援すべきだという決断を下したが、アメリカは極力先頭に立たないようにし、NATOに主導権を与えて限定的な軍事関与にとどめた。シリアに至っては、アサド体制を独裁だと非難して反政府勢力が二年以上も抵抗を続け、数十万の死者を出す内戦状態に至っているが、米政府は膾《なます》を吹くほどに関与に消極的である。

ところで、日本である。日本にとってのイラク戦争は何だったのか。冒頭に指摘したように、「人命＞国策」と舵を切ったのが、イラク戦争とその後の自衛隊のイラク派遣だった。すっかり忘れ去られているが、日本にとっても大きな外交上の転換点だったはずである。

最大の変化は、安全保障の観点が日本の外交政策のなかで突出したことだ。従来、イラクや中東諸国に対する日本の外交政策は、もっぱら石油資源の確保という経済的利益を第一に考えて行われてきた。特に一九七三年の石油ショックを経て、日本政府は多少アメリカに睨まれたとしても、中東産油国政府との友好関係を構築しなければ、と考えた。当時の中東、特にアラブ諸国は、イスラエルを盲目的に支援するアメリカと対立し、イスラエル＝アメリカに追随する国はアラブ諸国の敵でもある、と見なしていたからである。日本は敵とまでは見なされなかったものの、友好国ではないとされた。慌てた政府は、パレスチナ問題に関して親アラブ的な声明を発出し、後に首相となる三木副首相を特使として、サウディアラビアやエジプトに派遣した。

この日本政府の政策変更を、米政府は苦々しい思いで黙認した。それまでアメリカべったりで石油供給確保を追求してきた日本の中東政策が、初めて独自の外交方針を掲げ、アメリカと距離を置いてアラブ諸国と付き合うようになったのである。

その代表格がイラクだった。日本の外交政策がこれまで米政権に睨まれることが多かったのは、もっぱら対イラン政策と対イラク政策である。イランは、もともと親米のシャー政権のもとで関係を密にしていたのが、イラン革命で突然反米化したため、一九七九年以降対イラン関係を維持するのが難しくなった。だがイラクの場合は、最初から日本が反米政策を公言する国に接近した数少ない例の一つである。

一九五八年、イギリスの間接的な支配下にあったイラクの王政は、親ソ・反米のナショナリスト将校たちによって転覆された。その後繰り返しクーデタが起きるが、いずれの政権も反植民地主義、反米、反イスラエルを高らかに掲げた。一九六八年に成立したバアス党政権もまた、急進的な反米姿勢を取り、政権成立前年に断交した対米関係を修復しようとはしなかった。

だが、石油ショックで膨大な石油収入を得るようになると、七〇年代後半徐々に台頭しつつあったサッダーム・フセインは、西欧諸国や日本などに対して実利優先の政策を取るようになる。潤沢な外貨を得て欧米の一流品を購入できる財力がありながら、イデオロギーに縛られてソ連・東欧製の質の悪い製品ばかり輸入しているのは、バカバカしい。かといって、反イスラエル、反植民地主義の御旗を下ろしたり、対米強硬姿勢を崩すわけにはいかない。

そこで最も都合のよい相手が、日本である。欧米並みの技術と経済力を持ちながら、中東諸国を支配した経験を持たない。七三年以降はアメリカと距離を置いて、イスラエルとの関係を控えている。

イラクは日本を欧米諸国の代用として、日本は欧米諸国と競合せずに進出できる国として、イラクとの関係を深めていった。その結果、七〇年代末から八〇年代初めには、日本はイラクの輸入相手国として一位か二位につけ、日本企業はイラクでの経済開発事業の多くを受注した。

ところが、経済優先で進められた二カ国間関係は、湾岸危機でアメリカとイラクが角突き合わせて以降、頓挫する。イラクとの経済関係か対米同盟関係かの選択に、日本政府は後者を選ばざるをえない。湾岸戦争では、総額一三〇億ドルをアメリカ主導の多国籍軍に供出することで、日本政府は「国際貢献」を謳った。

だが、不幸にして金銭面での協力では十分ではないというムードが、外務省にも当時の防衛庁にも、さらには財界にも強まっていく。イラク戦争の開戦時には、それらが一体となって、一層の対米協力を安全保障面で行うべし、との流れを生んでいた。

重要なのは、イラク戦争の後に自衛隊をイラクに派遣すると決心したことで、日本の対イラク政策が経済優先方針から完全に安全保障中心にシフトしたことである。自衛隊がイラク南部の小都市サマーワに派遣されたのは、アメリカに対して日本の安全保障面での協力姿勢を見せるだけの目的であった。つまり、イラクはイラクとの付き合いの舞台ではなく、安全保障面での対米貢献のための材料となったのである。アメリカと距離を置いてまでも追求してきた日本の独自路線は放棄され、対イラク政策は日米同盟強化のための踏切板へと矮小化された。

確かに、自衛隊の派遣で戦後のイラク復興事業に預れるのでは、との日本の財界の思惑もあった。

イラクへの経済制裁で進出を阻まれていた間に、油田開発交渉でロシアやフランスに出遅れていた分、米主導の復興計画の下で日本企業も大きなチャンスを得られるに違いない——。七〇—八〇年代にイラクに進出していた大手企業は、イラク向けに多額の債権を抱えていたので、フセイン政権後には大手を振って損失を取り返すことに力を入れられる、と考えた者も少なくなかっただろう。自衛隊は、そうした財界の野望を将来実現するための、つなぎ役として期待された。戦争直後の治安の悪い時期には、民間企業がイラクに進出することはできない。その出遅れ感を、自衛隊がカバーしてくれれば。日本のプレゼンスがない、と言われないために、自衛隊がそこにいます、と言えるようにしてくれれば。

しかし、その期待は、想像以上の治安の悪化により、潰えた。最も安全だと言われ、小泉首相が「非戦闘地域である」と強弁し続けたサマーワであっても、二〇〇六年以降の内戦状態は自衛隊の安全を脅かすものとなった。最悪の状態に陥る直前で撤退したことは、自衛隊にとっては幸いだったが、「民間企業が進出するまで自衛隊がつなぎ役となる」との役割は、果たせなかった。自衛隊派遣に経済的なメリットを見出した財界の期待は裏切られ、結局、対米支援の意気込みを見せるためだけに、自衛隊は二年間イラクにいた。イラクにいながら、イラクのためではなく遠いアメリカのために、恐怖と不安に苛まれながら。

話を現在に戻そう。戦争から十年を経て、イラクは安定を取り戻しつつある。テロや政争でいまだ月三〇〇人を超す死者が出ているとはいえ、イラク人民間人の被害は内戦時の十分の一ほどに減少した。原油生産は順調に回復し、年間輸出額も昨年には九〇〇億ドルを超えた。イラク戦争前、経済制裁下では手に入らなかったさまざまな外国製品が、トルコなどから流れ込んでいる。政府に対する不満は渦巻いているけれども、それは反米とか反戦ではなく、今の政府の腐敗や汚職、政党間の野合や権力集中が批判の対象だ。イラク戦争で強大な独裁政権を倒したと思ったら、戦後の安定化優先という題目の下で、新たな独裁が始まりつつある。政治家たちが「混乱より独裁のほうがマシだろう」と嘯くのも、かつて見慣れた光景だ。

安定しつつあるイラクでは、復興事業の展開も本格化し、欧米企業や韓国、中国などが次々に進出している。治安の悪さを危惧する日本企業がイラク進出を本格化したのは、外国企業に二年ほど遅れて二〇一〇年頃からだ。二〇一一年の段階では、外国企業に発注されたイラクの主要事業のうち、日本企業が得たのはわずか一%でしかなかった、との報告もある。その反面、七〇—八〇年代にイラク市場を席巻した日本製品への憧れ、信頼は、いまだイラク人の間では強い。日本企業、日本製品のカムバックを期待するイラク人の消費者心理を利用して、国内では偽物、コピー商品が出回っているらしい。

なぜこんなことになってしまったのか。三十年前にイラクで事業を展開した経験を持つ企業は、その時に構築した友好関係という資産が顧みられないことを、嘆く。イラク側からは熱心なラブコールが続いているのに、そしてその礎を築いたのは先達のビジネスマンたちなのに、その蓄積が今活かされていない。

活かせなかった最大の原因は、むろんイラクでの治安の悪さである。だが、イラク戦争後、自衛隊を派遣して民間企業進出までのつなぎとする、との計画は、どうなってしまったのか。日本はイラク戦争で、経済より安全保障にその力点を移した、と述べた。自衛隊のイラク派遣は、対米協力を謳うとともに、イラクで経済利権の獲得につながればと、二兎を追ったものだった。だが、その二兎のうち経済利権については、残念ながら実現できなかった。安保と経済の二刀流の失敗である。

だとすれば、イラクの治安が回復しつつある日本の対イラク政策は、再び経済優先に戻るのだろうか。アメリカ自体、イラクから軍を撤退させたばかりではなく、「アジアシフト」と称して中東全体に関心を低下させている現状である。イラク戦争のときのような、米政権の中東政策に追随すれば「分け前」を得ることができる、という環境は、もうない。二兎を追う作戦は、見直されなければならない。

だが、自衛隊が撤退した後の日本政府の対イラク政策に、何か確固としたものがあるようには、見えない。かといって、再びアメリカから距離を置いて独自の対中東政策を押し出そうという様子も、ない。中東に対する日本の独自外交は、相変わらず不在である。

そこで、冒頭のアルジェリアでの事件である。政府もメディアも、事件が発生した途端に「人命優先」を謳った。これは、正しい戻り方なのだ。イラク戦争で、人命を賭しても経済利益を度外視しても、「対テロ戦争」には協力すべし、という安全保障優先の風潮が、蔓延した。それが十年後にして、たやすく「人命＞国策」と言えるほど、喉元過ぎたのである。その感覚は、大事にすべきである。

咄嗟に口をついて出た「人命優先」を大事にするなら、その後安倍首相らが示唆した「海外の日本人の安全確保のために自衛隊を」という発想は、大きく矛盾する。なぜならば、イラク戦争後の経験は、自衛隊の派遣が決して日本人の命を安全に導くものではない、ということを証明したからである。自衛隊を派遣するとき、政府は「日本とイラクのため」と理由をつけて、派遣を決定した。だがその目的は対米貢献であり、中東における日本人とイラクの安全に貢献したわけではない。しかし、口実は独り歩きする。海外で日本人が危険に晒されるとき、自衛隊の起用が何か特効薬のように、期待される。

そんな口実のために、隊員を死に至らせるわけにはいかない、と元防衛庁幹部が回顧する。『検証　官邸のイラク戦争』（岩波書店、二〇一三年）を上梓された柳澤協二氏である。イラク戦争以降、安全保障政策が重視されたのは、自衛隊員が命を賭しても守ろうと心から思うことができる国益のためだったのかどうか。そのことを明らかにしないまま、繰り返し「自衛隊の派遣」を言うことの恐ろしさを、政策決定者は感じているのかどうか。

そのことをこそ、十年の後に振り返るべきなのではないか、と思う。

日本の対中東外交の変遷（2013.7）

8　砂漠で待つバラと、片思いの行方

昭和の終わりの頃だろうか、かつて見たドラマで、印象的なシーンがある。

一九三七年、朝日新聞社の航空機「神風号」による日本で初めての欧州往復航行を描いたドラマで、欧米先進国に並ぶ短時間でロンドンまで到達した、その過程を再現風に制作したものだ。深田祐介の『美貌なれ昭和——諏訪根自子と神風号の男たち』が原作だったのではなかったか？

そのなかで、何が印象的だったか。「神風号」が途中イラクの都市、バスラとバグダードを経由していくのだが、バグダードに同機の到着を待ちわびる日本人家族の姿が描かれていたからだ。当時バグダードに赴任していた三菱商事の職員一家で、正装した夫妻とお嬢さんがバラを持って、砂漠の空港にたたずんでいる。それがなかなか「神風号」が到着しないので、バラが乾いた風に晒され、枯れていく。

現地を知る人でないと想像できないだろうが、「神風号」が到着した四月は、春といっても四十度にはなる暑さだ。砂嵐の吹き荒れる時期でもある。その炎天下で、正装で何時間も立って待てるもの

ではない。ましてや、バラの生花などなかなか手に入るものではない。それを花束で迎えるなど、当時のイラクでは国賓級の出迎えだ。それだけ、同国人の訪問がうれしかったのだろう。

印象深かった理由は、貴重なバラの鮮烈な赤だけではない。一九三七年という年に、すでにイラクに三菱商事の職員が赴任していたことに驚いたのである。イラクと日本の外交関係が成立し、日本公使館がバグダードに開設されたのは、その二年後の一九三九年のこと。その後第二次世界大戦で閉鎖された後、正式に大使館がイラクに置かれるには、一九六〇年まで待たなければならない。そんな時代に、商社のビジネスマンがイラクにいたのだ。しかも当時のイラクは、前年に軍クーデタが発生、その後の軍人の政治関与、ナチス・ドイツへの傾斜の嚆矢となる出来事が相次いでいた。政情不安の渦中と言ってよい。

この戦前の、大使館もないところでの三菱職員のイラクでの存在が、ある意味で日本の対中東関与のあり方を象徴している。商社がひっぱり、政府があとをついていく、というパターンだ。それが今、すっかり失われている。

日本の対中東関係のなかで、民間企業の活動は常にその牽引車だった。石油、という日本にとって欠かせないエネルギー源を獲得することが、その主要な目的であることは言うまでもない。戦後一九六二年まで原油輸入は自由化されていなかったが、それでも中東産油国との直接取引を求める民間企業の試みが見られた。

なかでも有名なのが、一九五三年の出光石油の日章丸によるイラン原油買い付けと、一九五七年の日本輸出石油株式会社によるサウディアラビアでの採掘権の獲得である。後者はアラビア石油株式会社の活躍につながり、その後二〇〇〇年まで日本がサウディアラビア、クウェートでの採掘権を享受する主体となった。

だが、目を引くのは前者の出来事である。日章丸が直接原油を買い付けるためにイランに向かったことが、当時欧米を敵に回すような行為だったからだ。その前年、シャー王政時代のイランで選挙によって選ばれたモサッデク首相が、欧米諸国の独占下にあったイラン原油を国有化すると宣言していた。モサッデク政権下のイランは、欧米諸国の反発を一斉に受けていたのである。

イラン現代史のなかで、モサッデク政権が持つ意味は重要である。第二次世界大戦中に国土の北部をソ連に占領された経験を持つイランは、以降冷戦の中東における最前線となり、英米が西側陣営として死守すべき同盟国と見なされてきた。アメリカの庇護のもとに、皇帝たるシャーが独裁的支配を確立したところ、その後一九七九年のイラン革命によって激しい反王政、反米路線に転換したことは、よく知られるところだ。だが、革命に先立つこと二十八年、モサッデクは英米に反旗を翻して石油国有化を宣言していた。

怒り心頭に発した米政府は、ＣＩＡを起用して、反モサッデクのクーデタを策謀した。モサッデクは引きずり下ろされ、親米シャーの独裁が復活したのである。ＣＩＡの謀略は長く隠されてきたが、イラン革命のときに暴露され、今でもイラン人一般の対米不信感の原点にある。パジャマ姿で公務に励む、ちょっと変わり者のモサッデクは、イラン人の間では大衆的人気を博す、国民的ヒーローなのだ。そのため、九〇年代のクリントン政権期にアメリカは、イランとの和解を狙ってオルブライト国務長官が、モサッデク時代に米政府が行ったことを反省する、といった趣旨の発言を行った。それだけ米政府も、イラン国民の心に刺さった棘だと認識していたのである。

日本の対中東政策のなかで、イランは特別の位置を占めてきた。欧米と角突き合わせても、日本が関係を維持しようとした、珍しい例だからだ。ただ、最初から欧米を無視してイランに接近したわけではない。日本とイランの関係が切っても切れない関係に至ったきっかけの一つは、一九七三年、日本側は三井物産が中心にイランとの合弁で設立したイラン・ジャパン石油化学（ＩＪＰＣ）だが、このときのイランは忠実な対米同盟国である。

ところが、ＩＪＰＣがイランで最初の総合石油化学コンプレックスを完成させる直前に、イラン革命が起きた。日本側は大慌てで撤退しようとする。だが、革命政権となってもイラン側は、事業を完成させたい。一民間企業で支えられないと判断した三井は、通産省（当時）に支援を求めた。その後、この事業は日本政府の外交政策を左右する大事業となっていったのである。

その後イラン革命政権は安定しないばかりか、対米関係をますます悪化させていく。さらには一九八一年からはイラン・イラク戦争が始まった。爆撃にも晒され、とても継続できる状況ではなくなっていくが、国益として、日本・イラン間外交関係を象徴するものとして、事業は八九年に正式に解消されるまで続いた。

このイランとの「特別な関係」は、日本の他の中東諸国との関係を見ると、尋常ではない。一九七九年以来、イランと外交関係が悪化した米政府は、同盟国にも断交、経済制裁をたびたび呼びかける。その都度、日本政府は厳しい圧力に晒されるのだが、今から想像できないほど、日本政府はその圧力に抵抗するのである。一九八〇年、対イラン制裁を強く求めて来日した米特使に対して、日本政府はIJPCだけは例外扱いしてくれと、必死で要請した。四月にイランとアメリカが断交すると、日本もとりあえず同調して大使を帰還させるのだが、大来佐武郎外相は「イランとの間に密接な友好関係を有してきており、今後共、長期的観点からこのような関係の維持を図っていくことを強く念願する」と、対イラン関係を継続した。

七年後、レーガン政権期にアメリカが再び対イラン禁輸措置を発表したときも、外務省、通産省ともに慎重な対応をとった。ちょうどイラン・イラク戦争が停滞状態で、イラクとイランともに関係を持つ日本としては、停戦仲介に尽力していた時期だ。

さらに対イラン接近が進むのが、イランで改革路線のムハンマド・ハータミーが大統領となった九〇年代後半のことである。外務政務次官を始めとした政府高官や経団連、国会議員など、二国間交流が活発となって、円借款も追加供与された。二〇〇〇年にハータミー大統領がイラン革命後初めて国家の長として訪日したが、その際天皇陛下と会見しただけではなく、中東諸国首脳として初めて国会で演説を行うほどの賓客扱いであった。ちょうど、前述したアラビア石油の契約が切れた時期だ。それに代わって政府は、イランのアーザーデガーン油田開発の優先交渉権獲得に躍起になっていたのである。ＩＪＰＣ着手以来の、日本・イラン関係蜜月時代であった。

ところで、四半世紀前、交戦状態のイランとイラクをシャトルして和平を模索したのは、安倍晋太郎外相だった。今、その息子の安倍晋三総理も、ビジネスに引っ張られた外交を展開している。今年五月、ロシア訪問後、安倍首相はアラブ首長国連邦とサウディアラビア、トルコを訪問した。民主党政権時代には外相訪問しか行われなかったから、自身が首相だったときの前回の訪問から、六年ぶりの首相訪問だ。

民主党政権の下、そしてドバイ・ショックで中東経済に衝撃が走って以降、日本の対中東関心は急速に冷え込んだ。その間大活躍だったのが、韓国と中国である。中国は中東に限らず、アフリカ一帯への経済進出が目覚ましい。韓国も前の李明博《イ・ミョンバク》政権時代、大統領みずから中東諸国を歴訪し、石油の安定供給を確保するとともに、各国で商談をまとめた。

なぜ日本は動かなかったのか。石油資源の必要性は変わっていないというのに、なぜ対中東ビジネス外交は過去六年間、途絶えていたのか。ハータミー時代に蜜月を経験した対イラン外交ですら、停滞した。二〇一一―一二年、核開発をめぐってアメリカのオバマ政権が新たな対イラン制裁を打ち出したとき、従来と比べれば易々と、政府は制裁に同調した。イランからの原油輸入を止める、としたのである。

おそらくそれは、二〇〇九年から政権の座にあった民主党のせいというよりは、湾岸戦争以来の日本の対イラク政策、特にイラクへの自衛隊派遣と撤退が大きく影響している。従来、日本の対中東外交が経済優先で、政治＝国はあとからついてきた、と先に述べた。それが逆転したのが、イラクへの自衛隊派遣である。

イラク戦争前、イラクはイラン以上に民間企業が先導して二国間関係が確立されたパートナーだった。二回の石油ショックを経て膨大な石油の富を得たイラク政府は、バアス党政権の権力確立の途上だったこともあり、その富をふんだんに民生安定につぎ込んだ。石油化学コンビナートやパイプライン、港湾施設などの石油産業関連施設の建設はもちろんのこと、国民に生活水準向上の実感を与えるため、住宅、道路、橋などのインフラ建設に始まり、病院、学校などの福利厚生施設の拡充にも力を入れた。成立したばかりのフセイン政権は、「富をばらまく指導者」として、国民の忠誠をオイル・マネーで買ったのである。

その政策の一翼を担ったのが、日本企業だった。七〇年代後半から八〇年代初めにかけて外国企業に発注された大規模建設事業の多くを、日本企業が受注したことは、前章で述べた通りである。その存在は、ありとあらゆる分野で見られた。箱ものだけではない。長引くイラン・イラク戦争でフセイン政権は、従軍兵士の厭戦意識を癒すために、兵士にさまざまな贈り物をしたが、その代表的なものがトヨタのスーパーサルーン車である。その後政府の資金が底をつくと、それはブラジル製のフォルクスワーゲン・パッサートに取って代わられたが、トヨタはイラク人にとって、長い間富と繁栄の象徴だった。

だが、そんな時代は続かない。八〇年代半ばにはかさむ戦費のため、外国企業への支払いが滞る。日本企業の対イラク債務が膨らむなか、湾岸戦争が起きた。イラクに対する経済制裁が科され、いっさいの経済活動ができなくなっただけでなく、湾岸危機中にイラクとクウェートに駐在していた日本人たちは、イラク政府の人質とされた。戦争回避のための、「人間の盾」である。

経済優先で突き進んできた日本の対イラク関係は、戦争という最大の危機に晒された。自社職員を人質とされた企業は、日本政府になんとか救済策を、と求める。大使館から外務省を通じて切実な呼びかけを続けるが、政府は動かない。人質交渉を利用してイラク政府につけこまれるのではないか、と懸念した米政府は、イラク政府との接触を一切拒否した。日本政府もその姿勢に倣ったのである。政府に見捨てられた民間企業は、独自に政治家と交渉する。そこで白羽の矢が立ったのが、中曽根元首相だった。後述するが、第一次石油ショックの際に、中東諸国を歴訪して産油国との関係構築を図った、その時の通産相である。中曽根元首相は企業の要請でイラク入りし、一部の人質解放に貢献した。

以降、イラク戦争が終わって数年経つまで、イラクは民間企業が活動することのできない状況に置かれた。湾岸戦争後は国連の経済制裁によって、イラク戦争後は内戦とも言える治安の悪化によってである。

ここで、民間経済優先、その後に政府、という従来のパターンが逆転する。民間企業が活動することのできないイラク戦争後のイラクに、なんとかプレゼンスを示すために派遣されたのが、自衛隊だった。米軍が主導するであろう戦後のイラクの復興計画に、日本がなんとか関与するためには、米軍と行動をともにして、アメリカの傘下で経済利権を追求するしかない。政府が先んじて出、それが均した道を民間企業に提供する。そうしたパターンが、イラクの自衛隊派遣によって模索されたのだ。

だが問題は、自衛隊が任期を終えて撤退しても、道は均されないどころか治安はより悪くなり、民間企業が進出できる環境になかったことだ。道が均されるまで待て、と止められている間に、危険をものともしないアジアや西欧の企業は、次々にイラク進出を図っていく。気がついたら、日本企業は出遅れていた。

今年五月の安倍首相の、政治色のほとんど見られない中東経済外交は、自衛隊派遣で対米貢献も中東での経済利権獲得も両方とも得よう、という小泉政権時代の政策が終わったことを意味する。同時に、中東政治全体への関心の低下も浮き彫りになった。小泉時代以来首相訪問がないのが、イスラエルとパレスチナ自治区である。パレスチナ問題が、対中東外交から抜け落ちた。

日本の対中東ビジネス関心が常に気を配ってきたのが、パレスチナ問題だった。アラブ産油国の歓心を得て石油輸入を確保し、オイル・マネーで潤う中東市場に参入するには、アラブ諸国の琴線に触れる政治姿勢を取らなければならない。湾岸戦争まではそれは一貫して、パレスチナ問題だった。パレスチナを支援しイスラエルと対立するアラブ諸国と関係を強化するには、パレスチナ問題においてアラブ寄りの姿勢を示す必要がある。

それが、第一次石油ショックの後にとられた親アラブ政策である。当時の二階堂官房長官が、イスラエルのパレスチナ占領を非難し、撤退を求める声明を発出した。当時の日本のメディアは自嘲気味に、「アブラ請い外交」と揶揄しつつ報じた。

だが、原油価格が急騰して初めて、日本政府が対アラブ政策の重要性に気づいたというわけではない。OPECが第四次中東戦争で石油戦略を取り、イスラエル支援国への原油供給を止める前から、緊迫状態を続ける中東情勢を見て、メディアや政府の一部には対産油国友好関係の構築を主張する声があったことは、重要である。当時の通産相だった中曽根康弘氏は、石油ショックの半年前にアラブ産油国を歴訪しているが、そこには「産油国サイドに立った独自の資源外交、これを国家目標の一つに据えなければならない」という認識があった。本格的にアブラに困らなくても、日本の政策として対中東独自外交を進めなければならない、という考えはあったのだ。

二階堂声明でアラブ寄りに立ち位置を変えた日本は、それまでのイスラエル支持姿勢を改める。たとえば一九七六年国連安保理でパレスチナの民族自決権を承認するかどうかが議論された際、結果的にアメリカの拒否権で否決されたのだが、日本は賛成票を投じた。翌年にはPLOの東京事務所開設が認められ、一九七九年には日本・パレスチナ友好議員同盟が設立された。ちょうど一九七七年にカーター米政権が「PLOを承認せず、交渉せず」と明言していた時期である。日本の対パレスチナ外交は、当時のアメリカの政策と真っ向から反する方向を向いたのだ。

経済面でも、アラブ諸国がイスラエルで活動する企業との取引を禁止するアラブ・ボイコット政策を取ったため、産油国とのビジネスを求める企業は軒並み、イスラエルと縁を切った。閣僚、財界の大物のアラブ諸国との往来は頻繁になり、政府も円借款の供与などで支援した。

その時期の中東諸国でのビジネスマンの駐在人数の急増を見ると、そのブームのすごさがわかる。一九七三年、北アフリカを除く中東諸国での長期在留邦人は二六〇〇人強だったが、石油ショック後の翌年には一・四倍、七七年には二倍となった。イラン革命でイランから多くの日本人が引き揚げたはずなのに、一九七九年は実際にはピークとなる一万五〇〇〇人弱の日本人が駐在していた。湾岸戦争で二〇〇〇—三〇〇〇人前後に激減するまで、平均一万人の日本人が中東にいた。二〇〇〇年代、ドバイなど湾岸産油国で経済ブームが起きたときでも、最高で二〇〇九—二〇一〇年の八三〇〇人強だったことを考えれば、その数は非常に大きい。

中東の現場に赴任して経済建設に携わる日本人の姿は、現地社会によいイメージを残した。欧米ではないにもかかわらず欧米並みの技術と開発をもたらしてくれる日本企業は、どこの中東諸国でも大歓迎されたのである。

だが、アラブ諸国の日本への期待は経済面だけではない。七〇年代以降、中東諸国で盛り上がった日本びいきは、中東の欧米に対する反発の裏返しでもある。西欧諸国の植民地政策に苦しめられてきた中東諸国は、非西欧である日本の発展に、限りない憧憬を抱いている。それは戦前から続く日本に対する「片思い」とも言える感情だろう。

日露戦争時、西欧列強の一角をなすロシアを打ち負かした日本に対して、トルコの人々が歓喜の声を上げたことは、よく知られている。東郷提督の名から「トーゴー」と名づけられた店が多くあった、とも言われる。トルコはオスマン帝国時代にロシアと三回戦って敗北を喫し、以降帝国は没落の一途を辿った。オスマン帝国の栄華に終わりを告げた西欧列強に一矢報いた日本は、トルコだけではない、西欧植民地主義の犠牲となった中東諸国の多くにとって、期待の星だったのだろう。

それを象徴するのが、エジプトの詩人ハーフェズ・イブラヒームが書いた「日本の乙女」という詩である。日露戦争で前線の兵士を看護する日本女性を褒め称えた詩だ。

私は日本の女性です。たとえ死の苦しみをなめようと
自分の望みを達せぬまま引き下がることはありません。
たとえ私が銃を撃つことにぬきんでず、
両の手で剣を翻して戦うことはかなわずとも、
……天皇は東洋を目覚めさせ、西洋を揺るがせた
王者と仰ぐにふさわしいお方です。……
帝国の揺籃時代には天皇も幼く、
王冠もいまだ小さかったにも拘らず、
いまや帝国は栄誉の天空となり、

王冠はそこに輝く星となったのです。

（杉田英明『日本人の中東発見』東京大学出版会、一九九五年）

こうして、戦前の日本は中東諸国にとって非西洋のヒーローとなった。アジアへの侵略はとりあえず棚に上げ、中東に対しては植民地経験がないから、と評価し、日本を列強としてではなく中東諸国と「同じ側」のヒーローと見なす。

では、肝心の日本はどうだったのか。

少し時代は遡るが、幕末の文久遣欧使節団の翻訳方として西欧諸国に派遣された福沢諭吉が、スエズ運河を経由してエジプトに滞在した。当時のエジプトは、軍事的、経済的に勝る英仏の進出を目の前にし、これらに対抗して近代化を進めるムハンマド・アリー王朝の時代である。まさに黒船到来を受けた幕末日本とパラレルな環境に置かれていた。そのエジプトを訪れての福沢の感想は、以下のようなものである。

「土地貧困辺陲に准じ、其不潔、真に厭うべし」。

「人口五十万、貧人多く、市街繁盛ならず。人物頑陋怠惰、生業を勉めず。法律も亦《また》極て厳酷なり」。

（西航記）

エジプト社会を貧困、不潔として嫌い、その「後進性」を「怠惰」な国民性、「厳格」なイスラーム法システムに起因する、と切り捨てる。中東諸国と「同じ側」には決して立たない、徹底した蔑視目線である。

こうした福沢の中東観は、明治期の近代知識人の一つの典型であった。すなわち、西欧化、近代化を目指す日本は、西欧に植民地化されていく他のアジア、アフリカ諸国を、同情や共感の対象ではなく反面教師と見なす。英仏の支配下に入っていく中東諸国のような運命を辿らないよう、いかにそこから脱するか、いかに西欧列強の仲間入りをするかに、焦点が絞られていたのである。畢竟、「果敢に西欧と戦う非西欧の同胞」という中東諸国の日本に対する憧れは、ただの片思いにすぎなかったのだ。

中東の日本への片思いは、第二次世界大戦後は新たな意味を持って、さらに強められる。戦争でアメリカに徹底的に破壊された日本、という認識によってである。イスラエルによって、そしてイスラエルを支援するアメリカによって半世紀以上凌辱されてきたパレスチナの民、という位置づけが、アメリカに原爆を落とされた日本、という図と重なる。日本を訪れる中東諸国の知識人は、まず広島、長崎を訪れたい、と言うことが多い。それだけ、「原爆の痛み」への共感意識が強い。そしてそこには、圧倒的な軍事力によって命と生活を破壊されることに対する怒り、そしてその破壊の背景にあるアメリカに対する反感と憎しみを共有できるはずだという、日本への「期待」が加わる。

しかし、それもまた「片思い」でしかなかった。日本は石油のために「政治」に関与し、パレスチナ寄りの政策を取ったが、それは決してアラブ諸国の「期待」に心底から応えたものではなかった。パレスチナ問題が、中東の経済外交の鍵となったのは、それがアラブ諸国の間で共通の問題だったからだ。そのため、特に産油国がパレスチナ問題への関心を失うと、その効果はなくなる。

湾岸戦争はその契機だった。九〇年代以降日本のビジネス界の中東への関与が低下したのに並行して、アラブ諸国の間でもパレスチナ問題を軸とした共通のスタンスが失われていく。「統一と連帯」が謳われたアラブ諸国間の関係も、イラクのクウエート侵攻をめぐって対立し、意見は二分された。オスロ合意を経てパレスチナ自治政府が成立するが、和平交渉は頓挫し、状況は改善しないにもかかわらず、アラブ諸国政府はパレスチナの現状になすすべを持たない。

こうしたなかで、アラブ産油国との関係構築のためにパレスチナ問題をリンクさせることは、意味を失っていった。一九七六年のパレスチナ自治権承認の国連決議では、アメリカの意向と離れて賛成票を投じた日本だが、一九八八年のパレスチナ国家建設を認める国連総会決議では、アメリカの反対を忖度して、棄権した。以降、同様のパターンが続く。二〇〇二年、ジェニンでのパレスチナ難民キャンプへのイスラエルの攻撃非難決議しかり、二〇〇六年のイスラエルの対ガザ攻撃非難決議しかり、である。

代わって、日本のパレスチナ関与は、アメリカ主導の下で進められる中東和平の枠組みのなかから外に出るものではなくなった。マドリード会議以降の中東和平多国間協議への積極的関与、小泉首相が提唱した西岸の「平和と繁栄の構想」などがそれである。そうした試みも、二〇〇九年以降は低減する。その結果の、安倍首相による対中東経済外交での、パレスチナ問題の欠落であった。砂漠に咲いた片思いの赤いバラは、今や枯れ落ちようとしている。

このように見ていけば、安倍首相が中東訪問で売り込みをかけたのが「原発」だったことは、なんとも皮肉としか言いようがない。

アラブ諸国は、日本に対して常に原爆の痛みを共有するものとして、共感と連帯の対象としてきた。日本は、その感情を利用して、経済関係強化のために親アラブ、親パレスチナ政策を打ち出した。民間企業が主導する経済外交に、政治が後押しをして、石油ショック以降の日本・中東間蜜月関係を作り上げた。だが、その蜜月は、中東の日本に対する「片思い」と、日本の実利を優先させた目的との奇妙な合致の上に築かれたものだった。

それが片思いにすぎないとわかるのが、イラク戦争である。イラク戦争後、日本はイラクに自衛隊を派遣し、戦後のイラクの復興事業に預かろうとした。それまで「アメリカに攻撃された共感の対象としての日本」だったのが、米軍とともにアラブの地に軍を送る国だと気がついたのである。ヨルダンの大手日刊紙『ドゥストゥール』が、イラク戦争から二年後、広島の原爆六〇年式典に参加して、以下のような記事を掲載した。

広島、長崎の原爆投下六十年に際して行われた公式行事がなんとも偽善的だったのは、日本の発言者のうち誰も、平和への希求と核兵器の危険性について語らなかったことだ。……あえて言おう。最初に大量虐殺を生んだ戦争を起こした犯罪人は、日本の友人であり同盟国であるアメリカである。イラク人に対してアメリカが劣化ウラン弾を使用したことに対して、日本人は何を語るべきなのか？

（二〇〇五年八月十二日付）

しかし、アラブ社会から恨み言を言われても、二〇〇〇年代の日本はすでにアメリカとの同盟関係の下で経済利権にありつくことを決めていた。自衛隊を派遣すれば、新生イラクにもアメリカに対しても、政治的にも経済的にも恩を売ることができるはずだった。それがそう簡単ではないとわかったので、安倍首相は経済だけを切り離して中東との関係を再構築しようとしたのだ。

だが、切り離すにしても、なぜわざわざ「原発」なのか。「被爆国」として片思いしてもらう必要はない、と腹を括ったのか。「原爆」を切り離しても、日本の最先端の技術と産業への「片思い」がまだ残っている、と考えたのか。しかし憧れの日本の「最先端の技術」は、かつて道路建設であり石油化学コンビナートであり、生活と産業のインフラであった。中東の支配者が、国民を慰撫しその忠誠を買うためのものであった。日本が提供する「原子力」の技術は、日本では国民を慰撫することができないのに、中東諸国では国民の支持を得ることができるのだろうか。

バラなど捨てよ、この原子力を見よ、とでも言うのだろうか。

9 アラブ知識人の自負と闇

エジプト、ムルスィー政権転覆（2013.9）

今年七月初め、ロンドンに住む旧知のイラク人家族を訪ねていた時のことだ。エジプトでムスリム同胞団出身のムルスィー政権が転覆された。一年前の二〇一二年六月に選挙で選ばれた大統領を、軍が引きずり下ろしたのである。ロンドンでも各メディアがトップニュースで、事態を追っていた。ニュースキャスターは、事件をこう紹介する。「エジプトで初めて自由な選挙で民主的に選ばれた大統領が、軍のクーデタによってその地位を追われました」、と。

ロンドン郊外の、花と緑に囲まれた家のテラスで、在英亡命イラク人たちと衛星放送のニュースを見ながら、食後の談笑はついつい侃々諤々とした議論へと発展することになった。その争点は、「選挙で選ばれた政権を、軍が転覆していいのか」、である。

二〇一一年一月から二月にかけて、民衆がエジプト各地で立ち上がり、デモなど路上で抗議運動を続けることで、三十年もの間政権の座を独占してきたムバーラク大統領を辞任に追い込んだ。この政権転覆が「一月二十五日革命」と呼ばれる「革命」だったとすれば、二〇一三年七月三日にエジプトでムルスィー大統領が軍によってその地位を追われた出来事は、その革命の継続なのか、それとも反革命なのか——。今回の事件で問われているのは、そのことである。そして、なぜ民選大統領に対抗し反対するのに「軍」に依存するのか、という点である。軍こそ、ムバーラク政権を支えた半世紀以上にわたる軍事政権の権力機構の一角だったはずではないのか。ムバーラク政権を倒したときに、軍の支配にも終止符を打とうとしたのではなかったのか。

亡命イラク人知識人たちとの議論で、日本で教育を受けて育った者として、筆者は軍に依存することは絶対だめだ、と主張した。だが、彼らの反応は、まったく違う。最後は軍が引導を渡したとはいえ、これは数百万の民衆が路上に出て、ムルスィー政権の退陣を訴えた結果なのだ。二年半前の「一月二十五日革命」から続く民衆「革命」の過程で、市民の誇りを体現したものなのだ、と彼らは言う。フランス革命だって、その後ナポレオンの帝政があり対外戦争があり、紆余曲折を経て「革命」として成就したではないか。中東やアフリカ諸国が英仏の植民地支配のくびきを離れて自由になった「独立革命」は、その多くが軍の主導によるものだったが、それは軍クーデタとして始まったとしても市民の圧倒的な支持によって今では「革命」として認知されているではないか、と。

彼らとの議論のなかで、もう一つ意外なことがあった。彼らのイスラーム主義に対する、嫌悪感とも言える激しい反発である。ムルスィー率いるムスリム同胞団は、テロリスト同然ではないか。テロリストが権力を完全に掌握する前に、どんな手段を使ってもこれを阻止しなければ、取り返しのつかないことになる——。これはイラク人だけの反応ではなく、同じ時期筆者にメールを送ってくれたエジプト人の友人もまた、同様か、それ以上の激しさでイスラーム主義者をこき下ろしていた。（ムスリム同胞団という）過激派政権から解放されたことが、いかに素晴らしいか！　宗教を利用して民を操ろうとしていたイスラーム主義者の悪事が暴露された！

アラブの知識人のこの反応に接して、今、日本のアラブ研究者たちはひどく困惑している。筆者も含めてアラブ研究者たちは、中東で七〇年代以降イスラーム主義が人々の支持を獲得してきたこと、イスラーム主義のなかでも中道派は民主主義を受け入れて、着実に現実的路線を取っていると指摘してきた。そのイスラーム主義が今、なぜここまで否定されているのだろう？　なぜアラブの知識人は民主的手続きを無視してまで、イスラーム主義を敵視するのだろう？

二〇一一年に起きたエジプトの「一月二十五日革命」が、欧米メディアによって「アラブの春」と呼ばれ、世界的に共感と支持を得たのは、市民の手による「民主化」がようやくアラブ諸国でも出現した、と理解されたからである。国際社会は、諸手を挙げてこれを歓迎した。

しかし、実際はそう簡単ではないことは、「革命」直後から見えていた。長期政権を続けていたムバーラク大統領をその地位から引きずりおろしたのは、若者を中心とした広範な層の市民だったが、彼らの主義主張はばらばらだった。ロック・アーティストでイスラーム世界のサブカルチャーを研究する学者、マーク・ルヴァインの表現を借りれば、二〇一一年一月以降「催涙弾、戦車、ラクダ、馬、テント、行進、散弾銃、実弾、ウルトラ（過激なサッカーファン）、偉大な音楽、拷問、レイプ、失望、槍、ナイフ、フェイスブック、隠密行動を行う悪党、軍に拘束された者、三日月刀、公開裁判、選挙、国民投票、無効化、放火、警察の暴力、交渉、機械化、委員会、ストライキ、街頭での小競り合い、外国の緊急援助、過激な舞台、革命的な落書き、テレビドラマ、レーニン主義の勉強会、サラフィー主義の座り込み」と、何でもアリの二年半だった。なので、「革命」当初から、革命を担ったリベラルな若者たちが新政権を支えられないことは想像がついたし、民主化を性急に進めて選挙を行えば、彼らを代表する受け皿がないこともわかっていた。

一方で、ムバーラク政権時代から最大の野党勢力として国民、特に貧困層の支持を集めていたのは、ムスリム同胞団だった。暴力的な衝突から妥協的な共存、限定的な政治参加まで、ムバーラク政権とはさまざまな形で渡り合ってきただけに、「一月二十五日革命」開始時点では、同胞団は街頭での反政府デモには慎重だった。若者の軽率な大衆行動に乗っかっても結果的に政権が転覆されなければ、その後に同胞団が熾烈な弾圧を受けることは、目に見えている。同胞団の幹部が本格的に「革命」側につくと決心したのは、若者のデモに勝機が見えて以降である。

出遅れたにもかかわらず、政権転覆後、新政権設立に向けた選挙の実施や憲法の制定に力を発揮したのは、ムスリム同胞団だった。何よりもムバーラク政権時代、慈善事業や社会運動を通じてエジプト社会、特に貧困層に深く浸透していたのは、彼らだけだった。八〇―九〇年代、政治の舞台に上ることは禁じられていたが、学校や病院、技師や医者など、各職業の組合を掌握してきた。ばらばらで組織化されていない左派、リベラル派、若者層に比べれば、同胞団が選挙で圧倒的な動員力を誇っていることは、誰の目にも明らかだった。

だからこそ、彼らは制度的「民主化」を急いだ。「革命」後の軍による暫定政権は、漸進的な民主化プロセスを想定していたが、同胞団はそれを「民主化への障害」と批判する。二〇一一年後半、同胞団が中心となって軍主導の暫定政権を糾弾するデモを路上で繰り返し、同年末には国民議会選挙が、二〇一二年五月には大統領選挙が実施された。「選挙」という禊《みそぎ》を経て、自由公正党、すなわちムスリム同胞団は国民議会選挙で半数の議席を得、大統領選挙では決選投票で僅差ではあったが、党首のムハンマド・ムルスィーが大統領に選出された。

このあたりから、圧倒的な民意を受けて成立した政権、という自負が、ムルスィー政権の専横を生み出していく。急ぎ強行採決した憲法では、国家のイスラーム化を進める条項が盛り込まれた。当然多々反論が出され、昨年十二月に国民投票で信任されたものの、投票率三割という低さ、信任されても六割を若干超えた程度だった。そもそも憲法起草委員会は、自由公正党などイスラーム主義議員が多数を占め、行政裁判所に解散を命じられていながら草案策定を強行した経緯がある。

ところで、同胞団主導の選挙、憲法制定のプロセスに口をさしはさんだのが、司法界である。国民議会選挙自体、選挙から半年後、最高裁判所が立候補者の法的平等に反しているとして違憲判決を出し、議会の解散を命じた。政党出身の立候補者は小選挙区と比例区両方で出馬できるが、無所属候補は小選挙区のみでしか出馬できないからで、無所属でしか立候補できない若者層やリベラル左派に不利だったからだ。だからこそ、憲法草案がまとまる直前、ムルスィー大統領は、大統領令は司法の介入を受けない、と命じる大統領令を出した。そして新憲法に、最高裁判事を大統領が任命することを盛り込んだ。

この頃から、同胞団とムルスィーの専横に対する警戒感が、市民の間で高まっていく。国家と社会のイスラーム化を危惧するリベラル派、左派だけではなく、当初同胞団を支持した貧困層の間にも不満が募っていたようだ。なぜなら同胞団政権は、人々が最も期待した経済と社会の安定を提供することができなかったからだ。国家収入の大半を依存する海外からの観光収入は停滞したままだし、外国の援助も十分ではない。治安警察など、前政権の暴力装置が抑制されたのはよいが、その一方で日常生活の秩序や社会の公序良俗が損なわれる。筆者は、ムルスィー下ろしデモの三週間前、まさにその舞台となったタハリール広場にいたが、路上のひったくりが増えたり、不法な露店営業が横行していた。殺伐とした様子は、短時間訪れた外国人の目にも明らかだった。

そのとき官庁の管理職クラスと話していて、いくつかの不満を耳にした。彼らが懸念していたのは、行政エリートの首のすげ替えが進んでいることである。人事異動のたびに、管理職クラスに同胞団支持派の職員が登用される。ムバーラク政権期から続く官僚システム、政治色の薄い行政テクノクラートの領分が侵食されることになれば、エジプトの経済、行政を支える知的エリート層の地位が脅かされる。旧体制支持派ではなくとも、自らの能力と学歴で獲得した地位が同胞団に奪われることを危惧したエリート層は、多い。

革命後の「よい世の中」を期待して、人々はイスラーム政権の樹立を選んだ。だが、一年を経てその期待が裏切られたと感じる人々が、数百万人規模で反ムルスィー派のデモに結集し、再びタハリール広場を占拠したのである。その一週間前、『エジプシャン・ガゼット』紙が掲載した以下のような記事が、背景を的確に説明している。「一年経って、人々はムスリム同胞団が、パンと尊厳と自由と社会的公正を求める革命精神の実現に努力するのではなく、ただ自分たちの政治計画の強化ばかりに腐心していることに気がついたのだ！」

筆者が話をした在英イラク人や、メールをくれたエジプト人知識人たちは、今回のムルスィー下ろしを企画した左派系知識人の側にいる人々である。彼らのムルスィー政権に対する反応は判で押したように、同じだった。ムスリム同胞団は宗教を利用して権力独占を謀るテロリストで、人権抑圧、女性蔑視はあたり前、そもそも表現の自由そのものを阻むものだ、と。

しかし、なぜ次の選挙まで待てなかったのか。なぜ次の選挙に向けて自派の態勢固めに傾注しなかったのか。彼らの答えはこうだ――ムルスィー政権は民主化の途上、制度化が中途半端なところで成立した。選挙結果を利用して自らの勢力固めを着々と進めている。このまま放置すれば、行政府の下から上まで、財界すらも同胞団系の職員に入れ替えられてしまう。イスラーム主義者はいつも、「民主主義は重視している」と言うが、それは彼らが選挙で多数を得るまでのことで、合法的に政権を獲得したらさっさと独裁的支配を始めるつもりなのだ。そもそもヒットラーだって、民主的過程から生まれたではないか――。

各方面で展開される左派系アラブ人知識人のこうした論理に、欧米メディアは警告する。反ムルスィー派が行ったことは、一九九一年にイスラーム主義勢力が選挙で大勝した結果を認めず、議会と憲法を停止したアルジェリア政府と軍の決断と、同じ結果をもたらすのではないか、と。そしてその後アルジェリアで起きたことは、十年にわたるイスラーム主義勢力と軍と体制エリートの間での、熾烈で血みどろの内戦だったではないか、と。

なぜ非アラブ世界のメディアや研究者がムルスィー下ろしをクーデタと見なし、当のアラブ人の左派知識人がここまでイスラーム主義を敵視するのだろう。両者はそんなに相容れないものなのか？

それは、「アラブの春」後の欧米メディアがイスラーム主義者に融和的であるのと、ひどく対照的だ。日本を含め欧米の中東研究者は、七〇年代以降、イスラーム主義に対する欧米の偏見を廃し、民衆の支持を得てそれを代弁するイスラーム主義政党の重要性を客観的に認めなければならない、と論じてきた。政教一致を前提とするイスラーム主義政党を前近代的で民主化に合致しないもの、というヨーロッパ的偏見を反省し、今のイスラーム主義は、近代化の過程で生まれてきたものと見なす。むしろイスラーム主義政党を積極的に社会の一大プレイヤーとして、包摂していかなければならない――。それが長年かけて欧米の中東・イスラーム研究者が学んだことであり、政策決定者にも呼びかけてきたことだった。

というのも、イスラーム主義が七〇年代に急速に台頭してきた背景には、当時の中東・イスラーム諸国におけるナショナリズム政権の失敗があるからだ。世俗的近代化を掲げて五〇年代以降権力を握ってきた政権は、軍事政権であれ左派政権であれ権威主義化し、国民の信頼を失った。それに代わる勢力として、期待がかけられたのがイスラーム主義政党だった。九〇年代以降の欧米の中東研究では、イスラーム組織が持つ市民社会としての機能、役割に注目した論考が多く発表された。左派世俗政権が次々に強圧的な権威主義体制化していくのに対して、イスラーム主義運動の方が社会に根差していると理解された。

こうした中東研究者の見解は、間違っていたのか？　前述の左派系アラブ知識人の反応は、そうだ間違っていた、と言わんばかりだ。だが、これまでアラブ社会を観察してきて、知識人を含めて民衆一般に、イスラーム主義組織への支持と期待が広がっていたことは確かである。パレスチナの自治評議会選挙でハマースが政権を取って以降、アラブ社会からは以下のような批判が噴出した。ハマースはパレスチナ自治政府の評議会選挙に勝利して政権を取ったのに、彼らがイスラーム主義で対イスラエル強硬派だからという理由で、国際社会は途端に支援を断ち切ったではないか。欧米こそが、中東の民主化を阻んでいるではないか。

レバノンのイスラーム主義勢力、ヒズブッラーが二〇〇六年にイスラエル軍と戦火を交えて、イスラエル側に一〇〇人近い被害者を出したときも、同じだった。ヒズブッラーが存外「善戦」したとして、アラブ諸国の知識人、若者層の間に俄かにヒズブッラー人気が高まった。エジプトやヨルダンの国民はスンナ派で、ヒズブッラーはシーア派なのに、である。

二〇一〇年にガザへと救援物資を運搬していた自国船がイスラエルに攻撃を受けて、決然と抗議を示したトルコのエルドアン首相も同様に、アラブ諸国で評価が高まった。エルドアン率いるＡＫＰ（公正発展党）政権もまた、イスラーム主義政権である。

アラブのみならず中東一般において、近代政治思想の二大潮流はナショナリズムを含む左派系世俗思想とイスラーム主義思想だったと言える。共産主義や唯物論が宗教を否定するため、この二大思想はお互い相容れないと見なされがちだ。今回露わにされた左派知識人のイスラーム主義への嫌悪感は、そうしたもともとの相容れなさから来ているのかもしれない。だが、信仰深い環境が左派思想を受け入れないということではない。むしろ、左派勢力とイスラーム主義勢力の支持基盤に重なるところが大きいことが、両者を天敵化させているのかもしれない。

たとえばイラクだ。イラクのシーア派聖地であるナジャフは、多くの共産党員を輩出した街でもある。一九四〇年代、封建的支配と工業化の過程で貧富格差が拡大することを糾弾して、共産党が知識人層と貧困層に勢力を伸ばしていったが、そこでは宗教界も封建社会の一角として批判の対象となった。

宗教界のお膝元で無神論たる共産主義が若者を魅了することに、聖地の宗教界は衝撃を受ける。若者の関心を近代西洋思想に向けないために、宗教界のなかにはイスラーム思想自体を刷新し、資本主義や共産主義を論破して新たな現代イスラーム思想を構築しようという気運が生まれる。シーア派イスラーム主義運動の創設者、ムハンマド・バーキル・サドルはその代表格だ。共産主義の流行に呼応して、現代思想として新たに生まれたのが、今のイスラーム主義なのである。

イスラーム主義勢力と左派勢力は、支持基盤をめぐっても競い合った。イラク共産党が四〇—五〇年代に最も支持を得ていたのは、南部農村の貧困層やそこから都市に移住した棄村農民が形成するスラムだった。共産党支持が多かったのは、南部のシーア派や北部の少数民族であるクルドという、政治中枢から排除され社会の辺境に置かれた人々だった。このとき共産党は、イラクで唯一の貧民の代弁者だったのだ。

だが、バアス党政権になって、都市スラムの住民は共産党への支持をやめる。共産党が「左派」という共通項だけでバアス党と和解し、政権に参画したからだ。都市スラムのシーア派住民にとってバアス党は、シーア派住民を「アラブ性が低い」と見て差別する、偏狭なアラブ・ナショナリストである。共産党の与党化で代弁者を失った貧困層住民は、イスラーム主義政党にその支持の方向を変えた。貧困、搾取、抑圧を糾弾しているという点では、イスラーム主義政党も同じだったからである。

支持基盤が重なるだけではない。冷戦の終焉もあり、左派勢力の衰退と妥協を見かねて、元共産党員がイスラーム主義者に転じた例も少なくなかった。エジプトでも、元左派が後にイスラーム主義に「転向」した例は見られる。右であれ左であれ、「革命」や「反米」を追求するのに勢いのある方を選ぶ活動家もいる。

だが、今こうして対立を強める左派世俗派とイスラーム主義派を見ていると、ともに貧困層に支持基盤を置いているという共通点は、見えない。むしろ浮き彫りにされるのは、上流階層の子弟に多い左派世俗主義派と、貧困層に支持を持つイスラーム主義派の階層差である。『朝日新聞』のカイロ総支局長、川上泰徳氏は、ムルスィー下ろしのデモを取材して、反ムルスィー派が結集するタハリール広場で販売されている飲み物は、ムルスィー支持派がデモを組織するナセル・シティーで売られているそれの何倍もの価格がする、と指摘している（『朝日新聞』七月二十二日）。

エジプトでのムルスィー下ろしに先駆けて、トルコでも似たようなイスラーム政権への反発が起きていた。イスタンブルのゲジ公園再開発計画を推進する政府に反対して、若者層が何日にもわたって公園でデモと座り込みを展開、官憲との間で衝突を起こした事件だ。このときの争点も、政府のイスラーム化政策にあった。ゲジ公園でのモスク建設計画とともに、アルコール販売への制限が反対の契機となったからだ。

だが、この衝突は本質的にはイスラーム主義か左派世俗主義かの対立というより、階層差の問題である。公園に建設予定とされたのには、モスクだけではなくショッピング・モールもあった。イスタンブルには何十年もの間に多くの人々が地方から移住しており、伝統的な富裕層の居住地の外に、階層的には中から下に位置する新住民の住むエリアが広がっている、彼らにとって大事なのは、公園よりショッピング・モールだ。言ってみれば、銀座の真ん中にドラッグストアのチェーン店が建てられたときの「昔ながらの銀座人」が抱いた感情と相通ずる違和感を、「ゲジ公園のショッピング・モール」が呼びさましたのではないか。

西欧列強による中東の植民地支配以降、長らく左派世俗思想は、中東での近代的知識人にとって、知識人たる証明だった。だが残念ながら、左派思想が拠って立っていたはずの、貧困層、社会の底辺に寄り添うべし、という生き方は、思想としては引き継がれながらも実践とは大きくかけ離れていった。イラクの例で挙げたように、多くの左派勢力は、左派系ナショナリスト政権がアラブ諸国に成立すると、生き残りをかけて「左派系」という薄いつながりだけで、ナショナリスト政権の側についた。支配エリートの末端に食い込むことができる者もいた。ノンポリと自覚する知識人も、三十年間にわたる左派世俗主義体制の下で、安定した地位を確保することができた。

これに対して、イスラーム主義が貧困層の間で圧倒的な支持を得たのは、それが政権と徹底的に対立しても、実践面で底辺の社会に浸透する意思と力を持っていたからである。

ノーベル平和賞を受賞したイランの女性弁護士、シリン・エバディの著作に、『私は逃げない』(竹村卓訳、武田ランダムハウスジャパン社、二〇〇七年)という本がある。もともと裁判官だったエバディはイラン革命後、イスラーム政権の下で職を解かれながら、後に弁護士として体制の女性差別、人権抑圧と戦ってきた人物だ。イラン革命の際に書斎のマルクス、レーニンの本を山と処分した、と述べているが、彼女もまた右に挙げたような、左派思想から入るのがあたり前だった中東知識人の典型だったと言えよう。

その彼女の著作に、イラン革命後、革命政府の警官に捕まった時の経験を語る件《くだり》があるのだが、彼女の記述が実に印象深い。警察に連行された後、わずか十八歳の女性「指導」員がエバディたちに

「説教」したのだが、そのときのことをエバディは、こう述べている。

シャーの政権下のイランでは、この娘は家の中で洗濯をしたり野菜を切ったりして過ごしていたのだろう。……伝統的な田舎の両親が彼女の名誉を口実に娘を家に閉じ込めておいた……。（イラン革命後）伝統的な家庭の女性票を必要としたイスラム共和国の政権は、彼女たちを投票所に誘い出し……伝統的な家庭の女性はかつて経験したことのない自信を得た。

つまり、社会の底辺にいた若い女性が、イラン革命によって「自分たちは家の外に出ても何らかの重要性があるのだと気づ」き、「役目ができた」のである。彼女は言う。「田舎の十八歳の娘が四十代の元裁判官の私にまがいものの説教をまくし立てることができたのは、他でもない女性も社会で役割を演ずることができるという確信のたまものだった」。

ここにいるのは、イスラーム主義思想によって解放され社会的役割に目覚めた若者と、左派世俗教育を受けた上流階級の知識人、すなわち革命によって放逐されるべき対象となったエバディである。エバディの信奉してきた近代思想は、本来ならば指導員のような若者を救うべきものであった。だが、それを実現したのはイスラーム主義勢力であり、エバディのような世俗知識人ではなかった。そればかりか、彼女の生活様式と地位はアンシャンレジームに分類された。「革命」でひっくり返るというのは、そういうことだった。

再び、ロンドンでの亡命イラク人との論議に話を戻す。

左派知識人がいかにイスラーム主義勢力の台頭に危機感を抱いていたとしても、選挙結果を力で覆すことは民主主義に反することではないか。軍の力を借りることは、結局は軍事支配を容認することではないのかと、筆者は反論を続ける。

いや、民意は二〇〇〇万以上集まったムルスィー退陣を求める署名に現れているのだ、と彼らは言う。本来民主的な憲法が制定されていれば、大統領訴追などの方法が制度化されていれば、そうした手続きを踏むべきだっただろう。だが、そうした制度が十分ではないときには、民衆の力で軍を呼び込み、政権を打倒することは必要なのだ。

聞きながら、左派アラブ知識人の抜けられない落とし穴を見る思いがした。彼らは同じ論理で、五〇年代以来繰り返し、軍を中核としたクーデタで政権を変えてきた。軍も民衆の一部である、軍こそが祖国を外敵から守りナショナリズムを体現してきた、軍将校には人々の厚い信頼と尊敬が寄せられている――云々。

だが、いずれの軍事クーデタも、その後民意を反映した政権を存続させることはできなかった。反対に、軍は政権奪取の手段としてのみ認識され、さまざまな政党が軍への浸透を図った。かつてイラクのバアス党政権は、反対派から「インキラービーユーン」と批判的に呼ばれていた。インキラーブとは「ひっくり返す」こと、すなわちクーデタである。

本来バアス党は、結党時の一九四〇年代には民衆の文化・社会意識の覚醒《バアス》に力点を置いていた。それがまどろっこしいと言って、力での性急な権力奪取を志向したのが、六〇年代半ばである。必ずしも同じ主義を共有するわけではない軍人と、クーデタのためだけに組んで政権を取るが、結局は軍人の勝手な都合で権力を牛耳られてしまう。それを反省して、一九六八年のクーデタでは、軍人は大いに利用するがその後次々に政権からパージしていった。その指揮を執ったのがサッダーム・フセインであり、軍に代えて、自らの近親者が管理する特殊部隊や治安組織に依存した。彼が長期独裁政権を維持できた、秘訣である。

政権転覆にだけ軍を利用するのだ、という発想は、十年前のイラク戦争にも通ずるものがある。イラク戦争開戦前、フセイン政権に反対するイラク人の政治勢力は、国内で反政府活動ができないことから、ほとんどが海外に亡命していた。あまりにも強大な権力、あまりにも厳しい弾圧ゆえに、自力で政権転覆を図ることなど不可能に等しい。フセインの暗殺やクーデタを企図する試みはいくつかなされたものの、いずれも失敗に終わった。

そんな状況が二十年近くも続いた果てに、在外の亡命イラク政党が行き着いたのが、米軍にフセイン政権を倒してもらう、という考えである。ネオコンと密接な関係を持ち、9・11事件で報復の念に燃えるブッシュ政権は、いい協力者だった。そして皮肉なことに、ネオコンとの深い関係を軸に米軍の対イラク攻撃を促すイラク人のなかには、元共産党や元バアス党の左派知識人もいた。

自国の軍を引っ張り出して敵を倒す、という発想と、外国軍というトロイの木馬に隠れて権力を取ろうという発想の間には、大きな差がある。だが、自力ではない、別の組織である暴力装置を利用して権力奪取を試みようという点で、二つは似ている。

その類似性は、政権転覆後にも現れる。誰が勝者なのか、人の手を借りて奪取した権力を誰が担うべきなのか自明ではない、という点において、両者は似ている。国軍や外国軍は旧政権を倒すためだけに、用いられた。道具である彼らは、新政権の権力の座に長くいるべき存在ではない。では軍を引っ張り出してきたデモ隊や若者に、あるいは外国軍を連れてきた亡命反政府勢力に、政権を担う正統性があるのか。

誰もが勝者としての確証を持たない一方で、誰もが同じぐらい政変のあり方を決める権利を持っていると思っている——すなわち、自分たちの都合のよい「ひっくり返し方」が可能だと考える。

「一月二十五日革命」は、若者にとっては若者の自己発現の場を切り開く契機だった。ムスリム同胞団にとっては、長年の夢だったイスラーム政権樹立の「革命」的契機だった。テクノクラート官僚は、政権が倒れてもそれは自分たちの地位を脅かすような変化であるはずはない、と確信している。

シリン・エバディは不服ながらも、「指導者役を演じた娘を大学に向かわせるだろう流れは、私を裁判官の道から追い出した流れと同じものだった」と認めざるをえなかった。エジプトで起きたことを「革命」と呼ぶ人々は、それが革命であるがゆえに自らが今ある既存の地位と権力から放逐されるかもしれない、という事実に、いつ納得がいくのだろう。納得がいったときに初めて、「一月二十五日革命」が何だったのかが、わかるのだろうが。

70th 1945-2015 msz

みすず 新刊案内

2015. 12

世界文学論集

J・M・クッツェー
田尻芳樹訳

『マイケル・K』『恥辱』のノーベル賞作家クッツェーは、みごとな小説家であるのみならず、すぐれた批評家でもある。日本にほとんど未紹介であったクッツェーの文学評論を精選した本書は、エラスムスからガルシア＝マルケスまでを幅広く扱っている。まるでエンジニアのように作品のテキストを分解しそこに隠された構造とその効力や密かな政治性を指摘する手際は、じつに鮮やかだ。

エリオットの有名な講演「古典とは何か」を、少年クッツェーが南アフリカで突然感動したバッハの平均律から逆照射する巻頭の一篇をはじめ、ベケット、カフカ、トルストイ、ルソー、ドストエフスキー、デフォー、ムージル、ボルヘス、ブロツキー、ゴーディマ、トゥルゲーネフ、レッシング、ルシュディらをクールに批評する十四篇を収める。

実践と理論でクッツェー文学の基盤をうかがわせるとともに「世界文学」の現在を言語横断的に論じた、濃厚エキスのような書物。

四六判　三七六頁　五五〇〇円（税別）

翼ある夜　ツェランとキーファー

関口裕昭

パウル・ツェラン（一九二〇—一九七〇）とアンゼルム・キーファー（一九四五—）。両親を強制収容所で亡くし、戦後も死者の声を担い続けた詩人と、ときにドイツの負の歴史を露にする作品で観る者を震撼させる、現代を代表する芸術家。立場も表現方法も相反するように見えるふたりの作品には、知られざる深いつながりがある。

二〇〇五年、キーファーは「パウル・ツェランのために」という連作を発表した。「黒い切片」「ヤコブの天の血が斧で祝福されて」「ヒマラヤ杉の歌」……ツェランの詩から引用されたタイトルをもつそれらの作品は、ツェランに対する何よりも深い読解といえるものだった。

語りえぬものを詩に結晶させたツェランの問いを、キーファーはなぜ、どのように表現したのだろうか。ふたりの創作における関わりを軸に戦争の記憶を浮かび上がらせる、まったく新しい評論の誕生。

A5判　三九二頁　五八〇〇円（税別）

パクリ経済

コピーはイノベーションを刺激する

K・ラウスティアラ、C・スプリグマン
山形浩生・森本正史訳　山田奨治解題

「驚いたことに、創造性はしばしばコピーと共存できる。そして条件次第では、コピーが創造性の役に立つことさえあるのだ……この本でとりあげる産業の多くは驚くほど巨大で興味深い。その仕組みと、そしてなぜそれが破綻しないかを理解するのは魅力的だ。さらにそこから、音楽や映画といったコピーの蔓延、増加に直面してますます苦労を強いられている他の産業に役立つ教訓を引き出したい」（はじめに）

郊外のショッピングモールから街のビストロまで、パクリはあらゆる場所にあふれている。「コピーは創造性を殺す」「法律によるコピー規制がイノベーションには欠かせない」——通常はこう考えられている。しかし、コピーは絶対に悪なのだろうか？

ファッション、レストラン、コメディアン、フォント、アメフトなどの業種からコピーが創造性を促進する六つの教訓を探り、知的財産ルールの未来を指し示す。

四六判　三九二頁　三六〇〇円（税別）

集合住宅30講

植田　実

「そもそも建築において二十世紀的なるものの最たる事例である集合住宅の生命は、たとえば死の建築として途方もない長寿を生きてきたピラミッドと比べてどう計ることができるのか。生の領域において建築は軽い。とりわけ集合住宅はもっとも仮設的だとさえいえる。けれどもこの百年あまり、世界の建築家たちが設計を見果てぬ夢としてきたのもやはり集合住宅ではなかったか」

一九六八年創刊の「都市住宅」から百巻をこえる「住まい学大系」まで建築誌・建築書の編集長を半世紀近く務めてきた著者が『アパートメント』『集合住宅物語』、共著『いえ団地まち』（日本建築学会著作賞）の後に刊行する集合住宅ものの総集編。ル・コルビュジエのユニテ・ダビタシオン、同潤会アパートほか訪ね歩いた十九世紀末以降の内外の名作について、みずから撮影した写真を添え縦横に説き明かす。「集住」の造形、百年の記録。

カラー写真百四十六点、図版総点数二百三点。

A5判　二八〇頁　四二〇〇円（税別）

10　「逃げろ、でなければ声をあげろ」

国境の理不尽を越える試み（2013.11）

なぜ中東を研究しようと思ったのか、という質問は、研究者となって以来三十年にわたって尋ねられ続けている。

その答えは、だいたい三つ準備している。第一は個人的な体験に起源を求めるパターンで、「子供の頃から転居を繰り返していたので、移動社会に親近感を覚えた」というもの。移動しながら生活する人々への関心から、ベドウィンという遊牧部族にたどり着き、そこから中東研究に至った。見知らぬ相手に出会ったとき、敵か味方かわからない最初の三日間は歓待する、という遊牧社会の風習が、転校生として新しい学校にどう馴染むか模索していた筆者にとって、新鮮だった。

第二は、もう少しくだけた形での原因論で、当時好きだったイギリスのバンド、レッド・ツェッペリンが、「アキレス最後の戦い」という楽曲を作ったときのエピソード。「アフリカのサハラ砂漠を四輪駆動で走っていたときにインスピレーションが湧いた」という、記事だかインタビューだかを読んで、砂漠が気に入った。後で調べたら、モロッコからイギリスに帰国する途中にその歌詞を思いついた、ということだったらしい。だが、自分のなかでは、曲の疾走感と砂漠のイメージが重なった。

どちらも、砂漠の遊牧社会＝中東、という、今思い返せば恥ずかしいぐらいにオリエンタリズム満載の、プロトタイプ化された中東イメージが出発点になっているが、三つ目の、もう少しアカデミズムに近いところから説明する回答もまた、移動社会への関心から来ている。

大学生の頃のことである。国際政治の授業で、当時教鞭を執っておられた平野健一郎先生の講義が、非常に印象に残った。それは、原始社会や生態系と国際政治を比較するというもので、国家や制度的秩序などの全体を統括する慣習やシステムはないが、個別、あるいは部分的な自助機能や規範の共有がある点で似ている、という議論だったと覚えている。その上で、紛争が起きた時の解決方法として「移動」がある、と指摘された。原始社会（そこではアフリカのブッシュマンの社会が例とされた）では、食べ物など資源が取り合いになることを避けるために、ある部族が移動する。国境が明確ではなく領土が開放されているので、いつでも構成員が集団の外に逃げていける。

当時から紛争、あるいは紛争解決に関心があったわけではないが、このアイディアに心を惹かれた。閉じ込められた空間で土地や財をめぐって戦いあうのではなく、ぶつかりそうになったら少し離れて、緊張を回避するなんて、いい考えではないか。国境が開放されている、という考え方も、当時の学生のご多分に漏れず、ジョン・レノンが歌う「国境なんてないと思ってごらん」という歌詞に感化されていたくらいだから、ぴったりハマった。

あまり勉強熱心な学生ではなかったにもかかわらず、この時だけは、講義後教壇へ行き、参考文献を尋ねた記憶がある。すると平野先生が「ネタ本だ」と言って、非公刊資料の報告書を渡してくださった。生協に行き、全コピーして翌週にお返しすると、「余部があるからあげましょう」と、現物をくださった。

というわけで、今その報告書は手元にある。昭和五十四年、産業研究所から発行された「存続と安全保障の国際システム」という調査研究報告書で、故衛藤瀋吉先生が主査の国際学研究会がまとめたものだ。平野先生ご自身が「原始社会における安全保障――ブッシュマンを例として」という章をお書きになっていて、そこでは雑誌『ワールド・ポリティクス』に掲載されたばかりの経済学者アルバート・ハーシュマンの論文が、下敷きになっていた。

今同じく教壇に立つ身になってみると、なるほど、先生、ご自分がそのとき最も関心を持たれたテーマの論文を書かれたばかりで、その内容をそのまま学生にも話されたんだな、とわかる。貧乏学生だった当時は、現物をいただけるならコピー代がもったいなかったなあ（当時のコピー代は、一枚五十円くらいと高かった）、などとずうずうしくも現金なことばかり考えていたが、そう言ったら先輩に、一生懸命に本を読むにはコピーと現物と同じものを持っているくらいのほうがよい、と小言を言われた。これもまた、今になってみれば、まさにその通りである。

その報告書だが、全編にわたり、国際政治と他分野の融合からなっている。国際政治は平野先生の担当執筆分だけで、あとは動物社会との比較で経済学者、動物行動学者が、また生態系との比較で環境アセスメントの第一人者が、さらにギリシャ、日本の古代史の専門家が執筆している。筆者が文化人類学や歴史学に進まず、国際政治を学ぶことにしたのは、この報告書のおかげだろう。当時は文化人類学や歴史、社会学や思想などに分類されるテーマの本ばかり読んでいた。移動、ということで言えば、浅田彰氏の『逃走論』が大流行だった時代でもある。

それが、この報告書や平野先生の講義を聞き、なるほど、移動にまつわるいろいろな面白いことは、国際政治でも研究できるのだな、と思ったのだ。そして、中東社会の移動性が、国際政治、安全保障論に何か貢献できる可能性を持つのではないか、と。

移動社会＝遊牧社会＝中東、というロマンティシズムは、西欧の中東社会に対するオリエンタリズムの中核にある。有名な「月の砂漠をはるばると……」の歌詞は、そのヨーロッパの中東の砂漠、ラクダ遊牧のイメージが輸入されたものだ。

中東の移動を支える要因は、遊牧部族だけではない。遊牧部族とイスラーム、アラブ・ナショナリズムのそれぞれが、国境を越える移動性を持つ。

遊牧部族社会を中東社会の基礎に置く社会史観は、古くから確立されてきた。なかでも有名なのは、イブン・ハルドゥーンの『歴史序説』だろう。十四世紀、チュニス出身の歴史家、イブン・ハルドゥーンは、部族社会の持つ連帯意識の強さに注目し、それが都市の定住社会を支配して強固な王朝を形成する、と論じた。現代風に言えば、強烈なナショナリズムを掲げたリーダーシップの下に都市市民社会が存在するという、「強い社会」と「強い国家」の組み合わせとも言える。それが、部族が都市の富裕な生活に溺れ、腐敗し連帯意識《アサビーヤ》を失っていくと、王朝は力を失う。一つの王朝が衰退し、次の新しい、活き活きとした部族が新たな王朝を築く。彼の打ち立てた歴史理論である「王朝交代論」は、その後欧米の研究者にも大きな影響を与えた。

その部族社会の「強さ」、移動の自由な息吹は、しかし二十世紀をかけて、特定の領域のなかに閉じ込められていった。いったん「国」が成立したら、国境を自由に越えて移動する、国家の枠を分断も超越もする「部族」というアイデンティティーは、前近代的で「遅れたもの」と見なされていく。近代化によって「部族民」を「国民」に変えていくことが、封建社会からの解放の道だった。

中東の近代化の過程は、遊牧部族の定住化の過程そのものだった。とはいえ、数十年前まで多くの国では、遊牧部族のために国境を固定することができず、国境未画定地域、あるいは中立地帯などが設けられていた。それが画定に至るのは、一九七〇年代以降である。油田の発見とともに領域が、その上に住む人にとってではなく、地下に埋まる資源にとって重要となったからだ。

結局は本格的に衝突してからでなければ、真剣に国境を画定しようというインセンティブは生まれなかったのかもしれない。アラビア半島の多くの未画定国境は、一九九一年に発生した湾岸戦争後に画定された。イラクは湾岸戦争から三カ月後にサウディアラビアとの間で、二年後にはクウェートとの間で、国境を画定している。サウディ・カタール間が画定したのは一九九六年、サウディ・イエメン間は二〇〇〇年、オマーン・UAE間は二〇〇二年と、ごく最近になるまで合意を見てこなかった。

だが画定していなくとも、国境が人の移動を阻むエピソードは、早い時期から紡がれている。パレスチナ人の活動家であり作家の、故ガッサン・カナファーニーの一九六八年の名作『太陽の男たち』は、まさにその国境に阻まれて命を落とすパレスチナ難民の姿を描いたものだ。空の給水タンクのなかに隠れてクウェートに密入国しようとする難民が、入国管理所のクウェート人係官の能天気な長話のせいで、命を落とす。小説では、タンクのなかで苦しんでも助けを求めないパレスチナ人の姿が描かれているが、一九七一年にシリアで映画化されたときには、「パレスチナ人がタンクの壁を叩いて助けを求めているのに、気がつかないクウェート人」というエンディングに変えられていた。

ここで国境が阻んだものは、部族の移動ではない。阻まれたのは「アラブの連帯」という、アラブ民族の理想であり建前だが、それについては、後に述べる。

国家の枠にはまりたくない部族を制御しようとしたのは、国民国家建設という西欧近代思想だけではなかった。七世紀、アラビア半島の部族社会を統合し、部族間抗争のない世界を構築しようと目指したのは、ほかならぬイスラームだった。

そのイスラームは、部族のネットワークとは別の、国境を越えるネットワークを準備する。勃興当時のイスラームは、今で言えばグローバリゼーションの一形態だ。地域地域でばらばらだった社会ルール、特に商業取引のルールを標準化する機能を果たし、その結果、アフリカから南欧、インド、東南アジアから中国まで、広大なネットワークを形成した。

この広大なネットワークに乗って、十四世紀には、モロッコから中国南部まで旅する大旅行家が出現した。モロッコ出身のイブン・バットゥータは、旅行好きではあったのだろうが、ただふらふらと見知らぬ地域を旅したのではない。その旅行にはちゃんと目的があり、それは巡礼と就活だった。インドに行っても東南アジアに行っても、イスラーム法学を修めた彼を支える信念は、「イスラームあるところ必ずイスラーム法学者のニーズがあるに違いない」。実際、インドのデリーでは、そこでイスラーム法官の職を得て六年も住み、結婚までしている。途中滞在したダマスカスやバグダードでは、そこに滞留する他国の知識人たちからしっかり情報収集して、立身出世のチャンスを探っていた。

イスラームが今でもグローバルに人とモノの移動を伴うことは、さまざまなところで論じられているので、あえて言うまでもないだろう。一生に一度は行った方がよいとされるメッカへの巡礼は、世界中のイスラーム教徒をサウディアラビアに引き寄せる。シーア派にとってイラクのナジャフやカルバラーは、ぜひ訪れたい聖地でもあり、葬られたい墓地でもある。イスラーム神学を学びに、留学生は世界各国から、カイロのアズハル学院というスンナ派イスラーム学問界の最高峰にやってくる。中東各地からはもちろんだが、近年は東南アジアや中央アジアの学生も多い。

今春カイロを訪ねたとき、知人が「アズハル近くに中華料理屋がある」と言うので、行ってみた。中国は、新疆ウイグル地域などでイスラーム教徒が多いが、彼らがアズハルに留学するケースが増えているようだ。その留学生たちが、中華料理屋で故郷の食事に舌鼓を打っていた。店を経営しているのも、中国人ムスリムだ。

既存の国境に縛られないはずのイスラームのネットワークだが、それもまた、近代の国民国家建設の過程で、国境に阻まれた経験を持つ。イスラームの盟主を誇るサウディアラビアは、その建国過程でイフワーン（兄弟）と呼ばれる信徒集団を重用した。信仰に支えられた砂漠の開拓団のようなものだ。アラビア半島を次々に平定していくサウード王家を支えて、各地でイフワーンがコミューンを築いていった。

だが、半島北部で形成されたコミューンが、当時イギリスが支配するイラクやヨルダンの国境に、その拡大を阻まれる。ジレンマに立たされたのがサウード王家だ。半島の統一に貢献し、拡大する王国に忠誠を誓うイフワーンは、重要な支持基盤である。だが、オスマン帝国を奥深くまで侵食し、ペルシア湾一帯に支配を広げていたイギリスに、真っ向から対立するのは得策ではない。

結果、サウード王家は、この地域に導入されたばかりの「国境に囲まれた国民国家」という概念を受け入れる決断をする。その後サウディアラビア王国の初代国王となるアブドゥルアジーズは、配下にあったはずのイフワーンを武力で制圧した。一九二九年のことである。イスラームの境界に阻まれないネットワークより、近代領域国家というあり方が選ばれた事件だった。

遊牧部族やイスラームときて、最後に国境を越える移動性をアラブ社会に提供したのは、アラブ・ナショナリズムである。それを支えたのは、アラビア語とアラブ文化だ。「アラブ人」とは、「自分もしくは先祖がアラビア半島出身であると意識してアラビア語を母語とし、先祖たちならびにイスラームが築いてきた文明的遺産を誇り、継承しようとしている人びと」を指すのが一般的だが、「これらの要素のいくつかを欠いていても、自らをアラブ人と意識している人も含む」とされる（大塚和夫他編『岩波イスラーム辞典』の「アラブ人」の項）。

アラブ人は、まとまって一つの国を形成したことはないが、初期イスラーム王朝の中核を占め、歴史的に偉大な文明を支えたという自覚を強く持っている。何よりも、イスラームの啓典クルアーン（コーラン）がアラビア語で下されたことが、アラブ文化の優越性の証拠だ――。そのことを自覚することで、オスマン帝国末期にアラブ各地で、アラビア語、アラブ文化のルネサンスが促された。そこで生まれた文化・社会運動から発展して、政治思想としてのアラブ・ナショナリズムが生まれたのである。まずはオスマン帝国下で、二級市民と化しているという不満として。そして、イギリスを利用し利用されつつ、オスマン帝国からの離脱を実現して以降は、そのイギリスのアラブ地域に対する分断支配に対する反発として。

オスマン帝国末期、アラブ・ナショナリズムが出現する過程で登場した一人の思想家の生涯が、その越境性をよく表している。サーティウ・フスリーというオスマン政庁の官僚は、シリア出身の一族だが、父親も官僚で、その任地イエメンで生まれた。その後オスマン帝国領地各地のポストを歴任するなかで、アラブ人としての意識を強めていく。第一次世界大戦中、アラブの反乱でシリアにアラブ王国を築いたハーシム家のファイサルの下で働き、アラブの独立を夢見た。その後イラク国王となったファイサルについて、イラク教育省の局長となり、イラクでの近代教育の基礎を築くとともに、アラブ・ナショナリズムの原型を作り上げたのである。

フスリーがイギリスとの協力関係の下にアラブの独立を目指した世代だとすれば、その下、五〇年代以降に軍事クーデタを起こすアラブ・ナショナリストたちは、英仏の植民地支配を払拭することで、アラブの真の独立を目指した。サイクス・ピコ協定に基づいて英仏で「山分け」された中東地域は、それぞれ「委任統治」などの形でこれらの国々の支配下に置かれた。そのこと、つまりアラブ民族が複数のアラブ諸国に分断されて独立するはめになったことへの反感が、「アラブ諸国は統一すべきである」という政治思想に発展したのである。独立後多くのアラブ諸国で元首とされた王とその取り巻きは、五〇年代から六〇年代にかけて、西欧列強の「手先」と見なされて打倒された。そして民族意識に目ざめた軍人が革命を主導して、アラブ・ナショナリストによる政権が成立した。

エジプト、シリア、イエメンと、次々に成立したアラブ・ナショナリスト政権は、「アラブの統一」を方針として掲げた。西欧に押し付けられた国境を越えて連動する、社会意識としての「アラブ人性」を、国家レベルに反映させようとしたのが、この汎アラブ主義である。

一九五二年の革命でアラブ・ナショナリスト政権が成立したエジプトは、五六年の第二次中東戦争でナセル・エジプト大統領が一挙にヒーローと化し、それに刺激されて一九五八年シリアと国家統合を決め、アラブ連合共和国と名を変えた。同じ年に王政打倒を果たしたイラクでも、革命に加わったアラブ・ナショナリスト将校たちの一部が出来たてのアラブ連合共和国に参加したいと希求したが、革命政権の他派閥と対立して地位を追われ、合流は実現しなかった。またイエメン王国も汎アラブ主義を掲げて、アラブ連合共和国との間にアラブ国家連合を成立させた。

しかし、これらのアラブ・ナショナリズム政権の、国境をなくそうとする試みは、わずか数年で潰えた。アラブ連合共和国は、実質的には一九六一年に、形式的には一九七一年に崩壊した。アラブ連合共和国が実質的に破綻した年には、イエメンとの連合も瓦解している。エジプトとシリアという二大アラブ大国の統合は、結局はエジプトのシリア吸収でしかなく、それぞれの国家利害を超えた連帯は成り立たなかったのである。

それでも、アラブ諸国間の連帯が形式だけでも七〇年代まで維持されていたのは、対イスラエル共闘が背景にある。パレスチナ問題は、アラブ諸国にとって常に喉に刺さった骨である。それが抜けない限り、アラブが自由で自立的な世界を獲得したとは言えない。七三年に最後の中東戦争が終わり、七九年にエジプトがイスラエルと単独和平を結ぶと、イスラエルを共通の敵として成立していたアラブの一体性は、失われた。

さらに、その分裂に湾岸戦争が追い打ちをかけた。イラクがクウェートを軍事侵略したとき、イラク政府が主張したのが「クウェートはもともとバスラ州の一部で、イラクになるべき地域だった」という論理である。イギリスによって分断された二つのアラブの国が合流したのは喜ばしいことだと、「アラブの統一」思想を口実に、併合の正当化に利用した。

加えて、イラクのクウェート占領を止めさせるために米軍が武力行使する、という政治判断に、アラブ諸国は真っ二つに割れた。クウェートと運命を一つにするサウディアラビアなどの湾岸のアラブ君主国、そしてアラブ・ナショナリスト政権のエジプト、シリアがクウェート支持に回った一方で、隣国のヨルダンやイエメン、リビアはイラクを支持した。全会一致が原則のアラブ連盟会議なのに、開催国ホストのムバーラク・エジプト大統領（当時）は、クウェート支持で強引に決議をまとめようとする。それに、リビアのカダフィ大佐が仁王立ちで猛然と抗議する姿が、当時のテレビ放送で放映されている。

学生時代に国際政治の講義で目を啓かれたのは、社会の紛争解決へ向けた自発的な力が、国境を越える移動によって発揮される、ということだった。それは、「イマジン」が想像した美しい世界に見えた。だがその美しい世界を、中東の今の政治に見ることはできない。いや、もっと切ないのは、かつて境界を越える美しい世界を謳っておきながら、現実は厳然と境界が人々を分けているという、そのギャップだ。

九〇年代の半ば、ヨルダンで開催された国際会議でエジプト人研究者の一団と行動を共にすることになったことがある。一団のうちの一人の学生が、会議の後シリアで調査をするのだと言ってシリア行きの準備をしていた。筆者もたまたま、シリアに行く予定にしていたので、それじゃあ全員で行こう、という話になった。エジプト人にとって、シリアはかつての「連合共和国」の合邦相手である。入国にビザは必要がない。行きたいと思えばいつでも、何の手続きも必要なく国境を越えられる。

行きたいと思えばいつでも行けるのに、シリアに行ったことがあるエジプト人は、その学生以外誰もいなかった。これがアラブの連帯の現実さ、と、ぎゅうぎゅう詰めのタクシーのなかで、彼らは嘯く。ビザなしで、アラブ民族の一体性を謳いながら、実際には人々の間の交流はほとんど途絶えている。エジプト人たちは、行く先々で、シリアがいかにエジプトと違うか、同じ名前の料理でいかに全然違う食べ物が出てくるか、シリアのグローバル化からの立ち遅れを嘆いたり、緑の多さに感激したり、おのぼりさん状態も甚だしい。

このエピソードが、国境には阻まれないのに心理のうちに境界があることを表しているのに対して、心理のなかには境界がないのに、現実の国境に移動を阻まれる、という経験もある。イスラエルがレバノンに軍事侵攻した翌年の一九八三年のことである。やはりヨルダンからシリアを、陸路で行き来した。シリアから帰りの乗り合いタクシーで、レバノン人が同乗していた。彼はヨルダンに入国するビザを持っていない。つい最近まではビザがいらなかったのだが、イスラエルの侵攻とレバノン内戦の影響か、同じアラブの国なのに、ビザが必要になったようだ。

ヨルダンへの入国管理所で、レバノン人は止められる。残りの乗客は、タクシーの運転手にさっさと行こうぜ、と促す。だが、運転手はレバノン人一人を置いていくのが忍びないようだ。だいたい、シリアを出国してしまっているこの男がヨルダンに入れなかったら、どちらの国の領土でもない国境の間のわずかなスペースに放り出されて、一体どうするのだ。運転手は他の乗客を三時間も待たせたあげく、管理所の係員を強引に説得して、レバノン人をヨルダンに入国させた。

まったく同じシチュエーションを描いた映画を見たこともあるので、こうしたことは日常茶飯事なのだろう。映画のタイトルは忘れたが、どちらの国でもない国境地帯で、パスポートを落とした男がそこに取り残されてホームレスになる、というアラブ映画だった。

国境の理不尽をより明確に描いた映画としては、『シリアの花嫁』(二〇〇四年)が有名だ。イスラエルが占領するゴラン高原に住むドゥルーズという少数宗派の女性が、シリアに住む同じドゥルーズの男性と結婚する。結婚式のために、イスラエルの入管とシリアの入管の間で不毛な行き来が繰り返されるのだが、最後に花嫁は、真っ白いドレスを翻して、許可を得られないまま国境を越えて歩いていく。その堂々たる後姿が、実に印象的なエンディングだ。

今、国境を越える人々は、どれだけが「シリアの花嫁」のような気概と尊厳を持って国の間を移動しているのだろう。三十年前にビザなしレバノン人がなんとか越えられたシリアとヨルダンの国境を、今大量のシリア人が難民となって越えようとしている。

二〇一一年三月に始まったシリアでの反政府運動は、官憲の暴力に怒りを覚えた普通の市民による素朴な抗議運動から、さまざまな政治勢力、周辺国の思惑が絡み合って、暴力化した紛争と化し、シリア国民の手の届かないところに行ってしまった。政権側が化学兵器を使ったからといってオバマ米大統領は、この八月に軍事攻撃も辞さずといったん拳を振り上げておきながら、結局はうやむやのうちに関与を放棄した。政権側にはイランが、反政府側にはサウディやカタールが支援をつぎ込み、反政府勢力の一部にはアルカーイダ系と目される武装集団もいると伝えられる。すでに二〇〇万人、人口の一割を超えるシリア人が国外に逃げ出して、難民化しているとの報道もある。

今、日々続く人や思想の国境を越えた移動は、かつて遊牧部族やイスラームやアラブ・ナショナリズムが目指した、国民国家システムをものともしない強靭な社会の自律性の表れからは、ほど遠い。国家が壊れてはじき出される人々や、政治的真空を狙って入り込もうとする武装集団などの移動であり、国境を越えて利害が交錯する周辺諸国の介入なのだ。住民は、ただ巻き込まれるだけの存在となり、居場所を失い、これまた国境を越えて、逃げるしかない。

そしてそこでは再び、境界を越えた連帯を謳いながら、現実には境界で人々の移動を拒絶するというギャップが、移動した人々を襲う。難民となって逃れてきた人々は、隣国もまた同じアラビア語を話し、アラブ文化を共有する、あるいはイスラームという同じ宗教を信仰する同胞が住む地だと期待する。しかし、それだけの膨大な難民を現実に受け入れられる余力は、隣国にはない。

顔では「アラブの同胞」と言いながら、空港や国境の入管で冷たく追い返される人々。同じ運命が、イラク戦争後のイラク人を出迎えていた。二〇〇六年頃から内戦状態に突入したイラクからは、二五〇万もの人々が隣国のヨルダンやシリアに逃げ出した。ヨルダンには、その十三年前の湾岸戦争以来、戦争と制裁に苛まれ、祖国を逃れたイラク人が溢れている。

「余所者」イラク人のヨルダン滞留を嫌って、ヨルダン政府はイラク人の受け入れを厳しく制限した。イラク戦争後、国連事務所や米軍車両に混じって、ヨルダン大使館が早い時期にテロの対象となった。同じアラブだと言いながら冷たい現実の仕打ちに、イラク人のヨルダンという国に対する怒りが爆発したのかもしれない。

国境の外に逃げても誰も助けてくれない、と身に沁みて感じた時、国境のなかに閉じ込められた人々は、その場所で何とかするしかない、と考える。「アラブの連帯」の虚像に最初に気づき、自助努力するしかないと実感した人たちは、パレスチナ人に他ならないだろう。アラブ諸国の各政権が、イスラエルのパレスチナ占領をダシに、「アラブの大義」を掲げ続けながら、実際にパレスチナのためには、何も効果のあることをしてくれなかった――皮肉なことに、パレスチナに対して口先と実践が最も一致したのは、アサド政権下のシリアと、湾岸戦争時のイラクだけだった。だったら自分たちで何とかするしかない、と占領地のパレスチナ人たちが立ち上がったのが、一九八七年から始まったインティファーダである。国外に逃げたパレスチナの難民組織ではなく、逃げられない占領下の人々が、その場で声を上げる。

冒頭の、学生時代の国際政治の授業のエピソードに、戻る。平野先生がその論文で引用されたアルバート・ハーシュマンの議論は、こういうものだった。「所属する組織に不平不満があるときに、その不満を声に出して表明するか、その組織から逃げ出すか、二つの行動様式がある。経済学者は、組織から退出することばかり強調して、声を上げることを軽視してきたが、政治学者は逆で、声を上げることばかり重視して退出――つまり移動すること、逃げ出すこと――を軽視してきた」（“Exit,

Voice and the State", *World Politics*, 31, No.1, 1978)。

政治学において「声を上げること（voice）」とは、政治参加によって批判することや、抗議運動を行うことである。民主主義を当然視する先進国の政治では、政治参加の場から逃げず、参加してこそ意義がある、と考える。だがそうした場が保証されていない体制の下では、退出する（exit）という行動で抗議の意を体で表すしかない。

しかし、その退出行動で主張された抗議が、本来所属する国でも移動した後のホスト国でも十分に考慮されない時、彼らの抗議はただ見捨てられるばかりだ。だとすれば、再び自分たちで何とかするしかないのか。何とかするために、祖国から逃げずに声を上げ続けることができるか。その祖国は、身を捨ててまで残る価値のあるものなのか。

最後に再び、映画の一シーンを。『君のためなら千回でも』という、二〇〇七年のアメリカ映画がある。ソ連のアフガニスタン侵攻後、祖国を逃れてアメリカで暮らしていたアフガニスタン人の主人公が、旧友の息子を救いにターリバーン政権下の祖国に戻る。主人公が救おうとする少年を捕らえているのが、現在ターリバーンの指導者となった昔の知り合いなのだが、このターリバーン指導者が、言う。「ソ連が祖国を蹂躙して危機にあったときに、海外に逃げたお前は祖国に何をしたというんだ？」

身を捨ててまで祖国に残ることのなかには、ターリバーンのような「祖国を守ってきた誇り」もまた、含まれるのだ。

11 「内なる敵」を炙りだす

湾岸戦争前、一九八〇年代のイラクに暮らしていたとき、知り合いの女性が同僚の男性に冷たい目を向けながら、言った。「私は彼を許さない。彼はもともとイラクのクルド人だったのに、トルコ人に国籍を変えたのよ」。

彼女は、バグダードに住む、イラク国籍のアルメニア人である。アルメニア人は、コーカサス地方のアルメニア共和国が主たる居住地だが、一世紀前はコーカサスの他、イラク、イラン北部からトルコ東部に多く住む、国を持たない人々だった。そのアルメニア人が、トルコに対して強烈な反感と怨念を抱くようになったのは、第一次世界大戦の時のことである。

オスマン帝国時代、その領内には多くのアルメニア人がおり、商業、金融分野などの活躍はもちろん、オスマン政府の中核へと昇進する者も少なくなかった。ところが、第一次世界大戦中、オスマン政府が組織的にアルメニア人を移送し、虐殺する事件が起きる。これが、「ジェノサイド」として知られるアルメニア人虐殺である。このことで、トルコ政府を糾弾する国際世論は強く、フランスやアメリカ、ベルギーでは議会で非難決議を採択している。

アルメニア人である彼女が、トルコ国籍をわざわざ選んだクルド人の同僚に憎しみを露わにするのは、こうした背景があった。じゃあ、トルコ国籍じゃなくて、クルド人だったらよかったの？　と彼女に聞くと、そうだ、と言う。「クルド人なら、トルコであれイラクであれ、少数民族として辛酸を舐めてきた、わたしたちと同じ立場だったのよ。なのにわざわざ、わたしたちを虐殺した側のトルコにすり寄るなんて」。

そのクルド人の男性にも、イラク国籍を避けてトルコ国籍を選んだのには、理由がある。当時はまだ、イラク軍による化学兵器攻撃を受ける前だったとはいえ、少数民族のクルド人は長年、イラクの中央政府による抑圧の対象となってきた。特に、八〇年代のイラクは、イランとの戦争中である。イラク国籍を持つ男性は皆、徴兵で前線に送られた。少数民族、特にクルド人が、前線のなかでも最も過酷な地に送られるのは、周知の事実だった。

それを嫌って、彼はトルコ国籍を選んだのである。クルド人もまた、トルコやイランに分断されて住む。近隣国にいる縁戚のネットワークを使って、イラク国籍を避ける方法が彼にはあった。そうして生き延びて、何が悪い？

アルメニア人の女性は、さらに畳みかける。徴兵されて死地に送られるのは、少数宗派のキリスト教徒であるアルメニア人も同じだ。妙齢の男性が次々に戦死するので、今イラクに生き残っているアルメニア人は、女性ばかりだ。逃げ場のない彼女たちは、嘆く。「だから、私も姉も、行き遅れているのよ。このままじゃ、民族的存続すら望めない！」

　三十歳を大きく超えた彼女の愚痴を、同僚の運転手が複雑な思いで聞いていた。彼はアッシリア人で、アルメニア人と同じ、キリスト教徒だった。アッシリア人もまた、イラク独立期にイラク軍による鎮圧対象となり、多くの同胞が殺された経験を持つ。


　イラク北部からシリア、レバノン、ヨルダン、パレスチナといった東地中海地域、またトルコからコーカサス地方に至る地域には、さまざまな東方キリスト教会が点在している。東方キリスト教にはさまざまな教会があるが、ネストリウス派を継承したアッシリア教会や、エジプトで独自の展開をし、現在もエジプト人口の一割弱を占めるとされるコプト教会の他、シリア、イラクなどにはシリア正教会など、五世紀に公会議でローマ教会によって異端とされた諸教会が含まれる。さらに十一世紀以降、その後のヨーロッパでの主流となるローマ・カトリックを軸とした西方教会から分裂した、ギリシャ正教や東方典礼カトリック教会などが、この地域に存在する。

　山岳地域に住むキリスト教徒は、その多くが山間にひっそり、教会を中心に小さなコミュニティーを形成している。この地域に覇を広げるイスラーム帝国の支配下で、改宗するキリスト教徒も多かったが、キリスト教徒は「啓典の民」としてイスラーム諸王朝と共存が可能だったのである。険しい山道を登り詰めた先、木々の木洩れ陽に光る十字架、美しいイコン画を飾った教会が突然現れる――。イラク北部の山々を散策すると、そんな光景に出くわすことも、しばしばだ。

オスマン帝国時代、キリスト教徒のなかには、商業、金融分野で成功を収める者が少なくなかったし、通訳として働き、対ヨーロッパ外交や帝国内の非イスラーム地域の統治において、国運を左右するほどの大きな役割を果たした者もいた。現代でも、政府要職を占めるキリスト教徒は、多い。九〇年代に国連事務総長を務めたエジプトのブトロス・ブトロス・ガーリはコプト教徒だし、フセイン政権時代のイラクで長く外交のトップにいたターリク・アジーズは、アッシリアのカルデア教徒だった。

にもかかわらず、今またキリスト教徒コミュニティーに対する迫害が、各国で頻発している。イラク戦争後、主としてシーア派とスンナ派の間で繰り広げられた二〇〇六年から二〇〇八年の、内戦とも言える宗派対立の時代には、北部のキリスト教徒住民の多くが殺されたり、脅迫を受けて国外に逃れた。筆者がかつて訪れて、その美しさに息をのんだモースル近郊のキリスト教会も、その多くが武装勢力によって破壊された。エジプトでは、「アラブの春」直前にアレキサンドリアのコプト教会が攻撃され、ムバーラク政権転覆後は、エジプト政界内の軍対イスラーム勢力の権力抗争の煽りを受けて、キリスト教徒が襲撃の対象となっている。深刻化するシリア内戦でも、キリスト教徒の被害は大きい。

なぜ、キリスト教徒に対する虐殺が起きるのか。それはキリスト教徒だからなのか、それとも、少数宗教、少数民族に対してしばしば繰り返される、一般的な虐殺の一つなのだろうか。

第一次世界大戦中に起きたオスマン帝国でのアルメニア人虐殺は、いまだにトルコ側の言い分と、欧米諸国に住むアルメニア人ディアスポラの言い分の間に、大きなギャップがある。今のトルコ政府は、これを「ジェノサイド」として認めておらず、これがEUに加盟したいトルコにとって、大きな障害となっている。当時の虐殺に関わった指揮系統を記した史料なども、公開されていない。そのため、犠牲者の数も、トルコ政府側が示す数万人という数から、アルメニア側が発表している最大三〇〇万人と、大きくかけ離れている。

したがって、虐殺の原因論も、対立する両者のそれぞれの側に立つ研究者によって、異なっている。日本で数少ないアルメニア研究者である吉村貴之氏は、トルコ人研究者が「一九一五―一六年の事件は列強にそそのかされたアルメニア人が起こした反乱である」という共通認識を持っている、と述べている（吉村貴之「「アルメニア人虐殺」をめぐる一考察」、石田勇治・武内進一編『ジェノサイドと現代世界』勉誠出版、二〇一一年）。

中東で、特にキリスト教徒コミュニティーが突然の迫害に遭う際に、このような「外国にそそのかされた」という視点が、頻繁に出現する。イラクでのアッシリア人迫害は、その典型だ。第一次世界大戦期のアルメニア人虐殺では、アッシリア人もまた犠牲になったとされているが、第一次世界大戦の後、イラクが建国され独立した直後も、アッシリア人は迫害の被害を受けた。一九三三年、設立されたばかりのイラク国軍が、イラク北部のアッシリア人諸都市を襲撃し、三〇〇〇人ほどの犠牲者を出したのである。

なぜアッシリア人が殺戮の対象となったのか。それは、イラクを委任統治していたイギリスが、一九二一年のイラク建国以降イラク国内の治安維持に起用したのが、アッシリア人だったからだ。建国直後のイラクには、まだ国軍も完備されていない。本来ならば大英帝国軍が、自分たちが人工的に作ったイラクという国の治安を守らなければならないのだが、現地社会からの反発だの、過酷な猛暑の地での勤務へのイギリス兵士の不満だのを考えれば、大量に帝国軍部隊を投入するわけにはいかない。おりしもイギリス国内では、第一次世界大戦後の植民地を統治するコストの大きさに対して、政府批判の声が高まっていた。

そこで、イギリスが利用したのが、イラク国内にいたアッシリア人である。同じキリスト教徒だから使いやすいに違いない、という目論見があったのだろう。イラク駐留英軍の下に「イラク部隊 Iraq Levy」を設立してアッシリア人を徴募し、国軍が確立されるまでの大英帝国軍の協力者としたのである。

だが、イラク人口の大半を占めるアラブ人によって構成されたイラク国軍が育てば、イラク部隊は不要となる。それどころか、イラク部隊は、「国軍＝独立イラクを支える屋台骨」に対して、「イラク部隊＝非アラブ、非イスラーム教徒のアッシリア人＝イギリス支配の手先」とのレッテルを貼られたのだ。それが、独立から一年後、一九三三年の国軍によるアッシリア人迫害事件につながったのである。

前述したように、キリスト教徒のコミュニティーは、歴史的にイスラーム教徒社会と対立していたわけではない。辺鄙な山間の村のキリスト教住民がいきなり、「敵の手先だ」と烙印を押されることになったのには、イギリス、フランスの列強の中東進出、ヨーロッパ諸国による中東諸国の委任統治といった、国際政治の構造変化があってのことである。

その典型的な例が、レバノンのマロン派キリスト教徒だろう。現在レバノンという国は、主要な宗派がその人口に応じて権力を分有し、大統領、首相など要職を宗派ごとに割り振るという、宗派体制の下に政権が運営されている。その発端となったのが、十九世紀に起きたキリスト教マロン派と、イスラーム教徒の間での内戦だった。

マロン派は、七世紀に現在のトルコのシリア国境に近いアンタキヤに総司教を確立した、東方カトリック教会の一派である。その後、レバノン北部の山岳地帯に移動し、拠点としてきた。彼らの運命が一転するのは、十一世紀末の十字軍の到来である。マロン派のキリスト教徒は十字軍側を支援し、マロン派の大司教はローマ教皇に忠誠を誓った。これをきっかけにして、マロン派はヨーロッパのカトリック教会に従属する存在となった。

さらに十八世紀以降、マロン派の住民が山岳地帯から勢力を伸ばし、他の地域に居住するドゥルーズ（シリア、レバノン、イスラエルなどに居住するイスラーム教の少数宗派）などと衝突を繰り返すようになった。この対立は、一八六〇年にマロン派対ドゥルーズの間の内戦として発展した結果、マロン派に加勢するヨーロッパ勢力の圧力もあって、レバノンはオスマン帝国の下で、キリスト教徒の知事を置く自治区とされたのである。なかでもマロン派と密接な関係を持ったのが、同じカトリックのフランスだった。オスマン帝国解体後、レバノンがフランスの委任統治下に入ったのは、そうした経緯による。

地元社会の力関係が変化したときに、外国が宗教を通じて介入し、中東への支配を拡大する——。その後実際に英仏が委任統治、保護領化を進め、中東地域を分断して独立させた。中東諸国が植民地支配から独立した後も常に欧米の間接支配の下に置かれ続けているという現実、その出発点として、地元のキリスト教徒社会の「裏切り」があるのだ、と考える中東独特の「史観」は、このように生まれた。

そのような「史観」は、先に挙げたオスマン帝国でのアルメニア人虐殺に関しても見られる。吉村氏は、第一次世界大戦期、南下し圧力をかけてくるロシアに対して、オスマン帝国が危機感を強めていたこと、オスマン政府が自国内のアルメニア人に対して、ロシアにも同じアルメニア人が住むということで内通する可能性があると見なしたこと、を原因の一部に挙げている。中東に限らず、多民族、多宗派が共存する地域で、突然発生する少数宗派、民族に対する虐殺や弾圧、あるいは宗派間、民族間の衝突の大半は、起源をたどれば、周辺国や欧米諸国のこの地域への干渉と、その過程で中東地域の宗派、民族関係を利用したことに行きつくのだ。

しかしながら、その国、その王朝が、他国からの介入など考えられないような、国際政治のなかで安定した地位を享受している時代には、少数民族を「手先」などと恐れる必要はない。むしろ、国内の多民族、多宗教間の融和した社会を、大国の証《あかし》として誇るほどだ。オスマン帝国の下でキリスト教徒やユダヤ教徒などの「啓典の民」は、ミッレト制と呼ばれるシステムの下で、一種の自治を享受していた。先に挙げたように、少数宗派出身者の活躍は、さまざまな分野で目ざましいものがあった。すなわち、繁栄と安定の時代には、キリスト教徒が領域外の世界とつながりを持つことは、プラスに評価されていた。少数宗教、少数民族は国境の内側ではマージナルな立場だが、それは、国境の外とつながる越境性を持つことで、その国の国際化、外交的成果に貢献できると見なされたのである。だが、同じ外とのつながりが国にとって脅威となると、マージナルで越境的な人々は、その脅威を国内に呼び込む「外国の手先」と見なされる。そのように見なす視点が生まれるということは、「手先」の雇い主とされた外国と、自国の間の力関係が変化し、自国が相対的に弱体化したからに他ならない。自国と外国の力関係が変化したときに、国内に「内なる敵」を見つけ出し、その外国と何らかの関係を持つ可能性がある国内の勢力の「共謀」を疑い、「第五列」視する。それが、少数宗派、少数民族に対する迫害、虐殺を生むのである。

外国が脅威となる最も顕著な例は、戦争だろう。戦時下で、少数宗派、少数民族が敵に通じているとしてその共謀関係を疑われることは、多々ある。

代表的な例が、冒頭に挙げたイラクのクルド人だ。トルコ東部、イラク、イランの北部、シリア東部に居住するクルド人は、国を持たない最大の民族だと言われる。アラブ人同様、オスマン帝国の統治下に入っていたが、第一次世界大戦前後に民族独立運動の萌芽が見られた。アラブ人がフセイン–

マクマホン協定でイギリスに独立を約束されたのと同じく、クルド人もまた、協商国側のオスマン帝国弱体化戦略に利用され、独立の約束を得た経験がある。しかし、紆余曲折を経ても独立国を確保したアラブ人と異なり、クルド人は戦後の新生トルコ共和国とイギリスの手打ちの結果、独立を反故にされた。以降、イラン、イラク、トルコに分断されたクルド人たちは、各国で自治、独立運動をそれぞれに展開することになる。

そのクルド人たちが唯一、独立の儚い夢を実現したのが、第二次世界大戦直後のどさくさのなか、イランで建国されたマハーバード共和国だ。戦後、イランは共産主義の南方進出を図るソ連と、ペルシア湾岸の産油地帯を確保し続けたいイギリスの間で二分され、北部にソ連軍が進駐したことを契機として、イラン国内の少数民族、アゼルバイジャン人が独立国家を樹立した。中央アジアなどの民族独立を支援し共産圏に組み込もうとする、当時のソ連の戦略の一環だったことは、明らかである。アゼルバイジャン共和国設立に刺激を受けて樹立されたクルド人の国が、マハーバード共和国だった。一年後、イランと石油協定で妥協したソ連が北部から撤退すると、いずれの国もあっさりと瓦解した。

その経緯からもわかるように、クルド人は外国に依存しては裏切られてきた。マハーバード共和国の後、主要な活動拠点をイラクに移し、クルド民族独立派はアメリカの支援を受けた。一九五八年の王政打倒革命以来、イラクでは左派系の反欧米急進派が政権を握っていたので、イラク政権に反旗を翻すクルド民族運動は、欧米諸国の支援対象となったのだ。なかでもアメリカは、湾岸地域の同盟相手であるイランのシャー王制を通じて、イラクのクルド人に資金や武器を援助した。だが、イラクのサッダーム・フセインは、一九七五年にイランに領土問題で大幅に譲歩し、代わりにクルドへの支援を止めさせた。その結果、イラク国内のクルド人による反政府運動は一気に瓦解し、勢いを失った。

クルド人すべてが、イラクからの分離独立を目指していたわけでもないし、民族運動を支持して外国と通じていたわけではない。だが、イラク政府は常にクルド人のイラクへの「忠誠」を疑いの目で見ていた。冒頭に挙げたアルメニア人の女性の同僚に、同じくクルド人の若者がいた。彼は八〇年代後半、イラン・イラク戦争中に、イラク国軍に志願して前線に赴いた。（クルド人ではない）友人をイラン軍に殺されたのだと、その報復をするのだと言って、志願したのである。同僚たちは、言った。「クルド人で、しかも志願兵となれば、真っ先に最も危険な戦地に送られるだろう」、と。

クルド人がそうまでしてイラク国家への「忠誠」を示していながら、イラク軍は、イラン・イラク戦争末期にクルド地域に化学兵器攻撃を行った。アンファル作戦と呼ばれる、クルド地域東部のハラブチャで行われた攻撃で、五万から十八万とも言われる犠牲者を出した。戦争という危機状況のなかで、マージナルな位置に置かれた少数民族が、「第五列」として殲滅の対象となったのである。

危機状況の下で、偏狭なナショナリズムが高まるとき、見た目に異質な者が「第五列」視されることは、よくある。言葉が違ったり、通う宗教施設が違ったり、礼拝する曜日が違ったりして、明らかに異なった行動や生活様式を取る者は、「異者」として排除の対象となりやすい。だが、必ずしも見た目の違いが明示的でなくとも、「内なる敵」を炙りだそうとするメカニズムは、働く。イラクでクルド人以上に「第五列」視されてきたシーア派住民が、それだ。

イラク国民の約六割は、シーア派である。そして隣国のイランは、シーア派イスラーム教を国教として成立している。イラク国家が設立される以前から、今のイラクがある地域は、スンナ派のオスマン帝国とシーア派のペルシア帝国の間で陣取り合戦の場となってきた。イラクの近代史を紐解くと、ペルシア軍の包囲を受けてバグダードの住民が孤立し、いかに悲惨な経験をしたか、あるいはオスマン帝国からの徴税にいかに悩まされてきたか、大国に挟まれた社会の苦悩を象徴するエピソードに溢れている。

そのなかで、イラク、つまりオスマン帝国領内にいたシーア派は、常にマージナルで越境的な存在であることを余儀なくされた。スンナ派を国教とするオスマン帝国の教育システムに参加できないシーア派社会は、国による人材育成、登用システムから排除された。だがその一方で、オスマン帝国が中央集権を強め、アラブ地域の「帝国臣民」にも兵役義務を求めたとき、シーア派住民はペルシア帝国に帰属することで、兵役を逃れる選択肢を持っていた。独立後もオスマン帝国の政治的伝統を継承したイラクでは、政治、軍事分野での要職はスンナ派が主流を占めたが、シーア派はイランとの交易を軸に、商業分野で活躍の場を得た。オスマン帝国下のキリスト教徒がそうだったように、政治の中枢で活躍することはできなくとも、その他の分野で国を支えるという共存関係が、シーア派とスンナ派の間には存在したのである。

それが、イラクの国家制度が整備されていく過程で、シーア派を、イランと通じてイラク国家を内部から掘り崩す第五列だと見なす視点が生まれていく。その先駆けとなる王政初期の出来事が、ムハンマド・ジャワーヒリというシーア派詩人とイラク教育省の間の衝突だ。ジャワーヒリはナジャフ出身のシーア派アラブ人で、第一次世界大戦期にはイギリスの委任統治に反発して、独立闘争に参加した経験もある。近代詩人として多くの優れた詩を発表した彼だが、教員募集に応募したところ、拒否された。彼がイラク独立前にオスマン臣民ではなかったことが、公職に就けない理由とされたのである。スンナ派のシリア人やレバノン人が教員に採用されているのに、建国前にたまたまイラン国籍を持っていたシーア派の彼が教員になれないのは不当だ、とジャワーヒリは反発し、当時イラク教育局長だったシリア人、サーティウ・フスリーを罵倒する詩を発表したのである。

このとき、フスリーがジャワーヒリを非難するのに援用した概念が、「シュウビーヤ」だった。シュウビーヤとは、そもそもアッバース朝時代の非アラブ民族、特にペルシア民族などによる反アラブ感情のことを指す。

ペルシアと同じ宗派を信仰するシーア派住民の、アラブ・ネイションに対する「忠誠心」を疑問視するという「シュウビーヤ」のロジックが全面的に展開されたのが、八〇年代のイラン・イラク戦争においてだった。敵国イランに内通する可能性があると見なして、政府は、シーア派住民の、特にペルシア系親族を持つ一族に対して、弾圧を強めた。イラクで生まれ育ち、アラビア語を話すアラブ人であるにもかかわらず、祖先がペルシア人だったというだけで、シーア派の一族を次々に国外追放としたのである。

そのシーア派に対する弾圧は、一九九一年、湾岸戦争直後に全国レベルで発生した反政府暴動でピークに達した。イラン・イラク戦争中は、「内なる敵」と警戒しつつも、すべてのシーア派を敵に回すことのないよう、政府はシーア派内部を、アラブ民族かそうでないかで慎重に「差別」してきた。しかし湾岸戦争で政権が存続の危機に立たされ、さらに戦後は、クウェートから撤収してきたイラク国軍が政府に愛想をつかし、反旗を翻して撤退の道筋に従って南から北上すると、政府は危機感に駆られる。そして、南から襲いくる「内なる敵」を全土に広げないために、南部に住むシーア派の住民全体を無造作に、外敵扱いした。政府の暴動鎮圧部隊が、「シーア派はいらない」というスローガンを掲げて、シーア派が住む地域を破壊したのである。ここに初めて、政府が公式に、「シーア派」という宗派に対して排除と疎外を決意したのだ。その鎮圧行動は、凄惨を極めた。

ところで、差別用語としての「シュウビーヤ」という概念について、実はバアス党は一九四〇年代に、「アラブ意識のなかに入り込んだ外国の影響」と規定している。つまり、「バアス党の敵」を「アラブの敵」と見なし、そしてその「バアス党の敵」すべてを、「アラブ的ではない」として糾弾することができる用法となっているのである。その証拠に、六〇年代まで「シュウビーヤ」の用語は、バアス党が政敵として長らく対立してきたイラク共産党に対して、使われた。

そこからもわかるように、「アラブ的であるかないか」を問う、民族や宗派の「名づけ」は至極恣意的で、流動的なものである。繰り返しになるが、こうしたアイデンティティーが喚起され、対立に利用されるのは、あくまでもその国内部の政治権力のバランス、そしてその国と周辺、国際社会との力関係を反映してのことに他ならない。そもそも、民族概念、宗派概念自体、きわめて可変的なものでしかない。ネイションは想像されるものと考える、ベネディクト・アンダーソンや、エリック・ホブズボームなど、ナショナリズム研究者の議論を引用するまでもないだろう。

そう考えれば、中東のほとんどの国で民族、宗派別の人口統計がないことは、理解できる。先ほどイラクのシーア派は住民の約六割、と述べたが、実はイラクで宗派別の人口調査は一九四七年以来行われていない。数値を挙げているのは、アメリカのCIAによるワールド・ファクトブック（World Factbook）だが、どのような推計の結果、シーア派六〇―六五％、アラブ・スンナ派一二―二二％、クルド民族一五―二〇％といった数値がはじき出されるのか、不明である。

統計を取らないのは、宗派や民族の比率が固定化されてしまうと、それを超えて「国民」が生成されることが阻まれることになるからだ。あえて民族や宗派を統計に挙げないことは、民族や宗派の定義や性格が次々に権力者の都合のいいように変えられていく危険性をはらむが、その一方で、少数派に対する差別が固定化されることを避ける道を残しておくことでもある。

だから、宗派や民族的出自を国民に聞くこと自体が、その国がその回答をもとに、「内なる敵」を炙りだそうとしているということなのかもしれない。イギリスが国勢調査で「宗教」を尋ねる設問を加えたのは、二〇〇一年の調査からだ。同じ年に起きた、世界を震撼させたアメリカでの大事件に象徴されるように、「イスラーム教徒であるかどうか」を国家権力が把握しておかなければならない、と考える理由が、二〇〇一年のイギリスにはあったということだ。

これまで長々と書いてきた、少数派に対する差別や排除、誰が排除されるべきかというレッテル貼りの恣意性や、国家権力によるレッテル管理は、遠い中東でのことを危惧して論じてきたのではない。筆者の念頭にあるのは、日本である。

近年激しさを増す、文化や歴史、言語を共有しない者たちに対するヘイト・スピーチ、思想信条の異なる者を民族的「純度」の違いに無理やりこじつけて糾弾する手法、そして国民の属性に関する情報を国家権力が一元的に独占しようとする特定秘密保護法。こうした今の日本の流れが、国際社会や周辺国を敵としか見ることができず、自らの国民を「第五列」として切り分け排除していった、第一次世界大戦期のオスマン帝国や、隣国イランの脅威という認識に囚われ続けたフセイン政権下のイラクと、重なって見える。

何より背筋が凍る思いをしたのは、松浦篤「沖縄独立論の陰に中国あり」（『中央公論』二〇一四年二月号）が展開する、沖縄を「第五列」視する視点である。中国の「脅威」を強調しようとするあまり、日本国内にそれを誘導しようとする「内なる敵」がいると考え、それは沖縄の独立を志向する人々だと考える議論だ。そのような議論が、中東ではなく日本で登場したこと自体に、戦慄を覚える。この国もまた、中東の諸国家が陥ったような、外敵と対峙するとの「大義」のもとに、国民を分断し、裏切り者を探し、昨日までともに生活していた者を「異者」として排除する道を歩むのだろうか。

冒頭、この話をアルメニア人の虐殺《ジェノサイド》から始めた。それには意味がある。「内なる敵」を炙りだし始めたら、それは殲滅＝虐殺《ジェノサイド》しか方法がなくなるからである。

外国の敵に対しては、衝突して決着がつかなければ、壁を高く作って、冷たい関係を維持すればよい。対話を持たないまま、対峙し続けることも可能だ。だが、いったん敵を身の内に発見してしまったら、それを外に出し尽くすか、殲滅するしかなくなる。「外国の手先」とされたアルメニア人やアッシリア人は、国外に逃げるか虐殺の対象になるしかなかった。イラクでクルド人は、多国籍軍の介入、庇護があって初めて、自領域内で生き延びることができる地域を確保することができた。しかし、イラク戦争後の内戦で勃発した宗派対立では、「敵」を炙りだすために、名前や出身地や見た目など、あらゆる属性が殲滅の口実にされた。

「紛争の絶えない中東は、日本人にはわかりにくい」と、いつまで言い続けられるだろうか。いつまでも言い続けられるほどに、日本も紛争と無縁であり続けられれば、よいのだが。

12　アメリカ、この厄介な同盟相手

反米と対米依存と民族の尊厳（2014.7）

コカ・コーラであれペプシ・コーラであれ、清涼飲料水のテレビコマーシャルがおしゃれで「爽やか」を売りにしているのは、世界どこも共通らしい。

数年前、エジプトで流れていたCMは、ペプシとコカ・コーラが対照的で、面白かった。フリフリスカートのアキバ系に、一見真面目そうなメガネ女子、ちょっとワイルドな肉食系女子の三人がスーパーでカートを押しながら、小気味よく歌い踊るペプシのCM。対してコカ・コーラは、エジプトの庶民的家庭や職場ならどこでも見られるような日常的な光景のなかで、ほっと一息いれるのにコカ・コーラが登場する、というパターンだ。筆者の個人的な好みを言えば、ヒマそうな交番でしがない警官が二人、コカ・コーラを飲みながらテレビ画面のサッカー試合にぶつくさ言っている、という作品が秀逸だ、と思っている。ちっとも格好よくない普通のエジプト人の傍にも、「スカッと爽やか」がある。

この対照的なコマーシャルを、大学の授業で学生に見せて、こう質問をする。「コカ・コーラとペプシのどちらかは、エジプトをはじめ多くのアラブ諸国で長らく発売が禁止されていた。それはどちらでしょう?」

ほとんどの学生は、「ペプシ」と答える。扇情的な女の子のビデオクリップはいかにも欧米文化に毒された感じなので、それが嫌われているに違いない、と考えて、ペプシを選ぶのだ。

だが、実際にアラブ世界で長く飲まれてきたのは、ペプシの方である。パ音がアラビア語にはないので訛って「ベブシ」と呼ぶのが、一時期コーラの代名詞になったほどだ。

コカ・コーラはエジプトでは一九六七年から十二年間、発売が禁止されていた。アラブ諸国が組織するアラブ連盟はもっと長く、一九九一年までコカ・コーラをボイコットしていた。

なぜか。コカ・コーラがアラブ諸国でボイコットされていた理由は、そのイスラエルとの関係である。第三次中東戦争(一九六七年)が発生する前年、コカ・コーラ社はイスラエルでのボトリングを始めた。イスラエルと取引のある企業は、アラブ諸国でボイコットされた——いわゆる「アラブ・ボイコット」である。一九九三年のオスロ合意、あるいは一九九一年のマドリード中東和平会議でパレスチナ人が参加する和平交渉が始まるまで、コカ・コーラは、アラブ対イスラエルの対立を反映して、アラブ諸国から排除されていた。排除の理由は、「欧米文化の象徴」というイメージではなく、コカ・コーラが持つ政治性だったというわけだ。

アラブ諸国のみならず、イランやトルコも含めて、中東のイスラーム諸国のイメージは、「反米」

だろう。イスラームという宗教がアメリカ文明と相容れない、とか、アラブ民族が持つ封建的で情念的でプライドの高いイメージが欧米の合理性とは反する、とか、アラブやイスラーム社会の「反米」はそこに住む人々の属性に起因する、と思われがちだ。

確かに、アラブ人の友人たちと話していると、「日本はいい、欧米のように人間関係が冷たくない」とか、「独自の文化を残しているところがよい」とか、欧米文化に同化できない自分たちのフラストレーションを、東洋文化への憧れに転化しようとする者が少なくない。だがその舌の根も乾かぬうちに、「街中で英語が通じない」とか「日本の自販機にはコーラがない」と、文句を言う。何人のエジプト人に、「こんなことじゃ日本はグローバル化に遅れを取るぞ！」と怒られたことか。

実際、欧米の中東研究者とアラブ人知識人たちとの侃々諤々の議論を聞いていると、地中海の北と南、東と西は根っこで深くつながっていることを、ひしひしと感じさせられる。地中海とその周辺に広がる文明の歴史を共有しながら、最も近い他者として愛憎併せ持つ、中東とヨーロッパの複雑な関係。筆者はそれを、「ヨーロッパという呪縛」として、第3章でも触れた。遠く極東の日本人が入り込む余地もないほど、実は両者の絆と確執は、深い。アメリカもまた、ヨーロッパの呪縛を継承している。

だとすれば、中東のイスラーム社会は欧米の、何を嫌っているのか。コカ・コーラの例が如実に示したように、それは一にも二にも、政策に他ならない。彼らがアメリカを嫌いな理由、それはアメリカの対中東政策が「嫌い」だからだ。

アメリカの世論調査会社、ゾグビー・インターナショナルが二〇〇四年にアラブ六カ国（モロッコ、サウディアラビア、ヨルダン、レバノン、アラブ首長国連邦、エジプト）で行った調査（The Arab American Institute Foundation, "Impression of America 2004"）によれば、アメリカに好意を持っていると回答したのは全体のわずか一割強、反対に反感を持っていると回答したのは八割以上だった。そしてその理由として挙げられた最大の要因は「アメリカのイラクに対する政策」で、ヨルダンを除くすべての国で、九割以上の回答者がこれを挙げた。二年前の二〇〇二年に行われた調査やその後二〇一〇年に行われた調査（2010 Six Nation Survey）では、好意派は約二割、反米派は約七割だったので、二〇〇三年のイラク戦争がアラブ人たちの反米意識を刺激し、翌年の調査に大きく響いたことは、明らかだろう。

反米の理由として同様に多かったのは、「パレスチナに対するアメリカの政策」である。六カ国すべてで九割を超える回答者がこれを挙げているが、こちらは二年前とそう変わらない。アメリカの対パレスチナ政策が恒常的に批判の対象となっていることは、明らかだ。それは、アメリカがイスラエルに対する最大の援助国であり、その支援によってイスラエルがパレスチナに対する弾圧はもちろんのこと、周辺のアラブ諸国にとっての軍事的脅威となっているからだ。

ゾグビー社の調査を見れば、それはいっきりしている。「アメリカがどうすればアラブに対してイメージをよくできるか」との質問に対して、最も多かった回答は「イスラエルに対する支援を止めること」（レバノンが最高で四六％、最低のモロッコでも十八％）だった。「イラクからの撤退」を求める回答も六・五―二二％と多いのだが、とにかくアラブ諸国に対する政策を見直せ、というのが回答の傾向として一貫している。他に多かった回答として、「対中東政策を見直すべし」（一一―二〇・五％）、「公正であれ」（五―二〇・五％）があるが、これも政策を問うものだ。反対に、科学技術やテレビや映画、思想としての民主主義については、半数近くが「アメリカに好意を持つ」要素として挙げている。「アメリカ人という人柄」も、三割から六割の回答が好意的だ。

だが、この傾向が近年変わり始めている。二〇一〇年の同じゾグビー社の調査では、アメリカに望むこととして、政策の変化よりアラブ人に対する「尊敬」を挙げる傾向が強まった。それが顕著なのは、サウディアラビアとモロッコだ。この二国は、二〇〇四年の回答では他の国同様に、半数以上が「イラクからの撤退」「イスラエル支援の停止」といった政策の変化をアメリカに望むとしていた。だが、二〇一〇年実施の調査では、「アメリカがアラブをよりよく理解しアラブの価値観を尊敬することと」との回答が政策批判を上回り、過半数となった。他の国でも、「アラブへの尊敬」を求める、という回答は、二〇〇四年には一割に満たなかったのに、二〇一〇年には三―五割へと増えている。

「尊敬」という用語を聞くと、その調査の翌年に起きた「アラブの春」を思い起こす。尊厳を取り戻す、として、社会の中心から排除された若者たちが、自己発現の機会を求めて、路上で異議申し立ての行動に繰り出した。そのとき組織されたデモは、「尊厳の日」という名前をつけられて、革命の象徴ともなった。その「尊厳」を求める気運は、すでに二〇一〇年の調査段階で、対米感情の変化という形で現れていたのである。

だが、政策から尊厳へという求める内容の変化は、アラブとアメリカの関係をどのように変化させているのだろうか。あるいは、逆なのか。アラブとアメリカの関係が変化したことで「尊厳」への意識が生まれてきたのだとしたら、それはなぜなのだろう。

アラブ諸国とアメリカの関係は、アメリカが中東政治の重要なアクターとなりはじめた第二次世界大戦後から一貫して、政策的結びつきだった。アメリカは、中東に対して、西側の石油消費国に対する原油供給の確保と、冷戦構造の下でソ連がこの地域に影響力を拡大するのを阻止することを、政策の根幹として掲げた。一方アラブ諸国は、パレスチナの地を乗っ取って建国に及んだイスラエルと敵対するという政策を当初一律に掲げながら、経済政策においては西欧植民地主義の遺恨から脱却しようと社会主義体制をとるアラブ民族主義諸国と、石油消費国との関係維持を追求する湾岸の君主制諸国との間で、政策の方向性が分かれた。後者はアメリカとの緊密な関係を望み、前者は英仏植民地勢力の後継者であるアメリカを嫌ってソ連に寄った。そこに、冷戦下の東西対立構造がそのまま反映された。

イスラエルに対する反対＝対米批判を底流に共有しながら、米ソ対立のなかで二分されるアラブ世界。その構造がひっくり返されるのが、一九七九年である。

それまで反イスラエルの筆頭を担いアラブ民族主義を掲げていたエジプトが、イスラエルとの単独和平に合意した。イスラエルと関係を改善したことで、エジプトは対米関係の強化に大手を振って邁進することができる。エジプトはアメリカにとって、イスラエルに次いで最も多い援助を提供する相手となり、政・財界いずれも、アメリカと緊密な関係を確立するようになった。コーラがない、といってアメリカナイズされていない日本に流暢な英語で文句を言ったのは、そういうエジプトの研究者だった。前述したゾグビー社の調査では、二〇〇四年段階でエジプトでの回答のうち、四分の一が「アメリカに行ったことがある」、三分の一が「アメリカ人の知り合いがいる」と答えている。

エジプトに続いて反米から路線変更したのが、イラクだった。一九七九年に隣国で起きたイラン革命を見て、革命の混乱に乗じて領土問題、域内覇権抗争で一気に優位に立とうと、当時のイラクの大統領、サッダーム・フセインは考えたのかもしれない。翌年、イランに攻め込んだ。だが、当初の思惑に反してイラン軍は粘り、戦線は膠着する。それどころか、イラクは不利な長期戦、全面戦争に引きずり込まれ、すべての資金を軍事費に使い果たして、周辺の湾岸産油国に借金する羽目に陥った。

苦境のなかでイラクが選択したのが、対米関係の改善である。反イスラエル最強硬派として鳴らしたイラクは、イスラエルの最大の支援国であるアメリカに対しても強硬で、第三次中東戦争以来対米関係を断絶してきた。だが、一九八四年に一転、対米国交を再開したのである。当時のアメリカは、米大使館人質事件で受けた屈辱に象徴されるように、イラン革命で生まれたイスラーム政権への対応に苦慮していた。イラクが革命イランを攻撃してくれることは、アメリカにとって大きなメリットだったのだ。なお、このときイラクを訪問してサッダーム・フセインと握手したのが、後にイラク戦争でフセインに最後通牒を突きつけたラムズフェルド米国防長官だったことは、よく知られた歴史の皮肉である。

イラクは、湾岸戦争で再び反米の雄となるが、二〇〇三年のイラク戦争でフセイン政権は潰えた。「アラブの春」もあって、反米を声高に叫ぶ「独裁」政権はシリアのアサド政権を残すのみとなった。旧植民地勢力たる英仏が影響力を持ち続けてきた一九五二年までの中東と同じように、今やパックス・アメリカーナの再現と言えるほどに、露骨な「反米」政権はいなくなった。

いや、すでに一九九一年の湾岸戦争の時点で、国としてアメリカに挑戦しようという反米国家は、アラブ諸国のなかにはほとんどいなくなっていたと言えよう。湾岸戦争で、米英を核とする多国籍軍がイラク軍を攻撃したとき、米軍の庇護を頼みにするサウディアラビアなどの湾岸産油国はもとより、エジプト、シリアもまた多国籍軍側について、米軍に協力姿勢を見せたのだ。以来、アメリカはイランとイラクという残された反米二国を、経済制裁などで封じ込めておけばよい、といった程度に考えていた。

だが、このアメリカの圧倒的な存在がアラブ社会に生み出したのは、親米国での反米感情の高まりである。前述のゾグビー社の調査結果で目を引くのは、強く反米感情を露わにしている国（ともに九五％前後）が、サウディアラビアやエジプトという、いずれも中東で最も長く、緊密な対米関係を築き上げてきた国だということだ。前述したように、エジプトは一九七九年のキャンプ・デービッド合意以来、アメリカの中東政策に対して最大の協力者であり続けてきた。サウディアラビアは、第二次世界大戦直後にルーズベルト米大統領が直接アブドゥルアジーズ・サウディ国王と会談して以来、アメリカの外交、安全保障上の庇護を頼りにしてきた。

国はアメリカを向いている。だが、そのアメリカが中東地域で行っていることに対して、国民は納得がいかない。そうした自国民の不満を、それぞれの政府が吸収できないがゆえに、その不満や鬱屈は国外で発散される。生まれ育ったサウディアラビアを追われ、最初はスーダン、それからアフガニスタンに逃れてアメリカへの反感を募らせていったビン・ラーディンは、そういうサウディ人の典型だ。ビン・ラーディンに合流してアルカーイダのナンバー・ツーを務めたアイマン・ザワーヒリは、エジプト出身である。イラク戦争後、内戦状態と化したイラクに流入して反米武装活動に身を投じた外国人義勇兵のうち、半分弱がサウディ人だった（『ロスアンジェルス・タイムズ』二〇〇七年七月）。

湾岸戦争以降の「反米」は、政権レベルでは減った。だが、政権が対米依存を強めれば強めるほど、国民の間では、意に沿わないことでもアメリカに追従せざるをえない自国の政権と、無理難題を強要するアメリカに対する反発が高まる。「反米」を掲げる国の指導者は少なくなっても、社会レベルでは、逆に庶民的支持を集める。湾岸戦争時、米軍に「堂々と」向き合ったサッダーム・フセインの人気が高まり、エジプトではサッダームという名前を子供につける親が増えた。ゾグビー社の調査を指導したアメリカの政治学者、シブリ・テルハミは、二〇一一年に実施した調査で、サウディ人に「自国の指導者以外で誰を崇拝するか」との質問をしたところ、最も多い回答は「サッダーム・フセイン」だったという（Shibley Telhami, *The World through Arab Eyes*, 2013）。

そのような過程を経て、二〇一一年末に、米軍はイラクから撤退した。湾岸戦争以降駐留していたサウディアラビアの米軍も、イラク戦争の最中に撤退した。反米派がアメリカに求めていた要求の一つは、とりあえず実現したのだ。その結果だろうか、ここ数年、二〇〇一年の9・11同時多発テロ事件で世界を震撼させたような大規模な反米テロは、発生していない。イラク戦争後、イラク国内で荒れ狂っていた反米抵抗運動も、二〇一一年以降、ほとんどない。イラクで、あるいはサウディアラビアで闊歩していた米軍兵士がいなくなったからだ。

だとすると、親米諸国の国民感情を揺さぶってきた「反米」は、これから消え失せていくのか。再びゾグビー社に戻って、その二〇一四年の最新の世論調査（"Five Years after the Cairo Speech"）を見てみよう。前記六カ国の対米感情は、反米が六割強に減り、対米好意派が四分の一と、二〇一〇年段階より増えている。特に対米好意派の伸びは、アラブ首長国連邦やエジプト、モロッコで大きい（三割から四割強）。

しかし、ここで気になるのが、反米派を増やしている国である。それは、サウディアラビア、ヨルダン、レバノンである。その理由は、はっきりしている。アメリカのシリアをめぐる政策に対する不信だ。アメリカが「いること」、介入に反感を抱くのではなく、アメリカが「いないこと」、不関与と無視に、不信と懐疑を抱いている。

二〇一三年八月、アメリカのオバマ大統領は、シリア国軍が自軍の反体制派に対して化学兵器を使用したとして、シリアのアサド政権に対する軍事攻撃も辞さず、という姿勢を取った。「アラブの春」の流れでシリアで反政府暴動が発生したのが、二〇一一年三月。当初市民による抗議運動として始まった暴動は、海外に拠点を置く亡命反政府組織やイラン、イラク、サウディアラビア、カタールなど、周辺国がさまざまな思惑で介入し、落としどころのない内戦へと変質していった。国際社会は事態の悪化に対してこれを阻止するのにさして重要な役割を果たせず、国連特使などが繰り返し派遣されるも、解決策がまったく見えないまま、犠牲者ばかりが増えていく。十数万に上る死者、人口の四割を超える国内、国外への難民の発生、内戦に乗じて世界中から「ジハード」に憧れる若者が、ひっきりなしにシリアを訪れる。

オバマの対シリア介入の発言は、何もできずに手をこまねいていた国際社会がようやく動いたかに見えた。とはいえ、介入して事態が改善される目処はまったくつかない。ましてやアメリカは、アフガニスタンやイラクで六八〇〇人に上る米兵の死を経験したばかりだ。中東のどこかで紛争が深刻化したからといって、自国兵の犠牲覚悟で米軍を派遣するのは割に合わない。アフガニスタンやイラクでは、感謝されるどころか、駐留すればするほど反米テロの対象にされるではないか——。そうしたアメリカの国民感情は、最近の世論調査の結果によく現れている。こちらもアメリカの世論調査会社のピュー・リサーチ・センターは、二〇一三年末の調査で「アメリカは自国のことだけ考えていればよく、外国はそれぞれ自分たち自身で物事を解決すべきだ」との質問に、「イエス」と回答した者が半数を超えた、と発表した（Pew Research Center, "Public Sees U. S. Power Declining as Support for

Global Engagement Slips", 2013. 12)。この数字は調査を開始した一九六四年以来最高の値で、過去最高だった一九七六年、つまりベトナム戦争終戦の翌年の四三%という数値を大きく上回っている。

拳を振り上げたものの、どうにも下ろしきれないオバマに対して、助け舟を出したのはロシアだった。シリアの化学兵器の調査と廃棄を、国連を主体として行うことを提案したのである。シリア政府もそれに合意し、オバマは安堵に胸をなで下ろしたものの、外交的駆け引きの稚拙さを露呈する形となった。その後ウクライナ情勢でのロシアの攻勢に、有効な手だてを打てないオバマ政権の対応を見れば、この時点でロシアはそれを見透かしていたに違いない。

米政権の方針撤回、その優柔不断さに一番腹立たしさを隠さなかったのが、サウディアラビアだった。サウディアラビアは、シリアでは徹底して反アサド政策を取り、反政府勢力にてこ入れしてきた。中東で最も歴史の古い親米国であるサウディアラビアとしては、是が非でも欧米諸国にシリアへと介入してもらい、サウディアラビアに望ましい域内秩序を作り上げたいところであった。

それが、手のひらを返されたのである。バンダル元駐米大使をはじめとして、政府関係者の多くが激しい対米批判を口にするようになった。あげくは、同年十一月、予定されていた国連安保理非常任理事国入りを拒否するまでに、不快感を示した。

サウディアラビアがオバマ政権に不快感を示したのは、シリアをめぐる問題だけではない。おりしも二〇一三年十一月末、核開発問題をめぐり対立が続いていたイランと欧米六カ国の間で、初めて合意が成立した。イランの核開発問題は、二〇一〇年には国連安保理で対イラン追加制裁が決議され、それでも開発を止めようとしないイランに対して、米軍あるいはイスラエル軍が空爆を強行するのではないか、と危惧されるほどに、軍事的な緊張が高まっていた。

それが急遽、協議の下での合意に落ち着いたのは、二〇一三年六月に対外融和派のロウハーニがイラン大統領に選出されたからである。九月にはロウハーニ大統領が国連総会出席のために訪米し、対欧米接近の意志を積極的にアピールしていた。こうした展開を受けてアメリカ人の対イラン感情も軟化し、ギャラップ社の世論調査（Gallup, "Iran: Gallup Historical Trends"）によれば、「イランはアメリカの最大の敵だ」と回答したアメリカ人は、二〇一二年の三二%から、二〇一四年には半分の十六%に減っている。

これが、サウディアラビアの神経をさらに逆撫でした。もともとサウディアラビアなどペルシア湾西岸のアラブ民族の国々と、対岸のペルシア民族中心のイランとの間には、歴史的に領土問題が存在する。加えてイラン革命後は、親米王政を倒して反米化した共和制のシーア派イスラーム政権のイランに、親米で王政、二大聖地を護るイスラームの盟主を標榜するサウディアラビアと、両国はあらゆる面で相容れない性格となった。イラン革命以降米・イラン関係が断絶し、国際社会のなかでイランが孤立し封じ込められてきたことは、サウディアラビアにとっては実に都合のよい状況だったのだ。

そして八〇年代には、イラクがサウディの意を汲んで、イランと代理戦争を戦ってくれた。

だが、イラク戦争でイラクにシーア派中心の政権が成立して、イランの縮小コピーのようになると、サウディアラビアの危機感はいやが上にも高まる。人口、兵力で見れば圧倒的にイランに分があるため、サウディアラビアは常に「イランの脅威」に過剰に反応する。二〇一一年、バハレーンで起きた「アラブの春」に対して、早々にサウディがGCC（湾岸協力会議）合同軍として自軍の派兵を決めたのは、その過剰反応であるところが大きい。バハレーンは人口の七割をシーア派が占め、イランと直接のつながりがあるわけではないものの、かつてイランが領有権を主張していたこともあって、スンナ派アラブの湾岸諸国はこれを常に、「イランの脅威」のリトマス試験紙と見なしているのだ。

そのイランとアメリカが関係改善することは、アメリカに安全保障を全面的に依存してきたサウディアラビアとしては、大打撃である。アメリカがイランと手打ちをしたとしても、サウディとイランの間にある対立要因は、解消されない。

サウディアラビアが最も危惧するのは、もしイランとの間に衝突が起きたとして、アメリカが本当にサウディアラビア、より正確に言えばサウディの王制を守ってくれるか、ということだ。シリアに関するオバマ発言は、アメリカに対する信頼に大きな疑念を投げかけた。さらには、二〇一一年二月、長らく米政権の盟友であったはずのムバーラク・エジプト大統領が「アラブの春」で引きずり下ろされたが、その際アメリカはムバーラクの延命になんら手を貸そうとしなかった。それどころか、アラブの独裁体制が民主化することは望ましいと、民主化支援を表明した。バハレーンの「アラブの春」にサウディ軍が介入した際、当時のクリントン国務長官は、慎重な言い回しながら派兵に苦言を呈している。

サウディアラビアが、同盟相手のアメリカとここまで関係が悪くなったことは、かつてない。9・11事件で、世界貿易センタービルや国防総省に突っ込んだテロ実行犯の大半がサウディアラビア人だったり、その首謀者と目されたビン・ラーディンがサウディ出身だったり、サウディアラビアからイスラーム過激派に民間ベースで資金が大量に流れていたりで、9・11以来、アメリカ国内でサウディアラビアに対する不信感が高まったことは、ある。サウディアラビアが女性の社会的権利を認めず、憲法も選挙も立法権のある議会もない「非民主的」な国だということで、そんな国と民主主義の騎手たるアメリカが、石油のためとはいえ同盟関係を維持していていいのか、という声も、アメリカ国内でしばしば聞かれる。だからといって、ここまで米政権の姿勢にサウディアラビアが不安と不信を抱いたことは、ない。

いや、むしろアメリカには、意図的に中東情勢で腰を引いているつもりはほとんどないに違いない。ましてや、中東の同盟国を裏切ったり見捨てたりする意図など、まったくない。負担の大きいイラクとアフガニスタンからは手を引き、ネオコンのように過度に介入しないようにするだけのことだ。なのになぜ、中東の同盟国はカリカリしているのか。そのことを、アメリカはあまりわかっていない。

そのわからない部分が、「尊厳」なのだ。これまでアメリカに同盟国として協力し、汚れ役も引き受け、アメリカの意向に従ってきた。なのに、ある日突然アメリカは、同盟国の意図にそぐわない行動を取る。ひいては、同盟国の政権の基盤を揺るがすほどのことを、いとも簡単に行う。

イランで革命が起きるまで、イランのシャー（皇帝）王政は、アメリカの忠実な「憲兵」だった。勝手に石油国有化を宣言した首相が、アメリカのＣＩＡの手によって引きずり下ろされるほど、アメリカが国内政治を左右する国だった。にもかかわらず、革命が起きると、アメリカはろくにシャー体制を支えもせずに、最初のうちはイスラーム革命政権に期待する素振りすら見せた。そもそもシャーの独裁体制に対するイラン国民の不満が爆発したのは、当時のカーター米大統領が「人権外交」と称して、シャー体制の非人道性を批判したことがきっかけだ。

アメリカは同盟国を平気で裏切る――。イランのシャーの例、イラクのサッダーム・フセインの例、エジプトのムバーラクの例だけではない。サウディは、ビン・ラーディンに代表される「アラブ・アフガン」の顚末をつぶさに見ている。アフガニスタンに侵攻したソ連と戦わせるために、サウディが世界中からかき集めて「戦士」に仕立て上げたイスラーム教徒たちは、ソ連が撤退して用なしになると見捨てられ、その後は「テロリスト」と見なされて、殲滅の対象となった。

アラブは、ただアメリカに使い捨てられるだけの存在なのか？　親米国の対米不信の核には、アメリカにいくら協力しても尊敬されない、尊厳を傷つけられたアラブの鬱屈がある。ましてやサウディアラビアの王家は、中東で唯一、自力でどこの外国の手も借りずに領地を平定し、何もないところから国を築き上げた王家である。建国直後からアメリカの石油産業との蜜月を生きてきたとはいえ、その誇りは、アメリカの身勝手で傷つけられるべきものではない、と自負してやまない。

第二次世界大戦が終わった一九四五年、米政府とサウディ王家のタッグが最初に組まれたのは、スエズ運河に停泊した米艦船上でのことだった。ヤルタ会談に出席した帰り、ルーズベルト米大統領が、アブドゥルアジーズ・初代サウディ国王と会見する様子が、写真に残されている。身長二メートルを超す偉丈夫で、わずか四半世紀のうちにアラビア半島内陸部のほとんどを平定して王国を作り上げるだけの胆力と腕力を持っていた国王は、このとき齢六十五歳にもならんとしていたが、それでも着座姿は威風堂々としていた。アラブ風の黒いローブを左肩にかけて、国王と談笑するルーズベルトと米軍将校たちの姿は、老王の前で、かしずく僕《しもべ》のようにも見える。

その四年後にはアメリカ大使館が開設されたのだが、そのとき国王に謁見した駐在代表以下三人のアメリカ人外交官が、国王から賜ったアラブ風民族衣装の長い裾を踏みつけ、将棋倒しになるという醜態をさらしたと、『王様と大統領』（毎日新聞社、二〇〇七年）の著者レイチェル・ブロンソンは記述している。

だがそれは、今のサウディ王家にとって、アメリカを前にして尊厳を保つことができた、懐かしむべき過去の姿なのかもしれない。

13　人々の度し難い怒りと、理想の国を作るということ

「イスラーム国」の登場（2014.9）

人が、何か御し難い激しい感情に取り付かれたらどうなるのか。それを考える時に、いつも頭に浮かぶイメージが、二つある。

一つは、萩尾望都の『残酷な神が支配する』で、主人公の義兄が父を殺され、その犯人が主人公だと疑って怒りに震えて、握った拳の震えが止まらなくなるシーン。もう一つは、杉浦日向子の『百日紅』で、北斎の娘お栄の描いた地獄絵があまりに真に迫っているものだから、それを自宅に置いた者の家人が次々に精神と体調を崩していくという話。

受け入れ難い悲惨な事実を目の当たりにして、人は筋肉をこわばらせて怒りのはけ口を探し求めるか、地獄絵を見ることに耐えられなくなって思考回路を閉ざしてしまう。

今中東で起きている、度し難い暴力の蔓延を見て、拳の震えが止まらなくなったり、地獄絵に取り付かれる人々は、世界中で増えているに違いない。イラクに侵攻した「イラクと大シリア（シャーム）のイスラーム国（略称ＩＳＩＳ）」の残忍さ。世界一の人口密集地帯であるガザの難民キャンプという

「天井のない牢獄」に連日砲火を浴びせる、イスラエル軍の傍若無人さ。ナイジェリアでは女子学生数百人が誘拐され、リビアでは手のつけられない内戦状態が繰り広げられる。どれだけの数の命が奪われたら、この殺し合いは終わりになるのか。人の命は、どこまで軽くなるのか。ストップできるレフェリーもいなければ、どうすれば助かるというルールも、ない。

これまでも中東では戦争や内戦など、暴力が行きかうことは多かった。だが、今起きている出来事は、これまで見てきた暴力と質が違う、どうも度を越している、と感じている人たちが多い。その暴力を目の当たりにした者は、怒りや何もできない無力さなど、どうしようもない感情に身も心も囚われて、居ても立ってもいられなくなる。

だが、その感情をどこに向ければいいのか？　我々はどこまで残酷な世界に沈み込んでいくのか？　その先の見えなさが、中東全体を覆っているように見える。この「いやな感じ」は何なのだろう？

二〇一四年六月初め、それまで内戦中のシリアを活動拠点としていたＩＳＩＳは、突然イラク北部に武装集団を進軍させ、ほんの数日でイラク第三の都市モースルを陥落させた。北部有数の油田都市キルクークを射程に入れつつ、首都バグダードに続く幹線道路を一挙に南下した彼らは、フセイン元大統領の生地、ティクリートまで兵を進めて、首都を脅かす。すでに今年初めからイラク国軍と激しい戦闘状態にあった西部のアンバール県でも、勢力を盛り返してファッルージャなどの主要都市を制圧した。六月末には「イスラーム・カリフ国」と名を改め、その活動範囲がイラクと大シリアにとどまらないことを示唆した。

「イスラーム国」（以降、ＩＳＩＳおよび改名後の「イスラーム・カリフ国」をこう呼ぶ）と名乗る集団であれ、それが系譜とするアルカーイダであれ、武装したイスラーム主義勢力がイラク国内で幅を利かせるのは、今に始まったことではない。二〇〇六―〇七年、「宗派対立」と言われた国内を二分するイラクの内戦状態は、今のように大きくなる前の「イスラーム国」が中心となり、イラク国内の反米、反政府勢力の不満を吸収して武装抵抗運動を繰り広げた結果、生まれたものだ。地元のイラク人ではなく、サウディアラビアやシリアなど外国の反米戦士が、イラクに駐留する米軍に戦いを挑んでイラクの土地を荒しまわることは、イラク戦争以来日常茶飯事となった。

だが、今回の「イスラーム国」の進攻には、それとは異なる不気味さがまとわりついている。何よりも衝撃的なのが、「イスラーム国」の徹底した不寛容だ。モースル陥落直後から、降伏させたイラク治安部隊兵士を殺害し、あるいは集団処刑して道ばたに埋めるという、無慈悲な映像が世界を駆け回った。殺害したイラク国軍兵の生首を誇らしげにぶら下げる、そんな映像がユーチューブで流れた。国軍であれ治安部隊であれ、今のイラク政府の下で、将兵の中心はシーア派である。イラク戦争後、再建された国防・治安機関の多くがシーア派に牛耳られてきたことは、スンナ派の野党勢力が繰り返し批判してきた問題だ。そもそもイスラーム法の厳格な適用を主張する「イスラーム国」にとっては、シーア派はイスラーム教徒とは認められない、異端者である。

続いて攻撃の対象となったのが、キリスト教徒だった。イラク北部に住むキリスト教徒に対して、

「イスラーム国」は改宗か人頭税の支払いかを強要した。彼らが住む家の塀や壁には、「キリスト教徒」を意味するNのマークが赤字でくっきり刻印されている。人頭税を払ったところで、彼らのキリスト教への信仰は大きく制約を受けるため、多くのキリスト教徒は故郷を捨てて難民化するしかない。クルディスタン自治区にあるUNHCRの難民キャンプには、七月半ばまでに三十万人のイラク人が新たに流入したという。

偶像崇拝を禁じる「イスラーム国」は、教会はむろんのこと、イスラームの聖者信仰廟も破壊の対象とした。なかでも旧約聖書に登場するヨナを祭った廟が破壊されたことは、世界に衝撃を与えた。神の言いつけを守らなかったヨナが海に放り出され、大魚に呑まれたあげく吐き出された、というエピソードは、ユダヤ教徒やキリスト教徒だけでなく、イスラーム教徒にもなじみ深い逸話で、イスラーム教ではヨナは預言者とされる。そのヨナの聖墓とされるモスクとキリスト教会が隣接しているのがモースルにあるのだが、七月二十四日にそれが爆破されたときには、爆破後の残骸からバラバラになったクルアーン（コーラン）を大事そうに拾い上げる住民の様子が報じられた。そう、「イスラーム国」の破壊行動は、シーア派やキリスト教徒にとって不寛容なだけでなく、彼らと共存してきたスンナ派の住民に対しても、不寛容で無慈悲なものである。

この「イスラーム国」の不寛容さは、どこから来るのか。

「イスラーム国」が掲げる理念は、「カリフ国の再建」である。第一次世界大戦後、オスマン帝国の解体とともに、それが国家の軸としてきたスルタン・カリフ制が廃止された。そのことで、預言者ムハンマド以降の正統な後継者（ハリーファ）を長に戴くという、スンナ派のイスラーム国家が礎としてきたカリフ（ハリーファ）制は終焉を迎える。以後、西欧列強によって分断され独立を果たした中東の諸国家は、サウディアラビアなどを除いて多くは西欧式近代国家を目指して再出発し、カリフ制は歴史の遺物として葬り去られるかと思われた。だが、イスラーム主義を掲げる思想家のなかに、カリフ制の再興を主張する人々は後を絶たない。オスマン帝国が倒れたのは西欧列強の軍事力という「暴力」に屈したからで、理念としてのカリフ制自体が問題だったわけではないし、もしオスマン帝国の衰退がイスラーム国家としての問題に原因があったのだとしたら、それはむしろその問題を改善し、よりよいカリフ制の構築を目指すべきなのではないか——。そのような考えは、イスラーム主義の穏健派から急進派まで、幅広く存在する。だから、「イスラーム国」が掲げるカリフ制という理念そのものが、不寛容を意味しているわけではない。

確かに、現実世界で最後のカリフ制を掲げたスンナ派のオスマン帝国は、シーア派を認めなかった。キリスト教徒にはミッレトと呼ばれる自治を与えて一定の共存体制を取っていながら、シーア派社会はその自治の対象とはならなかった。それでも、十九世紀半ばまで、イラクでのオスマン帝国の支配はきわめて緩やかな統治だったと言われる。シーア派の聖地たるナジャフやカルバラーを中心としたイラク南部のシーア派社会は、オスマン帝国内にあっても、実質的に自立的な立場を享受していた。一七四三年には、イラクを前線として抗争を繰り返していたオスマン帝国とアフシャール朝ペルシア間の和解会議がナジャフで行われ、ペルシアのナーディル・シャーがシーア派をイスラームの五番目の宗派とする、と主張した。

十九世紀半ばになって、西欧列強の進出に危機感を感じたオスマン帝国が領域内の中央集権化を強化すると、オスマン政府はシーア派式の礼拝やシーア派に基づく法定を禁止し、帝国の国教たるスンナ派のハナフィー学派を徹底させる。だが、歴史史料を紐解くと、政府公認のスンナ派の説教師がシーア派のモスクで説教をしても、一時間ぐらいで終えてしまい、その後シーア派の説教師が出てきて住民のために礼拝をする、といったことが行われていたという。シーア派を異教徒として抑圧したり土地接収を無理強いすると、彼らは領域外に逃げてしまう。そうなると逆に税収が減って困るというので、シーア派を過度に追い詰められなかった、という記録もある。

つまり、スンナ派とシーア派がともに存在する社会では、カリフ制の下であっても、実際には共存という選択肢しかなかったのだ。むしろシーア派の聖廟を直接攻撃の対象にしたのは、一八〇二年のこと、現在のサウディの原型である第一次ワッハーブ国家である。そう、「イスラーム国」の思想は、アルカーイダ同様、サウディアラビアのワッハーブ派や、初期イスラームを範とする一種のピューリタニズムであるサラフィー主義に近い。それでも、ワッハーブ派やサラフィー主義者すべてが、「イスラーム国」のような暴力を伴う不寛容を実践しているわけではない。だとすれば、この殺戮はどこから来るのか。

「イスラーム国」に限らず、厳格なイスラーム主義を掲げる勢力の「暴力」を説明するのによく使われる議論は、それがイスラーム勢力を弾圧してきた体制側や欧米諸国の理不尽な「暴力」に反発して、対抗するために武装活動を行っているのだ、というロジックだ。

そもそも「イスラーム国」が生まれたのは二〇〇六年、地元住民が激しい反米抵抗運動を繰り広げていたイラク西部のアンバール県においてである。この地域では、二〇〇四年頃から、アブー・ムスアブ・ザルカーウィというヨルダン出身の稀代のテロリストが、「アルカーイダのメソポタミア支部」を名乗って、イラク駐留の外国軍やイラク政府要人、あるいはそれらを支持する者たちを攻撃していた。二〇〇四年十月に、日本人の旅行者、香田証生さんがバグダードで誘拐され、斬首されて殺された事件は、こうした勢力によるものだと言われている。香田さんだけではなく、この時期誘拐された外国人は二〇〇人以上、うち殺害された者は八十名以上に上る。「イスラーム国」の原型となるイラク・イスラーム国は、このザルカーウィのグループが離合集散を繰り返した結果、二〇〇六年十月に結成されたもので、同じ年の六月に米軍によってザルカーウィが殺された、その跡を継ぐ存在となった。

イラク人ではなくヨルダン人、つまり外国人であるザルカーウィとそのグループが、なぜイラク西部で地歩を築いたかといえば、アンバール県がイラク戦争後の米軍のイラク統治の、最も矛盾した部分を背負わされてきたからである。そもそも、イラクのスンナ派が最初から反米的だったわけではない。ましてや、すべてのスンナ派住民が旧体制のフセイン政権を支持していたわけではない。アンバール県の出身者は、スンナ派のなかでも旧体制の政治の主流からは排除されてきた。サッダーム・フセインが重用したのは、スンナ派全体というよりは、自身の親族やティクリートという出身地の同郷出身者だったからだ。

にもかかわらず、アンバール県が反米の拠点と化したのには、米軍によるスンナ派＝旧体制支持者、という思い込みがある。その思い込みの下に、ぴりぴりとした緊張感のなかでファッルージャに駐屯していた米軍が、ある不幸なきっかけで同市の住民十七名を殺害した。ブッシュ米大統領が戦争終結を宣言するわずか三日前、二〇〇三年四月二一八日のことで、米軍が基地として接収していた学校から退去するよう、ファッルージャ住民が米軍に要望したのである。それが、反米行動と誤解された。

さらには、ＣＰＡ（連合国暫定当局）の指示で旧体制の軍、警察が解散させられた。兵士は給与も未払いのまま、職を追われて路頭に迷った。旧体制下での軍は、一〇〇万人もの兵士を抱えていたと言われている。必ずしもフセイン支持者ばかりだったわけではない。だが、フセインと一蓮托生とばかりにすべての生活の糧を奪われたら、新政府とそれを支える米軍に不満を嵩じさせないはずはない。

こうして、無理解のなかで不当に戦後体制から外されたアンバール県の住民は、一挙に反米、反政府姿勢に傾斜していく。その不満と鬱屈を吸収して、ザルカーウィのグループはこの地に勢力を広げた。不満を抱えていても戦う術を持たない住民に対して、海外から百戦錬磨のジハード（聖戦）の戦士たちが入り込んで戦いを指導し、住民を訓練する。アメリカの研究機関ランド・コーポレーションの報告書によれば、二〇〇五年の段階でバグダード近郊にあるアブ・グライブ刑務所に収監された者のうち、四分の一が外国人戦士だったという。その外国人戦士のうち、二〇〇七年の段階では四割がサウディアラビア人、二割弱がリビア人だった。

地元住民のしごくまっとうな自国政権への不満が「暴力」の起点の一つであることは、イラクでのイラク・イスラーム国の活動が二〇〇八年以降停滞したことからも、わかる。二〇〇六―〇七年と荒れ狂ったイラクでの内戦に対処しようと、米軍は地元住民と外国人戦士を切り分ける手法を取った。アンバール県の地元部族を中心に、「覚醒評議会」という組織を作らせ、米軍に協力してアルカーイダ系の反米勢力と戦わせるようにしたのだ。アンバール県の住民が米軍、ひいては新政府の統治に満足するようになれば、彼らの暴力は収まる。地元住民の心と気持ち（heart and mind）をつかむために、カネと権限をバラまいた。それはそれなりに効果的だったわけで、激しい掃討作戦と並行して、二〇〇八年の後半にはアンバール県の騒擾は落ち着いていった。

だが、ジハード戦士たちが糧とする住民の不満と鬱屈は、イラク国内に見つからなくとも世界中を見渡せば、いくらでも存在する。イスラエル占領下のパレスチナしかり、ロシアから独立を求めるチェチェンしかりだ。家族すべてを惨殺されて一人血の海のなかで生き残った子供、当たり前のように存在していた日常が暴力的に奪われること、理不尽で度を超した被害を繰り返し受けているのに、誰もそれを解消しようとしてくれないこと。そしてテレビやインターネットで日々そうした光景を見続けているのに、自分がそれらを助けるために何もできないこと――。そうしたことすべてが、拳を握りしめて「仇を討つ」こと以外考えられなくなる人々を、生み出す。

そして、イラクでの活動拠点を失ったイラク・イスラーム国は、ＩＳＩＳとして息を吹き返した。二〇一一年三月に内戦が始まった、シリアにおいてである。スンナ派反政府活動に容赦ない鎮圧行動を繰り広げるアサド政権に憤ったスンナ派のジハード戦士志願者が、世界各国からシリアに駆け付けた。自国でも戦いが続くチェチェン人やパキスタン人、リビア人などの他、イギリスやフランスなど、ヨーロッパから身を投ずる若者も少なくない。六月末の時点では、その数は二〇〇〇人にも上ると報じられた。

欧米諸国の出身者がイスラーム主義武装勢力に参加する傾向は、これまでにもなかったわけではない。そもそも9・11事件の実行犯には、ドイツに留学していた高学歴のエジプト人がいた。二〇〇三年にスペインのマドリードで列車爆破事件を起こした犯人の一人は、モロッコ出身のスペイン人だった。欧米で生まれ育ったイスラーム教徒には、移民の二世、三世として西欧社会の上層に上がっていけない、いわゆる「ガラスの天井」が設けられていることへの反発がある。アイデンティティーとしてのイスラーム教を否定し、移民の「スカーフを被る自由」を侵害する、西欧の徹底した世俗主義へのいら立ちがある。

だが、不満と鬱屈を抱えるのは、もともとイスラーム教徒である移民出身者だけではない。二〇一三年九月にケニアでショッピングモール占拠事件を起こしたとされる容疑者の一人は、イギリス人の白人女性だった。デスメタル・バンドをやっていたアメリカ人の青年がイスラームに改宗し、アルカーイダの戦闘員としてアフガニスタン、パキスタンで米軍との戦闘に従事していた例もある。世界中のそれぞれが、それぞれの不満と鬱屈を抱えながら、自由に武器を取れる無法の地に集まるのだ。

おそらく世界中のイスラーム教徒（だけではなく、おそらく宗教にかかわらず誰も）が最も理不尽と思い、無力感と喪失感を感じているのが、イスラエルがパレスチナに対して取り続けている仕打ちだろう。一九九三年、オスロ合意で将来のイスラエル、パレスチナ二国家建設のロードマップに合意しながら、その後の展開はイスラエルの一方的な力での押さえつけが進んでいる。ブッシュ米政権の「テロに対する戦い」を模して、パレスチナ自治政府を「テロリストを匿うもの」と軍事力で圧し、それでも抵抗する南部レバノンのヒズブッラーやガザのハマースには、徹底的な殲滅作戦を仕掛ける。

イスラエルの作戦で明らかなことは、イスラエル人一人の命に対するパレスチナ人、あるいはアラブ人一般の命の軽さだ。二〇〇八―〇九年にイスラエル軍がガザを攻撃した、いわゆるガザ戦争では、イスラエル人死者十三人に対してパレスチナ人の死者は一四一七人だった。この一〇〇倍以上の命の非対称は、捕虜交換によく表れている。二〇一一年、パレスチナのハマースに捕れたイスラエル軍砲兵一人を取り戻すために、イスラエル政府は一〇二七人のパレスチナ人政治犯を釈放した。現在進行中のガザ攻撃では、イスラエル人死者六十四人に対してパレスチナ側死者が一八八〇人だ（八月五日時点）。

二〇一四年六月末に始まったガザ住民に対するイスラエルの攻撃は、とりわけ国際的な批判を浴びている。七月末にロンドンで行われたイスラエルを非難するデモには四万人が参加し、アムステルダムやウィーンなど、他のヨーロッパ主要都市でも数万人規模のデモが繰り広げられた。八月初めにはイギリスで初めてのイスラーム教徒の大臣となったサイエダ・ワルスィ女史が、イスラエルの攻撃に打つ手を持たないイギリスの対外政策を批判して、国務大臣の職を辞任した。常に親イスラエル政策を取り続ける米政府が初めて、治安上の理由としながらも、米航空機のイスラエル発着を禁ずる措置を取ったのは、わずか二日間だけとはいえ、異例のことだ。

なぜイスラエルのガザ攻撃が、世界中の人々の拳を震えさせ、それを見る者に地獄絵図を想起させるのか。そこにどうにも「理」が見えないからである。

そもそも攻撃の発端となったのには、六月にイスラエル人少年三人が西岸で誘拐され、同月末に遺体で発見されたという事件がある。この事件に対して、イスラエル政府は当初、ハマースが犯人だと名指しした。そこから、イスラエル世論の間に激しい反パレスチナ感情が燃え上がった。ハマースとは何の関係もないパレスチナ人少年がイスラエル人に拉致され、ガソリンを飲まされて生きながら焼き殺された。少年の葬儀ではパレスチナ人のイスラエルに対する抗議が叫ばれ、二つの社会の間で緊張が高まるなか、イスラエル軍がガザへの本格的な空爆を開始したのである。だが、空爆の過程で、イスラエル人少年三人を誘拐・殺害した犯人はガザのハマース本体と関係がなかったことが発表された。だが、攻撃は止まなかった。

攻撃の発端も理不尽だが、何よりもまず、イスラエルの圧倒的な破壊力が、国際社会の人道上の意識を逆なでする。イスラエルの行動が、檻のなかのようなガザで、逃げ場のないパレスチナ人の生活と命をただひたすら奪うばかりだからだ。

確かにイスラエルは、ガザに拠点を置くハマースがイスラエル国内の安全を脅かしている、と言う。ハマースが違法にガザからトンネルを掘って、武器や弾薬を密輸していると言い、さらにはハマースがイスラエル本土内に続くトンネルで直接本土を攻撃しようとしていた、と言う。

だが、その状況を理解するには、ガザの人々がなぜ違法トンネルを掘らなければならないかを知らなければならない。二〇〇五年、イスラエルは一九六七年以来占領していたガザ地域から、軍を撤退させた。だが、撤退後もイスラエル軍はガザの制空権を維持し続け、二〇〇六年にハマースがパレスチナ自治評議会選挙で圧勝し与党となると、ガザへの封鎖を強化した。ガザとの間の検問所はイスラエル軍が厳しく管理し、境界には高い壁が設置された。同じパレスチナ自治区である西岸地区に移動しようとしても、検問所を通らなければ移動できない。そして移動許可を出すのはイスラエルだ。何日かかっても許可が下りないことは日常茶飯だし、許可が出ても何時間も検問所で並んで待たなければならない。

イスラエル国籍を持つパレスチナ人のラップ・グループ、「DAM」を描いたドキュメンタリー映画に、『自由と壁とヒップホップ』(二〇〇八年、原題 *Slingshot Hip Hop*) がある。そこに、DAMが西岸で企画したパレスチナ人のコンサートに、ガザ在住のラップ・グループを招いたところ、検問に引っかかって参加できなかった、というシーンがある。検問所で「音信不通」になった彼らを、西岸のコンサート会場から観客が大合唱で呼び続けるエンディングは、圧巻だ。

人の移動もそうだが、物資の搬入も、ひとつひとつイスラエル政府の許可を得なければ実施できない。イスラエル軍がガザを攻撃するたび、家屋や職場を壊された住民が続出するが、壊れた建物を再建しようとしても、ガザの地区外から建築資材を持ち込むこと自体ほとんどできない。

だから、地下から検問を掻い潜るトンネルは、ガザ住民にはライフラインなのだ。イスラエルによる封鎖をそのまま受け入れて生活必需品を断たれて生ける屍になるのか、それともトンネルを掘り続けてイスラエルの空爆で命を落とすか。そんな究極の選択に十年近く苦しめられているガザの状況に、イスラーム教徒ならずも、握った拳が震える。

イラクとシリアで猛威を振るう「イスラーム国」に集う人々は、こうしたイスラエルの傍若無人に、握り拳を震わせているのだろうか。「イスラーム国」の行動に不気味なものを感じるのは、それが度を超した不寛容で、いとも簡単に暴力に依拠しているからだけではない。これまで多くのアラブ世界、イスラーム世界の人々が最も心を痛めてきたパレスチナでの殺戮や、アメリカによる戦争に、あまり関心を示していないところだ。

ビン・ラーディンがアルカーイダを率いて反米活動を展開していたとき、イスラエルに対して直接行動は起こさなかったものの、彼の行動原理のなかにパレスチナ問題は重要な要素として位置づけられていた。9・11事件の後、米英がアフガニスタン戦争を開始した直後に、ビン・ラーディンはこう述べている。

アメリカが今、味わっているのはわれわれが何十年にもわたって味わってきたものと比べれば取るに足らないものだ。……最近ではイスラエルの戦車がパレスチナのジェニーン、ラーマッラーなどイスラームの地を蹂躙している。にもかかわらず、誰も声をあげたり、行動に出たりするものはいない。

（二〇〇一年十月七日、ジャジーラ放送。保坂修司『オサマ・ビンラディンの生涯と聖戦』朝日新聞出版）

突然アメリカ本土を攻撃するというアルカーイダの手法は、唐突な感はあったものの、口実とはいえイスラエルのパレスチナ占領を引き合いに出した。そしてアメリカをイスラエルの最大の擁護者と見なすことで、自らの暴力を正当化する論理を積み上げていた。

そして、この論理は過去アラブのほとんどの政権が、自らの暴力の正当化に使用してきた論理である。二〇一一年まで、エジプトの軍事政権がイスラーム主義勢力など野党勢力を弾圧して、権力にしがみついてきた理由。シリアでアサド親子が長期独裁政権を続けている理由。イラクのサッダーム・フセインが湾岸戦争と経済制裁を受けながらもアラブ諸国で人気を博してきた理由。それらはすべて、「イスラエルという大敵を前にして、あらゆるものを後回しにする」という姿勢を貫いてきたからだ。残虐なイスラエルのパレスチナ政策を喧伝して、その非情さに拳を震わす人々の怒りをイスラエルとアメリカに向ける。自らの専横や自国民への人権無視や腐敗や不正や、そうしたものをすべて、帳消しにするために。

そのイスラエルとアメリカへの剝き出しの「敵意」が、「イスラーム国」には見えない。今見えないだけで、その後前面に押し出されるのかもしれない。もともと掲げていた名前の「大シリア（シャーム）」というのは、歴史的には今のヨルダンやイスラエルを含む地理的名称である。だが、現時点で「イスラーム国」が敵視するのは、イラクやシリアの現政権であり、シーア派という宗派だ。この「敵」意識の変化は、なぜなのか。

イスラエルやアメリカという遠い仮想敵を相手に自らの暴力を正当化することの問題は、明らかだ。アメリカ相手に空中戦を戦ったビン・ラーディンらと決別して、二〇一一年に「アラブの春」がもたらしたものは、目の前の問題に向き合う、という人々の意識改革だった。エジプト人たちは、ムバーラク政権の独裁と腐敗に直接向き合い、これを打倒した。チュニジアでも同じだ。イスラエルとアメリカを口実に自己正当化する政権に、逃げ道を与えなかった。

その意味では、シーア派イスラーム主義政党が与党を担うイラクの政権の、長期独裁化や権力者の横暴や腐敗や能力のなさが、「イスラーム国」の攻撃の対象になったことは、不思議ではないのかもしれない。イスラーム国がモースルを制圧したとき、イラク国軍兵士は軍服を脱ぎ捨て、ほうほうの体で逃げ出した。

シーア派政権に重用されて配備されたシーア派兵士にしてみれば、あたかも異国の地に駐屯しているような思いだったのかもしれない。モースルの住民にとっては、イラク国軍は、自分たちを守る軍というよりも占領軍のように見えたのかもしれない。そして「イスラーム国」が首都に迫ろうとなると、イラク政府は国家としての一体性をかなぐり捨てて、シーア派民兵を動員し、露骨にスンナ派住民に対する警戒心をむき出しにした。「イスラーム国」の武装勢力の進撃に、刑務所のスンナ派の受刑者たちが合流したら困る、と考えて、さっさと殺害する。「イスラーム国」が制圧した地域に激しく空爆を行うが、被害に遭った者の多くはスンナ派の地元住民だった。「イスラーム国」の進撃以来、イラク人民間人の死者は六月で二〇〇〇人から三〇〇〇人弱、七月には二〇〇〇人前後となっているが、イラク国軍の空爆で死亡した民間人は六月に一七〇人、七月に三四〇人と、決して少ない数ではない。そんな政府の対応に、こんな政府ならいらない、とスンナ派の地元住民は考えたかもしれないし、「イスラーム国」に付き従うスンナ派など救う価値もない、とシーア派民兵は考えたかもしれない。

「イスラーム国」の伸長に「いやな感じ」を感じる理由は、その主張が実際のところ、説得力があるからかもしれない。遠い仮想敵に蟷螂《とうろう》の斧を振り回すのではなく、眼前の不正にまみれた権力を敵にする。拳を振り上げたくても行動できない世界中の不満と鬱屈を抱えた人々に、戦う場所を与える。その集団と領域は彼らが考える「理想の国」の建設に費やされ、九十年前、あるいは何世紀も前に失われたイスラーム国家の再興を目指す。制圧地域にある石油関連施設をも接収し、近代国家と肩を並べて経済パートナーとなる意欲もある。何よりも、第一次世界大戦後に西欧列強が勝手に引いた国境線の理不尽を否定して、かつてイスラーム教徒が自由に行き来していた境界のないイスラーム国家を夢見ている。

だが、そこに欠けているのは、土地に根付いて住む人々の存在だ。さまざまな宗派、民族が、長年共存してきた猥雑だが豊かな文化と記憶を持つ地元社会を否定して、更地にした上に彼らの無菌の「理想」を具現化しようとする。まるで3Dコピーのように。そしてそこには、彼らの理想を共有できる人だけが住む。それは一見、メイフラワー号に乗って新天地を求めた、理想に燃えたピルグリム・ファーザーズのようにも見える。

そう、「イスラーム国」に感じる「いやな感じ」は、理想を追うことを理由に地元住民に対して無邪気なまでに残酷となりうる、その怖さなのだ。インディアンの征伐を自由と民主主義の下に行ったアメリカがそうであり、ユダヤ人のための理想郷を目指してパレスチナ人への徹底した殲滅を是としたイスラエルが、かつてそうであった。

かけがえのない理念に基づいて国を築くという、ある人たちにとっては限りなく美しい話が、その国造りの下敷きになる人たちにとっては至極残酷なものでしかない——。そのグロテスクなアイロニーが、「イスラーム国」を見る者に恐れを抱かせるのかもしれない。

14　私の「正義」とあなたの「正義」を入れ替える

プロパガンダの死角（2014.12）

人はそれぞれ「正義」があって
争い合うのは仕方ないのかもしれない
だけど僕の嫌いな「彼」も、彼なりの理由があると思うんだ

(Sekai no owari, *Dragon Night*)

友人が、そのまた友人の話だとして話してくれたことだ。アジアのどこかに観光旅行に行ったときに買った人形が、古びてしまって捨てようと思ったという。しかし、知り合いで現地情勢に詳しい人に、それは現地で祭祀に使うものなので勝手に捨ててはいけない、ちゃんとお祓いしなきゃならない、と言われた。どう思う、というのが、友人が尋ねられた問いだったらしい。

友人は、学生時代に民俗学などをかじっていたので、そういうことはあるわよねえ、と答えたと言

った。それに、筆者は釈然としない思いをした。それはただの迷信だろう、そんな迷信に惑わされて大枚はたいて再び現地に行かなきゃならない道理なんて、ないんじゃないの？　そう思いながらも、でもその迷信の世界に浸かることを楽しんでいる友人たちに水を差してもなあ、と思って、口には出さなかった。

その感覚を思い出したのは、エジプトでイスラームの聖者の生誕祭を見に行ったときのことだ。二十年近く前、カイロから北に九十キロほど行ったタンタという街で行われた、聖者アフマド・バダウィの生誕祭を訪れた。いかにも庶民の祭りらしい祭りで、搾りたてジュースや果物を売る屋台が並び、子供用に移動遊園地は出るわ、聖者の教えを大音量で謡う歌手の舞台は出るわ、街中が連日大賑わいとなる。こうした聖者をめぐるお祭りは、イスラームの行事には違いないのだが、日常生活に根差した、猥雑なくらいに人間性に溢れたものが多い。祭りが若い男女の逢瀬の場になりがちなのは古今東西、どこも同じで、熱狂した男たちの集まりに、娘たちが憧れの眼差しを向ける。名産品のサトウキビを男も女も歯で皮をかじり取り、路上で甘い汁をしたたらせながらチュウチュウしゃぶりつくす様子は、なかなかエロティックにも見える。

その祭りの様子を、白いターバンを巻いたウラマー（イスラーム法学者）が眺めていた。心なしか冷ややかな視線である。曰く、「これはイスラームではない。民は迷妄に振り回されている」。そして、言う。「この迷妄から、民を救わねば」。

イスラーム教におけるスーフィー（神秘主義）信仰は、民衆の生活に密接に浸透している。さまざまな伝承を残したイスラームの偉人、聖人を讃えて、その生誕を祝ったり、聖人にちなんだモスクを建てる。だが、「真のイスラーム」を追求すべしと主張するイスラーム主義者たちの多くは、さまざまなスーフィーの儀礼や慣習を、イスラームの名を借りつつも世俗にまみれた悪習として、否定的に見る。イスラームの根幹は偶像崇拝を禁止するものであり、神と向き合うのに音楽や踊りなどの快楽はいらない、と考える。

これは、一種のピューリタニズムだ。ヨーロッパ社会で、教会という建物や十字架という物体や、聖職者が授ける秘跡などを信仰の中心に置いてきたカトリックを「改革」して、聖書のみを通じて神に向かい合うべきとしたのは、プロテスタントである。クルアーン（コーラン）に示された神の教えから遠く離れて、聖者の遺物や遺跡、姿を描いた絵や人間が尾ひれをつけた物語をありがたく祭ったり、神に近づくためと称して踊り狂ったり火の上を歩いたり、はては剣を飲み込んでも死なない、などとする神秘主義教団を見て、イスラームの本質を忘れている、と考える改革者がイスラームにいても、おかしくない。

ムスリム同胞団などの中道派のイスラーム主義者にしても、初期イスラーム世界を理想と考えるサラフィー主義にしても、近代に生まれたイスラーム主義が改革を必要と考えた分野は、二つある。一つは、世俗化してイスラームを忘れた社会。もう一つが、イスラームと言いながら「真の」イスラームからかけ離れて人々の慣習や伝統に埋没している、神秘主義のような民衆のイスラームである。

「イスラーム国」やターリバーンなどの厳格なイスラーム主義勢力が「偶像崇拝」として遺跡を破壊するたびに、なんという文化的狭量さか、と国際社会はあきれる。ターリバーンがバーミヤンの大仏遺跡を破壊したときにも、なんと野蛮なことと、眉を顰めた。だが、この偶像崇拝否定を、当人たちは人々を迷妄から救う道と考えている。神秘主義が本来のイスラームから見たら邪道であるように、モノやカタチばかりを信仰する偶像崇拝は、邪道だろう。わたしたちから見れば、貴重な文化遺産の破壊と見えても、「真のイスラーム」を追求する者から見れば、それは迷妄に見える。それは、魂が宿っているかもしれないから現地の慣習にのっとって人形を「お祓い」しなければならない、と考えることが、「ただの迷信じゃないか」と思った筆者と、同じだ。

「正しくないもの」に惑わされている人たちに対して、それは彼らにとっては「正しい」ことなのだから放っておけばいいではないか、と言うことは簡単だ。だが、それはその社会を自分から切り離したところで生まれる感覚である。自分は「正しい」世界を知っていて眉を顰めるが、彼らは彼らの世界に生きているのだから、「正しく」なくても放っておけばよい――。それはある意味で、「彼らの」世界を一歩「遅れた」ものと見放すことでもある。

だが、憂国の志士であればあるほど、「彼ら」も自分も同じ世界に生きているのだから、一緒に改革しなければならない、と考える。自分たちこそが「我々」の世界の前衛だと自負して、人々を迷妄から救わなければならない、と考える。そう考えれば、幕末の志士も欧米で数々の革命を率いてきた知識人たちも、偶像を破壊するターリバーンも「イスラーム国」も、ただ自分たちの生きる世界を改革する前衛としての責務を背負っている点で、同じなのかもしれない。人々を迷妄から救い啓蒙せねばならない、正しい「神の道」に導くことこそが自分たちのミッションだ、と考える宗教家は、イスラームじゃなくとも、プロテスタントでも仏教でも、どこにでもいる。

自分たちの世界と相手の世界をひっくり返してみることで、相手は自分たちとさほど違ったものではない、ということを理解することは、重要だ。だが、相手の世界があまりにも異質に見えると、実は自分たちの社会に似たようなものがあったとしても、全く異なった出来事のように思えてしまう。同じことでも、私に起きたことは酷いことだけど、あなたに起きたことは当たり前のように思える。

二〇〇一年九月十一日、アメリカで同時多発テロ事件が起きたとき、世界中が震撼した。中東の、反アメリカのイランやアラブ諸国や、パレスチナでもそうだった。そして彼らが思ったのは、「これでアメリカもアラブの苦しみがわかっただろう」ということだった。占領下にあって、毎日イスラエルの理不尽な攻撃に晒される、パレスチナ人の恐怖。アメリカやイスラエル憎しでテロリストが企てるテロに、巻き込まれるかもしれない中東諸国の人々の不安。そのテロリストや独裁者に先制攻撃を仕掛けようと、イラクで米軍が、アフガニスタンでソ連軍が、あるいは自国の治安部隊が取る軍事行動の「巻き添え被害」に遭う危険。そうした緊張感のある毎日を送っている辛さを、国際社会に知ってほしいと切に望みながら、中東の人々は黙殺されてきた。だから、アメリカで、自分たちが直面しているのと同じようなテロと深い悲しみが起きたときには、ああこれでアメリカの人々も同じ立場に立ってくれるに違いない、と考えた。同じ痛み、悲しみを共有してくれるに違いない――。

だが、実際の米政府の対応は、逆だった。「イスラーム教徒」、そして「アラブ人」を十把一絡げに犯人扱いし、「対テロ戦争」と称して「テロリスト」がいそうなところを攻撃してまわった。それによって、9・11で被害に遭った人たちと同じように、あるいはそれ以上に悲惨な目に、無関係な民間人が遭ったとしても、怒りに目のくらんだ米政府はそれら無辜な民間人に同情することはなかった。

アラブ人たちの、わかってくれるに違いないと期待を込める眼差しの先には、日本もある。広島と長崎への原爆攻撃で、沖縄の悲惨な戦場で、無辜の人々が殺される痛みを最も感じてきたのは、日本に他ならない。だとしたら、中東の、アラブの悲惨な戦争に心を寄せて同情してくれるのは、日本をおいてないに違いない――。

しかし、その期待もまた、応えられたとは言えない。日本がイラク戦争後にイラクに自衛隊を派遣したとき、アラブの人々はなぜ日本が、イラクに砲弾を降り注ぐアメリカと一緒になって軍隊を派遣するのか、と失望感をあらわにした。日本だって、アメリカにさんざんな目に遭わされてきたはずなのに、と。

なぜ、自分たちが受けた被害は同情に値して、他者が受けた被害は無視できるのか。

それは、私が説く「正しい道」は正しいが、あなたが説く「正しい道」はただの暴虐にすぎない、ということを、最初から前提にしているからだ。私の悲劇は正しい悲劇だが、あなたの悲劇はただの自業自得だ。私の国の殺された民は被害者だが、あなたの国の殺された民はテロリストの仲間だ。私の国が破壊したものは文明化、啓蒙へとつながる第一歩のための破壊だが、あなたの国が破壊したものは文明そのもの、進歩そのものだ。「イスラーム国」が聖ヨナの遺跡を破壊したのは、わたしたちにとっては大いなる文化の喪失だが、パキスタンでわたしたちが破壊し続けているパキスタン人の民家は、テロリストの悪の巣窟だ。

二〇一四年七月、イラク北部のモースルに進撃した後「イスラーム国」は、近郊の非イスラーム教徒の居住地区へもその触手を伸ばした。キリスト教徒は逃げ出し、難民化し、続いて攻撃の矢面に立ったのが、ヤズィード教徒だった。ヤズィード教はゾロアスター教の系譜を持つとも言われ、イラク北部の山岳地域に居住する、主としてクルド民族の一部で信仰されている少数宗教だ。イスラーム教では悪魔崇拝、邪教などと見なされがちである。

そのヤズィード教徒が、「イスラーム国」勢力に包囲され、多くが殺害されたり、難民化した。婦女子は拉致され、強姦され、性奴隷として売り払われた、との報道が、世界中を駆け巡った。少数宗派絶滅の危機に、米政府も動かざるをえない。イラクで政権が交替し、ようやくアバーディ新政権成立の目途がついた八月七日、米軍はイラクの「イスラーム国」を空爆した。二〇一一年末に八年半の駐留を終えて撤退して以来、初めてのイラクでの米軍の直接行動である。理由は、ヤズィード教徒を「イスラーム国」の脅威から救うという人道的理由だった。

その後、米軍は「イスラーム国」空爆の範囲を次々に広げざるをえなくなっていく。北部を中心に、八月いっぱいはイラクで「イスラーム国」の拠点を空爆し、九月十日にはシリアでの空爆実施を宣言した。石油施設を奪取しようとする「イスラーム国」、それを阻止しようと空爆する米軍。攻防が続くなか、九月半ばには「イスラーム国」はトルコとシリアの国境にあるクルド少数民族の街、コバーニー（アラビア語ではアイン・アルアラブ）に矛先を向けた。「イスラーム国」に包囲されたコバーニーのクルド人住民たち十万人以上が、街を離れて逃げ惑うなか、シリアのクルド人からなる組織「クルド人民防衛隊」は、必死で戦う。隣国トルコからの救援もないまま、孤立無援で戦うクルド人に、アメリカは支援を強めた。クルド人は、イラク戦線でも積極的に「イスラーム国」と戦ってくれている。「イスラーム国の殲滅」を謳うオバマ政権にとって、シリア、イラク、トルコ、イランに分断されて居住するクルド人は、貴重な協力者である。

このあたりから、アメリカは誰を救いにきたのか、という声が聞こえるようになってくる。虐殺の危機に瀕したヤズィード教徒を守るために空爆を始めたんじゃないのか。ヤズィード教徒の話はどこかに行ってしまって、結局クルド人を救うことしか考えていないじゃないか——。クルド人への対応は、周辺国の、たとえばトルコなどは、アメリカのように無条件に協力的というわけにはいかない。自国の対クルド少数民族対策の微妙なさじ加減があるからだ。そこで、前述の、なぜアメリカはクルド人ばかり、とのつぶやきにつながる。

そういえば、四半世紀以上前からクルド人はアメリカのＣＩＡの協力を得ていたと、すぐに思い起こされることだろう。七〇年代、イラクで反政府活動、自治要求運動をしていたクルド人たちは、イラクに敵対していたシャー時代のイランから援助を得ていた。当時のイランは、アメリカの右腕とも言える同盟国である。対クルド支援の背景にはアメリカの国策があって、当時親ソ政策を取っていたイラク政府を後ろから攻撃するには、クルド人は利用価値があった。

一九七五年、当時イラクのナンバー・ツーだったサッダーム・フセインが、イランの皇帝シャーに大幅な領土上の譲歩をしたのに釣られて（もっとも五年後には、フセイン自らそれを破棄してイラン・イラク戦争になってしまうのだが）、結局シャーはクルド人を見捨てた。その裏にいたアメリカは、多少の恩義は感じたのだろう、命からがら亡命してきたクルド民族運動の雄、ムスタファ・バルザーニを死ぬまでアメリカの地で庇護した。

湾岸戦争でイラクとアメリカが正面衝突したときも、戦後の暴動に立ち上がったクルド人たちを真っ先に庇護したのは欧米諸国で、国連決議でイラク軍の飛行禁止空域を設け、クルド人居住地域を中央政府から守った。そんな歴史的経緯があるからこそ、「イスラーム国」との対峙に際して、結局のところアメリカは、昔ながらの自分の手先を守ることしか考えていないのだ、という冷ややかな視線が浴びせられる。

欧米諸国は、自分たちが気がつきたい不幸だけ気がついて、救いたい弱者だけを救っていい気になっているだけじゃないのか、という批判は、中東だけではない、ありとあらゆる非西欧地域で蔓延している。ボコ・ハラムに誘拐された女子を救うために、欧米社会では「わたしたちの少女たちを返せ」というキャンペーンが、瞬く間に広がった。だが、ナイジェリアの女の子たちは、アメリカやヨーロッパの「わたしたちの少女」ではない。ナイジェリアのボコ・ハラムは曲がりなりにも、同じ国だ。欧米の人道家たちは、「わたしたちの国の少女」を「わたしたちの少女」と勝手に呼んでいるが、それはただ、突然気がついただけのことではないのか。

ターリバーンに襲撃されたパキスタンのマララ・ユスフザイが、わずか十七歳でノーベル平和賞を受賞したことにも、同じ視線での批判が繰り広げられる。一年前、最初にマララの名が受賞候補として挙がったとき、パキスタンのウルドゥー語紙にウルヤー・マクブール・ジャンというジャーナリストがコメント記事を書いた。

二〇〇六年三月十二日、アビール・カーシム・ハムザという女の子は、マララが襲撃されたのと同じ年齢のとき、イラクのマフムーディーヤという村に住んでいた。……彼女が家から出るたびに、検問所に詰めていた（米軍の）兵士たちはいつも彼女のことを口汚くからかったものだったが、あるとき彼らは彼女の家に押し入り、……家族を別の部屋に押し込めて殺害し、十四歳のアビールを次々に強姦した。強姦した後、彼らは彼女の頭に銃弾を撃ち込み、彼女は死亡した。……

マララをノーベル賞に推薦した人々の手は、実のところ多くの無辜な少女の血で汚れているのであり、こうした人たちのせいで、彼女たちは家の外に出て口汚い言葉を投げかけられることを恐れて、学校に行けなくなったのだ。これらの無辜の少女たちは、歴史書からは忘れ去られる、ただの統計上の数字にすぎない。……アビールのように惨殺された子供たちの権利を支持し、彼女たちを忘れ去らないようにとノーベル賞を提案するような者はいない。誰も、戦車の下敷きになって死んだ者の側に立つ者はいない。

パキスタンの少女の一人が、祖国全体を凌辱するために西欧に搾取されようとしている。マララの平和賞受賞を支援した者たちは、彼らの手が何千ものアビールのような娘――西欧の占領軍に怯えて学校に行けなくなってしまった女の子たち――の血にまみれていることを知るべきだ。


ここで挙げられているアビールというイラク人の少女は、二〇〇六年、イラクで内戦とも言える熾烈な戦いが始まった頃に、マフムーディーヤに駐留していた米兵に強姦され、家族全員が惨殺され、焼き払われた事件の当事者である。ブライアン・デ・パルマ監督がこの事件をもとに制作した映画『リダクテッド』では、究極の戦場で精神が荒んでいく米兵たちの言動が、赤裸々に再現劇風に描かれている。

イラク駐留米兵のイラク人に対する虐待とも言える行動は、駐留から一年するかしないかの時期には、すでにネット上で暴露されていた。拘束したイラク人を裸にして犬をけしかける米兵。裸のイラク人たちを積み重ねて人間ピラミッドにした横で、笑って写真を撮る女性兵士。フードと布をかぶせて台の上に立たせ、電流を流して拷問する写真は、のちに雑誌『ニューヨーカー』に掲載され、アメリカの世論に衝撃を与えた。イラクを解放し、独裁に喘ぐ哀れなイラク人を救いに行ったはずの「わたしたちの兵隊」が、イラク国内でこんな非人道的なことを行っているなんて。しかも、こうした写真のほとんどが、駐留兵士同士の気晴らし、お遊びのために撮られ、自慢げにお互いに見せ合っていたものが流出したものだ。イラク人捕虜の首に犬紐をつけて虐待した女性兵士は、その後上官とともに軍法会議にかけられて三年の実刑を受けたが、虐待は軍中央から命令されたことだと反論している。米国民に衝撃を与えたこれらの「「アメリカ人」の残酷」は、全世界的にはもっと、衝撃と憤りをもって受け止められた。今でも、「イスラーム国のヤズィード教徒に対する仕打ちをどうこう言う前に、イラクでアメリカ人たちはいったい何をしていたのか」、といった声が上がってくるだろうことは、想像に難くない。だからこそ、一年前にパキスタン人ジャーナリストが書いた前掲のコラムは、その後も繰り返しネットで多くのユーザーに引用され、ブログやツイッターで世界中に出回った。マララの受賞が決定して以降は、さらに、だ。

ところで、マララのノーベル平和賞についてのこうした批判は、このコラムが出される前から、さまざまな形で出されている。そのなかでも特筆すべきなのが、ターリバーンの幹部がマララ宛に送った手紙だ。二〇一二年に彼女がターリバーンに銃撃されて、生死の境をさまようこととなった九カ月後、その回復を願う世界中からの励ましの手紙のなかに、ターリバーン幹部だったアドナン・ラシードの手紙があった。二〇一三年七月十七日、手紙を入手したイギリスの公共放送「チャンネル・フォー」が、その全文を放送した。

その手紙は、まずマララを気遣うところから始まり、このようなことは二度と起きてほしくない、と述べた上で、こう言う。「もっと早くに、ターリバーンに反対するような行動を自制するようにと、あなたに助言ができればよかったのに」。

その論理は、以下のようだ。長くなるが、興味深い内容なので、仮訳して引用する。

ターリバーンは、あなたが教育を求めているから攻撃したのではない。ターリバーンは男子であれ女子であれ、教育を否定しているのではない。あなたが意図的にターリバーンに反対することを書き、彼らがイスラーム的制度を確立しようとしているその努力を中傷し、組織ぐるみで貶めようとしたと、ターリバーンは考えているからだ。……

（あなたはターリバーンが学校を破壊していると言うが）なぜターリバーンが学校を破壊するのか？　学校を破壊しているのはターリバーンだけではない、パキスタンの軍や国境警察も同じくやっているのだ。学校はパキスタン軍であれターリバーンであれ、支配下に入れば隠れ家や移動用のキャンプになる。だから、どちら側からも破壊されるのだ。……パキスタン軍や警察に使われる学校や大学など、いくらでも見つかる。聖域でもこちらを破壊するものだとわかれば、それは殲滅する。それがターリバーンのやり方だ。

教育について。あなたや国際機関は、あなたが教育（を受けたいのに受けられないということで）撃たれたのだ、というふりをしているが、それは原因ではない。あなたがやっていること、そのプロパガンダが原因なのだ。……

インド亜大陸では、大英帝国が侵略するまでは高い教育水準を持ち、ほとんどの人々が読み書きができていた。……貧困もなく、文明や宗教間で危機も衝突もなかった。高貴な思想と高貴なカリキュラムに基づいて教育制度が確立されていたからだ。

（大英帝国のインド植民地経営に関わり、インドでの英語教育の普及に尽力し、後には陸軍相など閣僚も歴任した）イギリスの議員トーマス・マコーリーは、一八三五年、インド亜大陸にイスラームの教育制度に代えてどのような教育制度が必要なのか問われて、こう答えている。「今のところ力を尽くすべきは、わたしたちとわたしたちが統治する数百万の人々との間を通訳する階層を形成することです――つまり、血はインド人だけどイギリス人の嗜好と考え方と道徳と知性を持つ人々の階層、ということです」。

これこそが、あなたが命を懸けている、そして国際機関があなたを利用しようとしている、いわゆる教育制度というもののミッションなのだ。もっと多くのアジア人を、その血をアジア人のままにイギリス人の意見を持たせ、アフリカ人を、その肌の色はそのままにイギリス人の嗜好を持たせる目的のために。

……あなたは「一人の教師、一本のペン、一冊の本が世界を変えることができる」という。私もそう思う。だが、どんな教師、どんなペンで、どんな本なのだ？

……あなたは、正義と公正を言う。だがそれは、不正義の組織から語られている。そこでは、すべての国／民族は平等ではない。たった五つの邪悪な国だけが拒否権を持ち、他の国は無力な組織だ。

手紙の最後は、マララに対して、「祖国に戻っていらっしゃい。イスラームと（パキスタン、アフガニスタンの主要民族である）パシュトゥーンの文化を取り入れなさい。家の近くにある女性用のイスラームの学校に参加すればよい。そしてあなたのペンを、イスラームとイスラーム教徒の共同体のために用いなさい。そしてエリートの陰謀を暴きなさい」、と助言して終わっている。そこには、「彼らの」正義の強要がある。

しかし、驚愕すべきは、欧米と国際機関の「正義」をひっくり返してみせるために、欧米の数々の非人道性を糾弾するという、しごく真っ当な論理展開をターリバーンが挙げていることだ。イスラエルのパレスナチ占領地の破壊に抗議して、イスラエル軍戦車の前に立ちふさがって轢き殺されたアメリカ人女性、レイチェル・コリー。本人は否定しているのにアルカーイダの協力者とみなされてアメリカで八六年の刑を言い渡された、アメリカの大学で博士号を取ったパキスタン人女性、アーフィア・スィッデーク。ラホールで米兵がパキスタン人二人を殺害し、パキスタン警察に逮捕されながら遺族にカネを積んで国外逃亡した事件など、数々の不正の事例が挙げられる。アメリカにとってはささいな間違いかもしれないが、不正義を押し付けられた国の住民にとっては、耐え難い侮辱で許し難い傲慢な行為の数々。こうした事例が、「反米」の大義名分として縷々羅列されている。

西欧列強のアジア・アフリカに対する植民地支配や、超大国の横暴は、すでに歴史の教科書では「間違いだった」とされているはずなのに、なぜ現在も続いているのか。不平等条約は明治の半ばに改正されたはずなのに、なぜ沖縄で少女に暴行、強姦した米兵は、日本政府に引き渡されないのか。教科書で学んだことと、現実が乖離すればするほど、アメリカよりターリバーンの、あるいは「イスラーム国」の言うことが正しく聞こえてくる。

このあたりから、どうも居心地が悪くなるのだ。彼らが、真っ当なことを言えばいうほど、そのステレオタイプ化も見えてくる。西欧社会の物差しで、私の正義は正しいがあなたの正義は正しくない、という論理で世界に応対することが、問題があることはよくわかっている。私の正義とあなたの正義を相対化するために、それを逆転させて考えてみることは、とても有効である。非人道的で理解不能と思っていたあなたの行動が、わたしたちがやってきたこととたいして差がなかったことがわかるし、私がやってきたことのほうがもっと非人道的で、あなたには理解不能だったのかもしれない。

だが、わたしたちの正義がステレオタイプ化された、コマーシャリズムに乗った正義である一方で、あなたたちの正義もまた、同じく消費されるための正義のひっくり返し方になっていないか。欧米社会が、あなたたちを「悪魔化」するために、広告代理店だのスピーチライターだのをつけて、あなたたちから欧米社会へと脱出する者たちを救い上げようとするのに並行して、あなたたちは欧米社会を「悪魔化」して、それに抵抗することすべてを「正義」と美化する。「イスラーム国」の発行する広報用ウェブ雑誌は、実にヒロイックで美しく、独裁政権や欧米諸国やもろもろの弾圧に苦しむ人々を救済しなければ、と決死の覚悟の若者たちを、ビジュアル的に惹きつける。

自分だけではなく相手には相手の正義がある、という論理を受け入れるときに、陥りがちな穴がある。私とあなたの二つの正義しか世界にはない、という陥穽だ。アメリカの正義もあればターリバーンの正義もある。どちらかの正義しか認めるべきではない、とするにせよ、どちらの正義も認めていくべきだ、とするにせよ、そこからは米軍にもターリバーンにも殺される人々の存在が、零《こぼ》れ落ちる。「イスラーム国」によって殲滅の危機に晒されたヤズィード教徒を見よ、という欧米の視線と、それに対してシリア軍の暴虐で殺害されるシリアのイスラーム教徒を見よ、という「イスラーム国」に同情的なイスラーム教徒たちの視線の間で、「イスラーム国」の支配に苦渋の思いで暮らしながら、米軍や政府軍の攻撃に巻き込まれることを恐れる人々がいる。彼らはアメリカのプロパガンダにも、「イスラーム国」のプロパガンダにも使えない人たちだ。なので、声は伝わらない。

どちらの正義が正しいか、ではない。だが、「正義」というプロパガンダの裏に隠れた、人々の声を聞くのは、とても難しい。

人はそれぞれ「正義」があって
争い合うのは仕方ないのかもしれない
だけど僕の「正義」がきっと「彼」を傷つけていたんだね

(Sekai no owari　同前)

Dragon Night words by Fukase; Music by Nick Rotteveel, Marcus van Wattum and Fukase

15　政府は「ベタおり」し続けなければならない

仏シャルリー・エブド襲撃事件（2015.3）

パリで『シャルリー・エブド』誌（以下、シャルリー誌）の本社が襲撃されて、十二名が殺された。このニュースが世界中で報じられたとき、中東のイスラーム諸国の政府がどのような反応をしたか。それは、一言で言えば、「ベタおり」だろう。

即座に、テロに反対する。断固としてテロ行為を認めない、と強い口調で糾弾する。そして犠牲者に深く哀悼の意を表する。犯人がムスリム系移民のフランス人だということで、出身地として取りざたされがちなアルジェリアなどの北アフリカ諸国は、大統領や国王が真っ先に弔意とテロ糾弾の声明を出した。ペルシア湾岸のアラブ諸国も、同様だった。ビン・ラーディン以来、過激イスラーム思想を生み出す根源では、と疑いを向けられがちなサウディアラビアや、近年まで公然とエジプトやシリアのイスラーム主義運動を支援してきたカタールなども、無条件のテロ批判を表明した。

国家レベルで見れば、この事件に対して非難声明を出さなかった中東の政府、首脳は皆無だったと言えよう。長年欧米諸国から「テロ組織」と見なされてきたレバノンのヒズブッラーや、パレスチナのハマースですら、テロ批判声明を出した。ヒズブッラーの指導者、ハサン・ナスラッラーは、「テロ行為は……預言者を侮辱した風刺画や映画にダメージを与える以上に、イスラームそのものに対するダメージである」と述べた。スンナ派のイスラーム主義組織ハマースもまた、襲撃事件を非難した。この事件に公的に快哉を叫び、支持を表明しているのは、「イスラーム国」やアルカーイダ系の支持者以外では、ナイジェリアのボコ・ハラムやソマリアのシャバーブなどしかない。

こうした中東諸国の「ベタおり」さをよく示しているのが、トルコ紙の次のような主張だろう。「イスラームの名の下で行われた殺人は、糾弾されるべきだ。「だけど」とか「もし」などと条件をつけずに」（一月八日付電子版 *Hurriyet* 紙）。

もちろん、シャルリー誌が襲撃されたことについて、多くの「だけど」と「もし」は存在する。テロ糾弾論陣を張る中東、アラブメディアの多くは、「『シャルリー・エブド』が描いてきたことには賛成しない」として、同誌の嫌イスラーム方針が襲撃の原因となったことを指摘する。同誌は二〇〇六年以来、執拗にイスラームを侮辱する風刺画を掲載してきたことで、これまでも抗議、批判の対象となってきた。

また、近年移民排斥を主張する極右勢力が、フランスに限らずヨーロッパ全体で台頭していることへの反発もある。さらに、フランスがマリなど、アフリカのイスラーム圏に軍事介入してきたことへの批判も少なくない。「イスラーム国」との関連で言えば、「イスラーム国」空爆にフランスが積極的に加わっていることに対する批判もある一方で、むしろ「イスラーム国」の肥大化にフランスが深く関わっている、という非難もなされる。フランスにも非がある、との理由は、いくつも挙げられる。

しかし、今回の事件に対する反応では、その「でも」を徹底的に自制してテロ糾弾に徹しようとする姿勢が、顕著だ。その原因は明らかである。9・11事件後に何が起こったか、イスラーム諸国は痛いほど知っているからである。アメリカを中心に国際社会でテロとイスラームが安易に結びつけられ、アフガニスタンとイラクで戦争が行われ、今も続く内戦と混乱、テロの増加を生んだ。世界中のテロ件数は、テロ多発国上位一〇〇カ国の合計だけでも、二〇〇一年以降の六年間にはそれ以前の三十二年間と比較して一・七倍に増加した（米国務省HPのPattern of Global Terrorismより）。そのうちの三分の一が、戦後のイラクで反米抵抗運動として生まれたものだ。

そう考えれば、アルカーイダ系組織の拡散と「イスラーム国」の出現は、元をただせばブッシュ政権の「テロに対する戦い」に起因する。今中東諸国が頭を悩ませている問題の大半が9・11事件後の展開のなかで生まれたものだ。中東諸国の指導者たちが、同じ展開を辿りたくない、と切に祈るのは、当然であろう。多くの論説が、シャルリー誌襲撃事件を「フランスにとっての9・11事件」と見なしている。

その切迫感が、過剰なまでにフランスへの同情を表明した「ベタおり」につながった。なかには、一世紀前にオーストリア皇太子の命を奪ったテロが第一次世界大戦を生んだように、今回の事件が第三次世界大戦へのプロローグとなるのでは、との声も聞かれる。

しかし、被害者を悼む連帯の可能性は、すぐに分断された。その契機は、二つあった。一つは、「私はシャルリー」とのハッシュタグ、スローガンが世界の世論を席巻してしまったこと、第二はシャルリー誌が新たな風刺画を掲載したことである。

テロへの反対、表現の自由の尊重という普遍的な価値観が、「私はシャルリー」という標語に集約されたことで、シャルリー誌が掲載し続けてきた、ほぼヘイト・スピーチとも言えるイスラーム侮辱風刺画をとても容認できない、と考える人々が、連帯の輪から零《こぼ》れ落ちた。彼らは「私はシャルリー」の標語に代えて、襲撃犯の凶弾に倒れたイスラーム教徒の警官の名前を使った「私はアフマド」という標語を用いたが、主流にはなれなかった。

十二日にパリで行われた三七〇万人以上もの行進には、真っ先に弔意を表明して「べタおり」した中東諸国の首脳のなかにも、「イスラームを侮辱する絵が掲げられた行進には加われない」と、参加しなかった者が、少なくない。それでも、トルコのダウトオール首相やエジプトのシュクリー外相は行進に参加したが、彼らはフランスのテレビ局「フランス24」で「報道の自由度の低い国々」として紹介された。その一方で、イスラエルのネタニヤフ首相がパレスチナ自治政府のアッバース大統領とともに行進に加わった映像は、イスラエルのパレスチナに対する「テロ」を棚に上げているとして、アラブ社会で批判を生んだ。行進への参加は、中東諸国政府の「べタおり」の卑屈感ばかりを増幅したとも言えよう。

そのようななかで、ヨーロッパ各地に嫌イスラームのハラスメントが広がる。フランスでは、モスクなどが襲撃されたり豚の頭を投げ入れられるなどの嫌がらせが発生した。

そして決定的だったのが、事件から一週間後の一月十四日、シャルリー誌が再度預言者ムハンマドの風刺画を掲載したことである。このことは、全世界のイスラーム教徒に、「預言者ムハンマドを戯画化してイスラーム全体を侮辱することを止める気はないフランス」というメッセージとして、伝わった。彼らにとってこの事件は、表現の自由という普遍的価値観の問題ではなく、フランス、さらには欧米の嫌イスラームを認めるか否かの問題へと、その意味が変わってしまったのだ。

その結果、襲撃事件直後には「イスラームは暴力に反対する」と襲撃を批判していた、エジプトのスンナ派宗教権威であるアズハル学院も、シャルリー誌の風刺画の再開に対しては、「病んだ想像力で憎悪に満ちた益のないもの」と非難、無視するようにとイスラーム教徒に諭した。ほとんどの中東、イスラーム諸国で同誌は発禁とされ、「ベタおり」の国々の政府は、国民に自制を呼びかけた。だが、ニジェールやモーリタニア、スーダン、アルジェリアなどのアフリカ諸国では同誌に反発するデモが頻発し、パキスタンではデモに加えて風刺画家の処刑を求めるスローガンが掲げられた。

こうして、襲撃事件直後に生まれかけた「暴力を行使する側と暴力の圧力に苦しんでいる人々」という対立項は、あっさりと「イスラーム＝表現の自由に反対する者と考える側」と、「欧米＝イスラームを侮蔑する者と考える側」の対立に転換されてしまった。ムスリム同胞団の創始者の孫でありヨーロッパとイスラームの共存を主張するイスラーム思想家、ターリク・ラマダーンは、襲撃事件直後、宗教戦争に陥ってしまったブッシュの「テロに対する戦い」の枠組みを超えて、「どこから来るにせよ暴力的急進派に対する戦い」に転換しなければならないと主張したが、事態はそのことと、完全に逆行したのである。

これは、9・11事件の直後に、中東、イスラーム社会がアメリカに期待して裏切られたことと酷似している。当時、テロの恐怖に晒されている中東の、特にイスラエルの軍事力の下で恐怖におびえている人々の苦悩に、9・11事件を経験したアメリカ国民は共感してくれるに違いない、と期待する風潮があった。だが、それは「テロに対する戦い」と称した中東、イスラーム圏での戦争という、反対方向に進んでいった。

だが、こうした発想を乗り越えられる機会は、これまでなかったのか。今回のシャルリー襲撃事件直後、アメリカでこんなツイートが出回った。「撃った人が黒人なら黒人という人種全体が有罪で、イスラーム教徒ならイスラームという宗教全体が有罪で、犯人が白人ならメンタルにおかしい一匹狼だとされる」(https://www.revealnews.org/article/islam-judged-more-harshly-than-other-religions-in-terrorist-attacks/)。9・11事件以来、イスラーム教徒はどんな事件でも、犯人がイスラーム教徒でなければいいが、と祈るような気持ちでいる。

欧米社会において「テロ」とされる出来事が、イスラーム教徒だろうと黒人だろうと、平等に個人の犯罪として扱われる契機はなかったのだろうか。そこで注目できるのが、二〇一二年のリビアでの米大使殺害事件だ。

シャルリー誌が、これまでも頻繁に預言者ムハンマドを侮蔑する戯画を掲載してきたことは、先にも述べた。二〇一一年には「アラブの春」特集として、「笑い死にしないと百叩きだぞ」との吹き出しを付けてムハンマドの絵を表紙に掲載したが、これに並行してシャルリー誌事務所には火炎瓶が投げ込まれた。フランス在住のムスリムの実質的代表団体であるイスラーム信仰フランス評議会が、同誌のイスラーム侮蔑表現に抗議を申し入れたが、同誌の描写はエスカレートし、二〇一二年にはムハンマドを裸体で描くに至った。

同じ時期、アメリカで反イスラーム的低予算映画『イスラーム教徒の無知』が制作され、その内容に怒った世界中のイスラーム教徒が各地で抗議デモを展開、一部暴徒化して五十人近くの死者を出した。特にエジプト、リビアでは米大使館が暴徒によって襲撃され、リビアではベンガジ駐在のスティーブンス米大使以下四人が死亡した。シャルリー誌の関連でフランスも抗議対象となり、フランスは中東の一部の国から大使館員を引き揚げさせるなど、危険を予知して対応した。

ここで注目すべきは、大使を殺害されながら米政府は、リビアや「怒れるイスラーム教徒」に対して集団懲罰的な対応を取らなかったことである。当時のスーザン・ライス国連大使は、事件直後の各種報道番組で、犯人は組織化された計画的なテロではなく、政権転覆後に一部が過激化、暴徒化した結果であるとして、「よくあること」と指摘した（二〇一二年十一月十六日付 *Wall Street Journal*）。

この視点は、重要である。前述のツイートに即して言い換えれば、二〇一二年のベンガジ事件でライス国連大使は、イスラーム全体を有罪視するのではなく、イスラーム社会にも「メンタルにおかしい個人の仕業」がありうるのだ、と認めたのである。

9・11事件直後、一斉に「イスラーム教徒の犯人＝イスラーム全体が有罪」に流れたアメリカが、二〇一二年になってその呪縛から脱しようとした理由が、「アラブの春」という民主化への希望を欧米社会に抱かせる事態が進行中だったからであることは、明らかだ。米大使殺害のきっかけとなったアメリカの反イスラーム映画に関して、オバマ大統領はこれをユーチューブ上から下ろすように要求した。フランスも同じだった。当時ファビウス仏外相は、シャルリー誌の戯画に対して「火に油を注ぐことだ」と警告していた。欧米側に、中東、イスラーム社会を突き放してはいけない、という自制が利いていたのである。

今回の事件で、アメリカのメディアなどが、意外にシャルリー誌の「表現の自由」という普遍的価値観の振りかざしにクールな対応を取っているのは、イスラームを総括りでテロ視してきたことへの、何らかの反省が反映されているのかもしれない。

イスラームへの侮辱を止めてほしい、とのイスラーム社会からの批判を、表現の自由に対する反対と位置付ける「私はシャルリー」の感性は、イスラーム社会内部に表現の自由を求める声がある、という事実に目を瞑る。タブーは、自分たちの社会のものについて挑戦することは勇気だが、他人のそれを笑うことは差別だ。

では、イスラーム社会内部で、偶像崇拝の禁止というタブーに挑戦したことはないのだろうか。その例が、二〇一二年にサウディ資本のレバノン衛星放送局MBCが制作した大河ドラマ、『ウマル』である。中東のイスラーム諸国では、年一回の断食月に超大型の連続テレビドラマを放映するのが慣例となっており、どの局も総力挙げて作成するのだが、この年に選ばれたテーマが、ムハンマドの死去後イスラーム共同体の指導者となった正統カリフ第二代目、ウマル・イブン・ハッターブの生涯であった。

二〇〇〇万ドルの制作費を費やし、全世界で六〇〇〇万人が視聴したと言われるこの大河ドラマは、しかし、大きな波紋を引き起こした。ウマルばかりでなく正統カリフの四人全員を映像に描き俳優が演ずるという、これまでのタブーを破ったからである。

かつてアメリカとアラブ諸国の合作で、一九七六年に公開された『ザ・メッセージ』（*The Message*）も、預言者ムハンマドも含めて初期イスラーム史をテーマにした大作だったが、ムハンマドとともに正統カリフたちも映像化されなかった。監督自身がスンナ派のイスラーム教徒で、アラブ、イスラーム社会の内部に向けて作られたドラマで正統カリフを映像化したものは、ドラマ『ウマル』が初めてのことである。

アズハル学院は『ウマル』を禁ずるファトワー（宗教令）を出したし、サウディアラビアの大ムフティーなど、イスラーム法学者の多くも同様に反対の見解を表明した。だが、アルジャズィーラ放送などへの出演で有名な、一般社会に影響力の強いイスラーム主義者のユースフ・カラダーウィがドラマの制作に加わっているように、こうした試みに積極的な知識人は、イスラーム主義者のなかにもいた。ここに、イスラーム中道派の試みがあった。エジプトのムスリム同胞団などの中道派のイスラーム主義者は、イスラームを近代的、普遍的価値観とすり合わせる余地はある、と考えるのだ。だからこそ、民主化が進んだ国こそ、次々にイスラーム主義政党が民意を得て与党となり、政権を担っていった。そのことについてのアラブ知識人の葛藤とジレンマについては、第9章で触れた通りだ。

シャルリー誌襲撃事件が浮き彫りにしたものは、暴力と暴力に反対する対立項が、表現の自由は宗教に対する侮辱を認めるかどうか、という議論にすり替わって、表現の自由を謳うことが嫌イスラームとして先鋭化しているという現象である。と同時に、近年深刻化している中東社会におけるリベラル派とイスラーム主義の二極分化の先鋭化をも反映している。

襲撃事件の犠牲者に対しては、中東の政府首脳のみならず、多くのジャーナリストも同業者として追悼と連帯を表明した。彼らがこの事件に深く共振するのは、彼ら自身がそのような暴力による脅迫に晒されているからである。

「アラブの春」は戯画革命でもあった。若者が街中の壁に政府批判の落書きを展開し、ムバーラク元大統領もムルスィー前大統領も、スィースィー現大統領も繰り返し、揶揄、批判の対象になる。官憲に消されても、そのたびにペンキを持って戯画を描くことに情熱を傾けた。そうして描かれた絵は、さまざまな写真集となり、「アラブの春」を象徴する本としてよく売れた。

そうした立場から、シャルリー誌に真摯な共感意識を示す者は少なくない。ヒズブッラー系の新聞、

『アフバール』の風刺画家もまた、犠牲となった風刺画家に連帯する風刺画を描いた。パリでの行進に、エジプトから六十人ものジャーナリストが参加したのも、そうした背景があってのことである。強圧的政権や占領の下で生きてきた風刺画家たちの、真剣な「表現への自由」への希求が素直に表されている。

だが、その希求は、容易に政治的立場で分断される。今回の襲撃事件にエジプトのジャーナリストたちが自らを重ねるのは、二〇一三年に当時のムスリム同胞団主導の政権を自分たちが転覆したことの正当化だ。エジプトの英字誌『アハラーム・ウィークリー』はその論説で、「パリでイスラーム武装勢力に対して人々が抱いた憤りと同じものを、自分たちはムスリム同胞団に対して抱いてきた」と言って、イスラーム主義への反感を共有する。「暴力を行使する側と、暴力の圧力に苦しんでいる人々」という構図は、イスラーム社会の内部でも、「普通のイスラーム教徒と、イスラームを政治に利用するイスラーム主義を分ける」という言説を以て、政治対立に矮小化されてしまうのだ。

政府はベタおりしている。リベラル派の知識人は、欧米型の表現の自由を追求する。さまざまな国のイスラーム教徒の人々は、自分たちのアイデンティティーが侮辱されたとして欧米に怒りをたぎらせる。武装勢力は、その怒りを利用して自らの殺人を正当化する。

そこで決定的に欠けているものは、二〇一二年に見られたようなイスラーム社会内部からの「表現の自由」への志向であり、欧米社会において、殺人をイスラームのテロではなく「個人の犯罪」と見なす視点だ。だが、短い期間ではあったとはいえ、それが目指されたときはあったのだ。そのことを人々が記憶していることに、希望を見出したい。

16　悲しいことたち

人質殺害事件に見る日本の病理（2015.4）

シリアでの日本人人質殺害事件は、いろんな意味で悲しい事件だった。後藤健二さん、湯川遥菜さんの命が奪われたことはもちろん悲しむべきことだったし、二人が人質になっていたことを知っていたのに、かの地を占拠する「イスラーム国」組織を挑発するかのごとき演説を安倍首相が行ったことも、悲しいことだった。人質事件発生を受けて安倍首相が最初に行った記者会見がイスラエルの国旗の脇だったという配慮のなさも、情けなくて悲しいことだったし、二人の安否をスクープするために現地の人々の感情無視でヨルダンやトルコに殺到したマスコミの狂騒も、見ていて悲しかった。犯人が「イスラーム国」と名乗っているからというだけで、メディアに事件の感想を尋ねられる国内外のイスラーム教徒の戸惑いも悲しかったし、われこそは人質事件解決の秘策を知っている、かのごとくメディアに自己宣伝する専門家たちの姿も、浅ましくて悲しかった。

そのなかで、密かに心が痛んだことは、第7章で触れた十一年前の人質事件のことを、誰も思い起こさなかったことである。二〇〇四年、イラクで最初の人質となった高遠菜穂子さんたち五人のことは、「自己責任」という名の保護責任放棄をめぐる議論として、しばしば引き合いに出された。だが、それ以外に、イラクで命を落とした人たちについては、ほとんど忘れ去られている。いったいこれまで、「なぜ彼らが命を失わなければならなかったのか、今後どうすれば命を失わないようにできるのか」の議論を尽くしてきたことがあるだろうか。

悲しいことは、二〇〇三年から〇五年にかけてイラクで六人の日本人が亡くなった事件を契機に、政府もメディアも、二度とあってはならないこと、と言いながら、今回再び繰り返されるまで何もしてこなかったことである。何もしてこなかったばかりか、まるで今回の事件が初めての災厄であるかのように、未曾有のことだと驚き、こんなことがあっただろうかと憤慨し、そしてまたもや「二度とあってはならない」と繰り返す。政府とメディアの物忘れのよさに、かつて命を失った人たちの遺族や親しかった人たちは、いったいどう感じたのだろうか。

報道のあり方も、二〇〇四年とずいぶん違っていた。イラクのファッルージャで拉致され、一週間後に解放されて助かった高遠さんたち最初の五人の事件のときには、ただひたすらバッシングが続いた。現地に行った本人たちが悪いのだから、命を失ったところで自業自得だというムードが広まっていた。自民党の柏村武昭議員は公然と、「反政府、反日的分子」と発言して物議を醸したが、似たような感覚を持っていたのは、政府自民党だけではなかった。

そのムードは、次に続いた事件にも反映された。最初の事件の一カ月半後に起きた橋田信介さん、小川功太郎さんの二人のジャーナリストがイラク南部で凶弾に倒れたとき、その報道は、高遠さんたちの事件のバッシングを引きずって、あまり同情を寄せたものにはならなかった。その半年後、十月末にイラクで拉致された香田証生さんの事件では、今回同様、武装した犯人に武器を突きつけられながらビデオメッセージを映され、本人の口から解放条件を日本政府に要求させられた。見た者は一様に衝撃を受けたが、そこには心からの同情、真摯な解放への望みは感じられなかった。

香田さんの事件に対するメディアの報道ぶりは、事件にショックを受けながらも、二〇一五年一月に起きた人質事件に比べて少なかった。今回の、湯川さんと後藤さんの事件では、発生から殺害までの十日間で約二〇〇件の報道があった。そしてその多くは、どうすれば解放につながるか、手がかりは、背景は、という内容だった。だが、二〇〇四年十月の香田さん殺害事件は、発覚から遺体帰国までの同じく十日間で報じられた記事は八十五件程度にすぎなかった。さらに二〇〇五年五月に銃撃によって亡くなった斉藤昭彦さんについては、記事件数はわずか五十件弱だった。

香田さん事件以降の記事の内容を見ると、不思議な傾向が見て取れる。人質となった者の安否もさることながら、事件を受けての自衛隊の動向か、自衛隊の撤退を要求する日本国内の市民の声が多く報じられた。サマーワに駐留する自衛隊の安否や、これから派遣される部隊の隊員が抱く不安に光を当てた取材が目立ったのだ。

そう、十一年前に起きた人質事件が二〇一五年一月と違ってメディアの関心を呼ばなかった理由は、それがイラクに駐留する自衛隊の安否を左右すると考えられたからである。高遠さんも香田さんも、人質になったときに要求された解放条件は自衛隊のイラクからの撤退だった。当時イラクでは、イラク戦争後にイラクに駐留する外国軍部隊を標的にして、激しい抵抗運動が展開されていた。高遠さんの事件のときには、まだ地元の素朴な、占領への反感が拉致の原因にあった。だが香田さんの事件の頃には、プロのテロリストが主導する、イラク国内外の反米武装勢力がイラクを拠点にして、外国人を拉致、誘拐して政治交渉に利用するようになっていた。

つまり、人質事件を報じることは、自衛隊の駐留を認めるか否かを問われることと同義となった。メディアは、それを避けたのだ。事件発生直後、サマーワに部隊を出していた自衛隊青森駐屯地に届いた連絡に、当時の『朝日新聞』がつけた見出しは、「隊員は無事」というものだった。香田さんは、自衛隊にとってただの坑道のカナリヤでしかないと、メディアは考えていたのだ。彼らの死は、自衛隊の安全な駐留を堅持するための、コラテラルな死でしかなかった。

今回の湯川さんと後藤さんの人質事件に際して、「自衛隊」を理由に命を見捨てた、あるいは諦めたという十一年前の苦渋の選択をしたという自覚が、政府とメディアに見られるかと思ったら、見られなかった。ただ素直に、人命尊重が叫ばれ、なんとか助けよと訴えられた。十一年前に亡くなった人たちのご遺族は、なぜ十一年前にそれを言ってくれなかったのか、と思わなかっただろうか。政府やメディアは、十一年前に自分がどう判断し、どういう覚悟をしたのか、覚えていないのだろうか。

覚えられていない日本人犠牲者も悲しいが、日本人を救うことばかり考えてメディアから見捨てられる現地の人々の犠牲者もまた、悲しい。

日本のメディアにもその視聴者、読者にも、なぜ伝わらないのかと悲しく思えたのが、「イスラーム国」の最大の被害者が外国人ではなく、「イスラーム国」に制圧されたイラクやシリアに住む人々だという事実である。二〇一四年六月、モースルをはじめとしてイラクの領土約三分の一ほどを「イスラーム国」が制圧した月、イラクの民間人の死者は二五〇〇人以上、多く見積もる推計では四〇〇〇人以上だった。シリアでは、内戦以降二〇一四年夏までに十九万人以上が死亡したと、国連は推定している。

ただの数字では、死のイメージがわかないかもしれない。イラクで命を落としたのは、まずモースルに駐在していたイラク治安部隊（その多くはクルド民族か、シーア派だった）であり、多くは制服を脱ぎ捨てて逃走したと言われたが、捕まった兵士たちは側溝に並べられ、集団銃殺された。モースル周辺に多く居住していたキリスト教徒たちは、改宗を迫られるか殺された。キリスト教徒の家には、追放予告とも殺害宣言とも読める、Ｎマーク（キリスト教徒を意味する）がドアにペンキで書かれた。北部のシンジャールに居住する少数宗派のヤズィード教徒もまた、「イスラーム国」の包囲に遭って、難民化、集団殲滅の危機に晒された。少女たちは人身売買の対象となった。臓器売買が行われているとも言われる。

シリアのキリスト教徒も、同様の運命に晒された。だが、キリスト教徒やシーア派ばかりではなく、「イスラーム国」と同じスンナ派の住民もまた、無事ではいられなかった。イラク政府が新たに対「イスラーム国」防衛で協力を確保したイラク西部地域のスンナ派部族のうち、三〇〇人以上が殺害され埋められていたことが発見された。「イスラーム国」と対峙して、最も果敢に戦ったクルド兵士たちは、スンナ派にもかかわらず激しく攻撃対象となった。シリアとトルコの境界にあるクルド民族の街、コバーニーでは、二〇一四年十月以降四カ月近く、クルド民族勢力と「イスラーム国」との決死の攻防が続いたが、かろうじて一月末にクルド側が奪還したときには、街はすっかり廃墟となっていた。コバーニーの闘いにも動員され、イラク北部でも、前線ではクルド兵士たちが中心となって戦ったが、その彼らのうち、二月半ばには「イスラーム国」の捕虜となった十七人が檻に入れられ市内を引き回され、焼殺刑が宣告された。

「イスラーム国」の犠牲となった人々は、シリアやイラクだけではない。周辺国は、それでも多少、他人事的に見ていた面があったかもしれない。だが、二月初め、「イスラーム国」の捕虜となったヨルダン軍のパイロット、ムアーズ・カッサーシバが生きたまま焼き殺されたことを契機として、ヨルダン国内にはっきりと、「イスラーム国」犠牲者としての自覚が生まれた。同様に、二月半ばにリビアの「イスラーム国」が、エジプト人コプト教徒二十一人を殺害し、激昂したエジプト政府はリビアに対して単独で空爆を行った。

これらの報道は、「イスラーム国」の残虐性を示すには十分だが、日本の読者が犠牲者に哀悼の意を抱くには不十分だ。後藤さんが「イスラーム国」に拉致されたときには、"I am Kenji" のハッシュタグをつけたツイッターが出回ったが、カッサーシバ中尉を対象とした "I am Kassasibeh" はなかった。コプト教徒が殺された事件には "Coptic Lives Matter"（「コプト教徒の命は重要だ」）というハッシュタグが出現したが、日本ではほとんど出回っていない。

ちなみにこの表現は、事件の少し前から出回っていた“Muslim Lives Matter”（「イスラーム教徒の命は重要だ」）というハッシュタグのもじりだ。それは二月初めにアメリカで、何の罪もないイスラーム教徒の兄弟が白人に殺害された事件を受けて、広がった。それは昨年ファーガソンで起きた、白人警官による黒人少年射殺事件のときに出回ったハッシュタグ、“Black Lives Matter”（「黒人の命は重要だ」）から始まっている。

ハッシュタグをつけて、私も私もと、自己主張するのが、エスニック的、宗教的な競争になっている。だが、競争の結果は最初からはっきりしている。フランスで預言者ムハンマドの戯画を掲載した『シャルリー・エブド』誌が襲撃されたとき、“Je suis Charlie”（「私はシャルリー」）というハッシュタグが世界中を席巻したが、並行して起きたユダヤ系スーパー襲撃事件で凶弾に倒れたフランス人警官の名前アフマドを冠したハッシュタグ“I am Ahmed”は、そこまで世界的な広がりを見せなかった。同じ時期にナイジェリアでボコ・ハラムが三〇〇人近い少年少女を拉致、誘拐したことに対して、なぜ世界はナイジェリアの子供たちをシャルリー・エブド事件並みに悼まないのか、との批判が、あちこちから挙げられた。このとき、“Bring Back Our Girls”（「私たちの少女たちを取り戻せ」）というハッシュタグがつけられ、世界的なキャンペーンが張られた。だがブームは一瞬で終わり、いっときのファッションで終わった。

なぜ、現地に暮らす人々そのものこそが犠牲者なのだと理解しないのだろう。犠牲者を日本人ばかりに限定して、日本人が犠牲者にならないようにするにはどうすればいいのか、という問いの立て方ばかりが、なぜ横行するのか。蜘蛛の糸に群がる他人を蹴落として自分一人が助かりたいともがく犍陀多の姿に、無意識のうちに日本社会全体が陥っているという、いたたまれない現実がつらい。

「現地の人々こそが犠牲者だ」と理解しないことの原因の一つに、「イスラーム国」とイスラーム教徒自体を同一視しているという問題があるかもしれない。イラクとシリアの領土の三分の一を制圧し、住民を恐怖で押さえつけるか殺害するかし、きわめて狭量なイスラーム理解を強要している「あの集団」は、かつては「イラクとシャーム（大シリア）のイスラーム国」と名乗り、二〇一四年六月末にはカリフ制を宣言して「イスラーム国」と名乗っているが、「イスラーム国」と名乗るからといって、イスラームを体現しているわけでも、イスラーム教徒全体に支持されているわけでもない。「国」を名乗るからといって、国家として国際社会に承認を求めているわけでも、主権や国民、国境についての概念を他国と共有するわけでもない。「イスラーム国」と名乗る団体が、シリアとイラクの統治不能な地域を占拠し、賛同者を国内外から呼び集めているだけの存在にすぎない。

なので、エジプトのアズハル学院などの既存の宗教者たちは、「イスラーム国」のカリフを名乗るバグダーディは僭称にすぎず、「イスラーム国」との名称自体認められない、と完全否定した。アラブの各メディアは、「イラクとシャームのイスラーム国」と名乗っていた時代のアラビア語略称を用いて「ダーイシュ」と呼び、さらに「イスラーム国と名乗る機構」という意味を込めて、「ダーイシユ機構」と呼んでいる。これはアルカーイダに対しても、同じだ。アルカーイダだけでは「基地」というアラビア語の普通名詞になってしまうので、区別するために「アルカーイダ機構」と呼んでいる。湯川さんと後藤さんの事件の後、「イスラーム国」の蛮行がイスラーム教徒一般と誤解されるからというので、日本でも在日イスラーム教徒が「イスラーム国」との呼称を使用しないでくれ、と求めている。確かに、殺人集団が自分たちの宗教の名を冠するのは、不快で迷惑なことだろう。「イスラーム国」が登場してからというもの、イスラーム教徒の間で"Not My Islam"(「それは私のイスラームではない」)というハッシュタグが使われるようになった。過激派は私のイスラームではない、テロリズムは私のイスラームではない、不寛容は私のイスラームではない、云々——。それはパリでの『シャルリー・エブド』誌襲撃事件でも多用された。

だが、四十年前に「日本赤軍」が世界を震撼させたときに、それは日本でも軍でもないから「日本」とか「軍」とか呼んでくれるな、と日本人は世界に訴えなければならなかっただろうか。戦前の日本で暗殺活動を繰り返した血盟団の指導者が日蓮宗の僧侶だからといって、日蓮宗全体がテロの宗教だと誤解されるのでは、と危惧するだろうか。

一般のイスラーム教徒が「イスラーム国」という名称を使ってくれるな、と望む背景にあるのは、単なる名前の問題ではない。イスラームと名がつけば自動的にイスラーム教徒を代表するものと見なしてしまう、その認識枠組みこそが問題なのだ。エドワード・サイードが『オリエンタリズム』で指摘したのは、まさにそのことである。日本赤軍と聞いてそれを日本社会そのものに起因する必然的な存在だとは思わないのに、イスラームに関する限り、そこから生まれる邪悪なものすべてがイスラームの本質であるかのように、見なされる。日本でイスラーム研究が始まって一世紀近くになるのに、その肝心な認識枠組みが変わっていない。それどころか、その上に知識と情報が積み重なって、ますます基底にあるものが変化しないまま、固定化されていく。

そのステレオタイプにしがみついた視点が、本当に起こっている危機を見落とさせることになる。何が敵で何が立場を同じくする犠牲者同士なのか、見えない。見えないところで「テロと戦う」と叫べば、仲間を敵視して後ろから鉄砲を撃つはめになる。本当に悲しいことは、仲間を撃っていることに日本社会が気づいていないことだ——人質解放交渉の過程で、ナイーブにも、ヨルダン人パイロットよりも日本人の命のほうが大事だ、とすら言いかねなかったほどに。

だが、イスラーム社会もまた、人々のアイデンティティーをめぐって深い混乱のなかにある。“Not My Islam”と否定して回らなければならないイスラーム教徒は、だったら何を自分たちのイスラームだ、と言うのだろうか。「〜ではない」のなら、自分はいったい誰なのか。

『シャルリー・エブド』誌襲撃事件では、フランスにおけるイスラーム系移民社会の被差別が浮き彫りになった。事件の一カ月前、英『インディペンデント』紙が行った調査によれば、イギリスでイスラーム教徒はキリスト教徒に比較して七六パーセントも就業率が低いことが判明している。イギリス人、フランス人として国籍が与えられているはずなのに、イスラーム教徒の移民二世、三世は十分な機会と活躍の場が与えられていない。イギリス人、フランス人としてのアイデンティティーを否定されるのならば、その代替としてイスラーム教徒としての自覚を強めるしか道は残されていないのではないのか。

アイデンティティーは、自己主張して獲得するよりも、否定されて初めて対極にあるものをつかみ取る。ヨーロッパの移民は「お前たちはイスラーム教徒だ」と名指されて、イスラーム教徒としての自覚を強めざるをえなかった。同じようにイスラーム社会内部でも、相手を自分と異なるものと敵視して、異なる宗派、異なる民族の名前を、相手に対する蔑称に使用する。イラクやシリアの「宗派対立」がそれだ。「宗派」は、それらの社会に最初から当たり前のように存在していたものでは、ない。

イラクでは、「スンナ派はフセイン政権時代に圧政に協力していた」と非難され、新政権下のイラクにはそぐわないとして排除された結果、だったら堂々と新政権批判をしようじゃないかと、抵抗運動に流れていった。シーア派は、「イラン人だ」とそのアラブ民族性に疑いをかけられ、だったら堂々とイランに依存しようじゃないか、と開き直った。「イスラーム国」がイラクに侵攻した際、スンナ派住民地域に支配の拠点を築いたが、スンナ派住民がこれに徹底的に抵抗しなかったからといって、スンナ派住民は「イスラーム国」を支持している、といった風評が出回った。一方で、シーア派聖地を「イスラーム国」に襲われることを最大の危惧とするシーア派宗教界は、シーア派の血気盛んな若者に呼びかけて、民兵集団に起用し、「イスラーム国」に対峙させている。そこでは「イラクを守れ」と言われるが、その実態は「シーア派社会をスンナ派過激派から守れ」になっている。

畢竟、シーア派民兵は、スンナ派と見たら「イスラーム国」の手先、とばかりに疑心暗鬼にかられてこれを攻撃対象とする。「イスラーム国」に制圧された地域を解放すると称して、その実多くのスンナ派住民がシーア派民兵に虐待された、といった話が、まことしやかに出回る。ツイッターのハッシュタグには、"Shia Militias Did It"(「シーア派の民兵がヤッた」)というのが登場した。無辜の住民をなぶり殺しにしているところ、シーア派ばかりを優先させている姿、そんな差別的行動が映像で流される。一方で、"Iraqi Sunni Claim"(「スンナ派はこう主張する」)というのも出現した。スンナ派はこう言ってるけど、でも本当は、という反論だ。

イラクでは過去に繰り返し、国内の宗派、民族、部族対立が頻繁に起きてきた。だがそれは決して国を二分する暴力的なものではなく、ポストをめぐるいさかいだったり、コネの強弱だったり、出身地域の貧しさを小馬鹿にするといった、封建性に起因するようなものだった。何よりもイラク人自身が、イラクは宗派では割れない、と確信してきた。

それが、「イスラーム国」の登場で真っ二つに分かれている。スンナ派もシーア派も、お互いにお互いを脅威と感じ、二度ともとには戻れないと確信している。

悲しいのは、双方ともに、自分たちが「イラク」というこれまで共存してきた国家を捨てたわけではない、と信じていることだ。逆に、自分たちこそが(彼らではなく)「イラク」を体現しているのだ、と主張する。スンナ派は、誇り高いアラブ民族のスンナ派である自分たちこそが真っ当な「イラク人」であって、イランと宗教儀礼や生活慣習を共有するシーア派はイラク人じゃない、と言う。シーア派は、そもそもイラクという国はメソポタミアと呼ばれた南部地域を指していたのであって、今スンナ派が居住する北部、西部はイラクじゃなかった、イラクの文化はシーア派のそれであって、スンナ派のじゃない、と主張する。「イラク人」という国を担うアイデンティティーをめぐって、同じイラク人同士が、どちらがより「正しい」かを、争っている。

正しい国民かどうかを競う、ということは、日本も経験してきた。高遠さんたちが人質となったときに、自民党の議員が行った発言は、「イラクに行って自衛隊の立場を危うくする民間人など、正しい国民じゃない」という趣旨だった。

十一年前に日本が踏み込んだ新しい世界は、自衛隊という組織の存在を前に、正しい国民と正しくない国民がいる世界だった。正しくない国民は、日本の正しい国民を危険に晒すこともいとわず、日本人ではない異国の人々と共振する人々だ。しかもその異国の人々は、暴力や差別が蔓延して当然のような社会に住み、紛争や宗派対立に明け暮れている、異形の者たちである。正しい国民として異国に心を寄せることなどせず、ただ日本人だけを守ってくれる組織を尊敬していればよい――。

だとすれば、国際協力とか国際貢献とは、何の必要があるのか。外交というものは、ただ自分の国の正しさを主張していればいいことなのか。今、政府が中国や韓国との関係に関して、ただ日本政府の言い分を広く世界に広報しさえすれば世界は日本の味方になってくれる、と思っているように。

今回の人質殺害事件で一番悲しかったことは、日本の中東に対する「外交」が、再び失われていこうとしていることだ。十一年前、自衛隊の海外派遣を無事完遂するために、イラクでは民間人が一斉に、引いた。わずかに大使館は残ったが、企業はもちろんのこと、NGOやメディアもまた、イラク国内から遠ざかった。イラクでちょっとでも危険な目に遭えば、「正しい国民」からバッシングを受ける、という恐怖が、いっさいの交流を断たせた。

だが、イラクの石油輸出や経済復興事業が進められるにつれて、他の外国企業は次々にイラク国内で活動を展開していった。日本製品を真似た商品が人気を博してよく売れるほど、日本びいきの強いイラクでは、日本企業の復活が期待されていた。

自衛隊が撤退してからも、地道な経済支援は行われていた。戦争と内戦で疲弊したイラクに何かちゃんとした「外交」をしたい、と考える人たちは、いた。そうした人たちの間では、大々的に日本がイラクで復興に携わっているとなると、いつ反米派、反政府派から攻撃を受けるともわからない、という警戒感が、常にあった。政府援助も派手な広報はほとんどなく、国連や他の国際機関の看板の下で、静かに、国籍を隠して行われていた。国名や国旗をはためかせて日本自体が狙われるなら、はためかせないほうがよっぽどマシだ。それでも、援助は行った方がよい、というのが、その根幹にあった。

今年初めに安倍首相が中東を歴訪し、「イスラーム国をやっつける」と派手に打ち上げたことは、それまでの膾《なます》を吹くほどの慎重さがどこかに消えてしまったかのようだった。どこでそうなってしまったのだろう。身と名前を隠しながら行うのでは「外交」ではない、と考えたからかもしれない。

「日本が世界で積極的に外交している」とアピールしないと、税金の無駄遣いだと言われるからかもしれない。国連や他国を通じて支援するだけじゃ日本の役割を宣伝できないじゃないか、という声もあるのだろう。

外交とは、国際協力とは、いったい何なのだろう。日本のためにならない外交ならしなくてもよい、というのであれば、国名も国旗も隠さざるをえないような対外支援は、行う必要はないことになる。リスクを負ってまで、異国の者たちに関わる必要性はない。

それでも、関わろうとする人たちはいる。アルジェリアで十人の社員をテロで殺されながら、まだそこで活動を続ける企業がある。いつ殺されてもおかしくない内戦下のシリアやイラクやナイジェリアで、報道を続けるジャーナリストがいる。「日本」の看板を掲げられなくても援助のパイプを切らせてはならない、と信じて現地に駐在を続ける政府機関がある。彼らのなかには、単に儲けのため、売名のためで行う者もいるかもしれない。

だが、関わり続けようと思う彼らの出発点には、異国の人たちと自分たちの命は同じだ、という認識がある。彼らの命が助けられなければ、正しい日本人の命が助からないのと同じくらい悔しく、悲しいことだと感じることのできる、気持ちがある。

そういう人たちが、「正しい日本人ではない」と思われることが、何よりも悲しい。

17　若者は「砂漠」を目指す

中東に惹かれる西洋（2015.7）

大学を卒業して、右も左もわからず研究所（アジア経済研究所）勤めを始めてひと月経ったとき、先輩研究者から薦められた本がある。筑摩書房から一九七〇年代に出版された、フランス人ジャーナリスト、ジャック・ブノアメシャンの中東伝記小説三部作だった。第一次世界大戦の敗戦、オスマン帝国の崩壊からトルコを新生共和国として蘇らせた「灰色の狼」ケマル・アタチュルク、サウディアラビア建国の父イブン・サウード（アブドゥルアジーズ）、アラブ・ナショナリズムの雄ナーセル・エジプト大統領という、二十世紀前半の動乱の中東を彩った英雄たち三人の生涯と活躍を、生き生きと描いた作品である。駆け出しの中東研究者に、まずは歴史の息吹を感じさせようとの先輩心だったに違いない（その先輩とは、イスラエル研究者で現在東洋英和女学院大学の学長を勤める、池田明史氏である）。

連休中にでも読んでおけ、と言われたこの本、ハマった。特に、サウディアラビア初代国王のアブドゥルアジーズ・イブン・サウードを題材にした『砂漠の豹イブン・サウド――サウジアラビア建国史』（河野鶴代、牟田口義郎訳）は、まさに血沸き肉躍る大活劇で、読み出すととまらない。

主人公のアブドゥルアジーズは幼少時、政敵ラシード一族との戦いのなか、亡命先のクウエートで鬱々とした暮らしを送っていたが、弱冠二十一歳で出身地リヤドに舞い戻り、街を支配していた敵兵を打ち破ってこれを奪還。その後またたく間に周辺地域を制圧して、サウディアラビア王国を建国した。背丈が二メートル近くあったと言われる彼が、破竹の勢いでアラビア半島の内陸部を纏め上げたのは、四十歳代も半ばの時だ。ほぼ落ち武者同然からアラビア半島統一まであと一歩というところまで、縦横無尽に砂漠の地を駆け巡った一人の男の波乱万丈の武勇伝は、日本で言えば戦国の世を治めた武将織田信長のようで、ロマンを掻き立てるに十分だろう。

その強烈なリーダーシップに魅せられるのは、読者だけではない。「砂漠の豹」に真っ先に惚れ込んだのは、当時英領インド政庁で植民地統治に従事し、イギリスのイラク統治の財務担当官としても起用されたアラビスト、ハリー・セント・ジョン・フィルビーだった。一九一七年、第一次世界大戦の最中、イギリスがオスマン帝国の足を掬おうと画策していた時期、彼はアラビア半島内部に派遣される。おりしもその前年、イギリスはヒジャーズの名家、ハーシム家のシャリーフ・フサインをたきつけて、「アラブの反乱」を起こさせ、オスマン帝国の弱体化を進めていた。

当時のサウード家は、長年聖地メッカの太守職《シャリーフ》を務めてきた伝統あるハーシム家に比べれば、比較にならない新参者である。公家に対峙する成り上がりの野武士、といったところか。だが、フィルビーはアブドゥルアジーズに出会ったとたん、すっかりひいきになってしまった。政府としてイギリスはハーシム家を推しているが、個人的にはサウード家の方が伸びしろがある。そう確信したフィルビーは、本国政府に進言するが聞き入れられなかった。イギリス政府はハーシム家を推し続けたが、結局ハーシム家はアブドゥルアジーズの半島統一の過程でヒジャーズを追い出され、イギリスは「負け馬に乗った」と揶揄される羽目になった。

サウード家推しの主張が通らなかったことに加えて、パレスチナ政策にも不満を持っていた彼は、イギリス政府とぎくしゃくしていたに違いない。一九二四年、フィルビーは政府の役職を辞職する。だが、その後彼がとった再就職の道は、なんとアブドゥルアジーズの顧問だった。当時のアラビア半島には、まだ石油が見つかっていない。イギリスから財政支援が期待できないサウディアラビアは、とにかくカネに困っていた。そこでフィルビーがアブドゥルアジーズに進言したのが、アメリカとの関係構築である。以降、米・サウディの蜜月関係が今に至るまで、続く。

母国に見切りをつけてサウディの石油資源をアメリカに差し出したとして、フィルビーに「裏切り者」の烙印が押されたことは、想像に難くないだろう。だがフィルビーとイギリスの複雑怪奇な関係は、それだけに終わらない。余談になるが、親であるハリー・フィルビーがアラビア半島に活躍の場を見つけたかと思ったら、息子ハロルドはなんと、ソ連に骨を埋めた。第二次世界大戦末期から戦後にかけて、ＭＩ６（秘密情報部）の部長や駐トルコ大使館員を歴任したあげく、ソ連に亡命したスパイ、通称キム・フィルビーその人である。

動乱の中東にロマンと異国情緒を求めて、中東社会に飛び込んだヨーロッパ人は、少なくない。十九世紀後半から第一次世界大戦前後まで、数限りないイギリスの冒険家がペルシアやアフガニスタンの山岳地帯、そしてアラビア半島の砂漠を訪れた。ナイル川の源流を探し求めてタンガニーカ湖を「発見」した探検家でもあり、「千夜一夜物語」の翻訳者でもあるリチャード・バートンや、「アラビア砂漠旅行」を書いた詩人のチャールズ・ダウティなどが有名だ。彼らはトマス・ジョゼフ・アサド著『アラブに憑かれた男たち　バートン、ブラント、ダウティ』（法政大学出版局、二〇〇一年）で「男たち」とまとめられているが、実は女性冒険家も多い。十九世紀後半には詩人バイロンの孫娘アン・ブラントが、二十世紀前半には旅行家フレイア・スタークが、中央アラビアからメソポタミアを旅して、数々の中東紀行を残した（ジェーン・フレッチャー・ジェニス『情熱のノマド』共同通信社、二〇〇二年）。

最も有名なのは、ガートルード・ベルだろう。オックスフォード大を卒業し、ペルシアに駐在中だった伯父さんを訪れたのを機に、中東への冒険旅行にハマっていく。十九世紀末、山岳地帯に住む勇猛なドゥルーズ教徒社会を訪れたり、砂漠の部族間抗争激しいアラビア半島に飛び込んで拉致監禁されたり。同性の目から見ても、なかなかの豪傑だなあと驚くばかりだが、中東研究を志すにあたって、彼女たちにはずいぶんお世話になったと言うべきだろう。こういう先達のいる世界なので、女性でもやっていけます！　と、あちこちでアピールさせてもらったのだから。

探検家上がりで、本国イギリスの対中東政策に大きく関わった一番の有名人といえば、「アラビアのロレンス」ことT・E・ローレンスをおいていない。アラビア語に堪能で、考古学者としてレバノン、シリアでの遺跡発掘に携わっていた彼は、第一次世界大戦の開始をきっかけにその中東での土地勘、語学力を買われ、大英帝国陸軍に登用された。考古学調査の傍ら、軍事戦略用の地図作りをしていたのだ。その後、カイロからメッカに飛び、ハーシム家のフサインを説得して「アラブの反乱」を促す。フサインの三男、ファイサルとともに、ヒジャーズから今のヨルダン、シリアまで駆け上がっていく彼の冒険譚は、デビッド・リーン監督による映画『アラビアのロレンス』（一九六二年）にも描かれ、一躍有名になった。

前述のガートルード・ベルもまた、同じ時期に英軍の諜報機関に登用された。その後彼女は、英インド政庁の政務官パーシー・コックスに呼ばれ、バグダードに職を得るが、それはちょうどオスマン帝国から切り離したメソポタミア地域をどう統治していくか、最も難しい時期に当たっていた。そこで彼女は東方書記官としてイラク建国に多大な影響力を発揮し、「イラク建国の母」とまで呼ばれる実力者となるのである。

ベルとローレンスは、当時のヨーロッパ「オリエンタリスト」知識人がいかに戦争に加担していったかという、典型的な二人だ。これに加えて、フィルビーもまた、イギリスのイラク統治政策をめぐって、その人生を交差させている。第一次世界大戦後、オスマン帝国解体後のアラブ地域の行く末を論じるパリ講和会議（一九一九年）では、イラクでの英国直接統治の方針を掲げてバグダードからやってきたベルと、「アラブ王国」独立を主張するファイサルとともにやってきたローレンスが、出会った。またフィルビーは、ベルら駐バグダードの大英帝国担当官たちがファイサルのイラク国王就任を実現しようとしていた一九二一年春、国王にするなら地元イラクの有力者ナキーブ・ターリブがよい、と主張して、ベルを困らせた。

当時のイギリスの「アラブ通」三人の、このスタンスの違いは、第一次世界大戦後の大英帝国の対中東政策の混乱と矛盾を代弁している。オスマン帝国領内とペルシア、アラビア半島が大英帝国にとって重要だったのは、それがインド統治の中継地として必要だったからだ、というのはよく知られた事実である。なので、この地域に対する帝国の政策は、本国イギリス外務省だけでなく、大英帝国の植民地、インドに置かれたインド政庁によっても決められていた。オスマン帝国領内、特に地中海沿岸地域は、本国外務省が管轄する。だが、アラビア半島、特にペルシア湾岸地域の首長勢力との接触には、地の利を活かしてインド政庁から人が派遣された。

第一次世界大戦時、オスマン帝国とメソポタミア戦線で正面衝突したのは、主としてこの英インド軍だった。その第六部隊は、一九一五年末、イラク南部のクートでオスマン軍に包囲され、壊滅的な敗北を喫した。死傷者は三万人近くに上り、一万三〇〇〇人がオスマン軍の捕虜となったが、捕虜はクートから徒歩でイスタンブルまで連行されたと言われ、半分以上が命を落とした。包囲中、ローレンスも解放交渉団に加わったが、成功しなかった。この事件は、イギリスの軍事史のなかでも屈辱的な出来事としてイギリス人の記憶に刻まれているが、このとき戦った英インド軍は、兵士のほとんどがインドから連れてこられたインド人だ。今でもバスラには、インド人の末裔が住んでいる。

そして、戦後のイラクを管理、統治したのは、インド政庁の政務官たちだった。彼らは、インド統治の経験から、イラクを大英帝国の直接統治にしようと考える。イラクの現地のさまざまな勢力は、どれも頼るに足らない。ここは直接支配して指導していかねば、と考えた。ベルの上司で在イラク政務官のアーノルド・ウィルソンは、その典型だった。

その一方で、本国イギリス政府は、別の考え方を持っていた。イギリスが見ていたのは、メソポタミアなどインド洋に面した地域だけではない。何よりもヨーロッパ戦線での同盟国との関係、ヨーロッパの大国としてのオスマン帝国の弱体化、ユダヤ財閥との協力関係、そしてエジプトなど地中海の要地の確保が不可欠だった。オスマン帝国を弱体化するには、帝国内のアラブ人を味方につける必要がある。それが、ローレンスを通じてメッカのシャリーフ、フサインに約束した、「アラブ民族に独立国家を」であった。

しかし、それがすぐ実現できないことは、イギリス自身がよく知っていたことである。悪名高き秘密条約、サイクス・ピコ協定で、イギリスとフランスが帝国領土を山分けする予定だったからだ。仕方なく、苦肉の策で国連委任統治という手段がとられた。形だけでも、アラブ諸国は独立させなければならない。

そこで本国政府が起用したのが、メッカのシャリーフ、ハーシム家だった。「アラブの反乱」の結果、シリアからパレスチナ、ヨルダン一帯の独立王国を任されるはずだったハーシム家のファイサル王子は、サイクス・ピコ協定のおかげで、フランスによってあっけなくシリアを追い出されていた。

イギリスは、そのファイサルをイラクに、兄のアブドゥッラーをヨルダンの王に据えたのである。

ちなみに、フィルビーはというと、彼もまた典型的な英領インド政庁出身者だった。インド政庁は、植民地支配の実態を知り尽くした帝国の出先機関である。本国政府がお上品な体面外交を展開しようとするのに対して、現場重視の出先機関は、現実を見据えて実力を重視する。イギリスが力で治めるか、そうでなければ現地社会でそれだけの力を持った人物でしか、現場は収められない、と考える。フィルビーがひいきにした、野趣あふれる無骨な砂漠の暴れん坊、アブドゥルアジーズのような人物こそ適役で、ローレンスがその高貴さに惹かれて憧れた、ファイサルのような名家の御曹司ではダメなんだ、と考える。

第一次世界大戦の大英帝国の対中東政策に振り回された三人の人生は、その後も中東の現代史とシンクロして展開する。ローレンスは、映画『アラビアのロレンス』のラストシーンで描かれたように、イギリスの三枚舌外交とファイサルの狡猾さに活躍の舞台を追われ、失意のもとにアラブの地を去った。イギリスに戻った彼は、バイク事故で若くして命を落とす。ベルは、パリ講和会議から七年後、イラクで博物館開設準備に追われるなかで、睡眠薬の過剰投与で死亡した。

二人が支えたハーシム家とイラクは、一九五八年に革命で王政が倒れ、ハーシム家はヨルダンで細々と命脈をつなぐだけとなってしまったが、その衰退を目撃したのは、フィルビーだけだった。ハーシム家よりサウード家を推した彼が、イラクでの王制打倒革命の報に勝ち誇った思いを抱いたかどうかは、定かではない。だが、彼もまた、晩年は憧れの相手に失望していた。アブドゥルアジーズが亡くなって以降、息子サウードの悪政に苦言を呈する日々が続き、あげく亡くなる五年前にはサウディを追い出され、レバノンに移住しなければならなかったからだ。

憧れなのか、それともただ自国に居場所がなくて一番近い「他者」に寄っていったのか、はたまた彼らのルサンチマンのはけ口がたまたま中東だったのか。ローレンスもフィルビーも、大英帝国のみならず、帝国末期のヨーロッパの「オリエンタリズム」を表象する代表格だ。本国でこじれたヨーロッパ人が、燦燦たる太陽の異国に憧れ、自らの鬱屈を中東に投影する。

「ぼくは二十歳だった。それがひとの一生でいちばん美しい年齢だなどとだれにも言わせまい」（『アデン・アラビア』篠田浩一郎訳、晶文社、一九六六年）と書いたポール・ニザンもまた、ヨーロッパを捨てて南へ向かう煩悶する左翼青年だった。ブノアメシャンは、血沸き肉躍る冒頭の三部作を書く前、大戦中に親独、親ナチ姿勢を取り、戦犯として死刑判決を受けていた。

その流れは、今「イスラーム国」と自称する勢力に流れ込むヨーロッパの若者に連なるのかもしれない。「イスラーム国」の広報ビデオにいつも「首切り処刑人」として登場する、きれいなクイーンズ・イングリッシュを話す黒ずくめの男、通称「ジハーディ・ジョン」は、クウェート出身の二十七歳のイギリス人だと判明した。湾岸危機で祖国がイラクに占領される二年前にクウェートを出た彼の家族が、本国でも移住先のイギリスでも、何か鬱屈を抱えるようなことがあったとは、表立っては見えない。フランスやドイツなど、悪環境にあえぐイスラーム教徒の移民二世、三世が、そのフラストレーションから武闘派イスラーム主義に走ることは、容易に想像がつくが、「イスラーム国」に憧れて赴く思いがどこからくるのか、貧困や差別だけでは説明できない。

そもそも、ヨーロッパから「イスラーム国」に向かう若者は、すべてが最初からイスラーム教徒だったわけではない。「イスラーム国」勃興直後に西欧で行われたアンケートで、「「イスラーム国」も悪くないかも」とする回答は全回答の十六％を占めていたが、フランスのイスラーム教人口が全人口の一割にも満たないことを考えれば、この「イスラーム国」支持回答の多くは非イスラーム教徒だと考えられる。特に十八―二十四歳の若者層の間では、この数値は三割弱まで跳ね上がる（二〇一四年八月二十六日 *Newsweek*）。

そうした「「イスラーム国」に赴く白人の若者」の事例はいくつか報道されている。たとえば、ベルギーの、かつてマイケル・ジャクソンに憧れてテレビのオーディション番組に登場したことがある十九歳の若者。二〇一五年一月、シリア北部のクルド人の街、コバーニーでの攻防で命を落としたと言われているカナダ人の二十三歳の若者は、「イスラーム国」のリクルート担当として広報ビデオにしょっちゅう姿を現していた。

最近では、女性の合流がよく報じられる。イギリスからティーンエージャー三人のクラスメートが手に手を取ってシリアに向かった、というニュースは世間を騒がせたが、元ヒップホッパーでタトゥーをした二十一歳のオランダ人女性も、「イスラーム国」に向かった。信仰熱心なユダヤ人の家庭に育った、十七歳のフランス人女性もそうだ。オランダでは二〇一四年、イスラームに改宗した人の数が一〇〇人近くに上り、モスクが開設された一九九三年以来最大の数を記録したが、そのうちの七割が女性だったという。

ヨーロッパの若い女性がイスラーム戦士の妻になりたくて「イスラーム国」に赴く、という現象について、欧米世論が眉を顰める様子から想起させられるものは、『シーク』という一九二一年制作のアメリカ映画だ。一世を風靡したルドルフ・ヴァレンティノ演ずるアラブの遊牧部族の若き長に、砂漠を旅行していたヒロインのイギリス人女性が略奪されるのだが、次第にヒロインが部族長に惹かれていく、というラブ・ロマンスである。結末は、アラブ人だと思っていた部族長が本当はヨーロッパ人の子供だったというオチで、二人はめでたく結ばれるのだが、荒々しいアラブ社会に凌辱されつつ心惹かれるというステレオタイプは、この時代のハリウッド映画で流行った。『シーク』の六年ほど前には、アラブ遊牧民と恋に落ちるアメリカ人宣教師の娘のメロドラマが制作されている。

ハリウッド映画がいかに「アラブ社会」を悪者にしてきたかを描いた名著、『ハリウッド100年のアラブ』（朝日選書、二〇〇七年）で、村上由見子氏は、初期の中東関連のハリウッド映画で登場するのはもっぱら、ユダヤ教やキリスト教世界の清く正しい男たちをたぶらかす怪しい人物たちだ、と指摘する。シバの女王しかり、『天地創造』に登場するエジプトの女性たちしかり。同じような「オリエンタリズム」的視点が、「イスラーム国」に集う若者に対する欧米の報道に、脈々と続いている。

ついでに言うと、「遅れた異形の危険な異国」に惹かれるのは、同じく遅れた「おんなこども」だという、伝統的ヨーロッパ社会での社会的弱者に対するステレオタイプもここに見られる。社会的マイノリティという意味では、これにドロップアウトした若者や同性愛者も含まれるだろう。先に挙げたT・E・ローレンスのアラブびいきの根っこに、彼の同性愛志向を挙げる三文記事は後を絶たない。ブノアメシャンもまた、親ナチとの悪名に加えて、ホモセクシュアルだと指摘されている。フィルビーはといえば、あまりにもスキャンダルが多すぎて、それ以上に付け加えるネタはもういらない、といったところだろうか。

さて、サウディアラビアに話を戻す。フィルビーに導かれてサウディアラビアと「特別な関係」を維持してきたアメリカだったが、その高官たちもまた、アブドゥルアジーズにすっかり畏敬の念を抱いたと、レイチェル・ブロンソンはその著書『王様と大統領』で指摘している。ルーズベルト大統領との接見を準備したアメリカ人の一人がアブドゥルアジーズに抱いた感想は、「聖書の世界に出てくる族長の一人のよう」だった。

ここで気がつくのは、欧米の中東世界への憧れ、畏敬の背景にあるのが、イスラームというより「聖書」の世界だ、ということである。それこそが――つまりイスラーム的世界も聖書的世界も一見たいした違いはないという――一神教世界の、相互に異なるのだけれど基本は同じ根っこ、という均質性と違和を証明しているのかもしれない。あるいは、近代化に邁進しながら信仰生活を堅持する、その内実のところのプラグマティズムこそが、サウディアラビアとアメリカの共通性だ、と言うこともできるだろう。筆者が初めてアメリカに行ったとき、その広大さと徹底した自動車社会に、湾岸産油国の急速に近代化した都市の姿を思いうかべた。いや、時代的には逆なのだけれども。

いずれにしても、アメリカとサウディアラビアの関係が進展しようとしていた一九三〇年代は、サウディアラビアがどんどん新しいものを取り入れていった時期だった。石油、自動車、電話、航空機――。サウディアラビア初代国王となったアブドゥルアジーズは、一部宗教界の反感を押し切って、近代技術の導入には熱心だった。石油産業など現在の基幹産業だけでなく、農業計画や道路網の整備は、彼の治世下で基礎が築かれている。

この急速な近代へのかじ取りと並行して、アブドゥルアジーズは一つの政策的大転換を行っていた。これまで勢力拡張のための同志であり手先であったイスラーム勢力を、切り捨てたのである。一九二九年、シビラの戦いと呼ばれる戦闘で、アブドゥルアジーズは、半島統一の最大の貢献者だったイフワーンと呼ばれる宗教集団を、壊滅させた。

イフワーンは、第10章でも触れたが、一九一三年に設立された、最も高い戦意と信仰心を持つ、一種の開拓者、屯田兵集団である。遊牧部族にワッハーブ派の教義を教え込み、理想のイスラーム国家の建設に邁進させた。土地に定住しないがゆえに無軌道、統治者の命令など聞く耳を持たない遊牧部族を、手なずける目的もあった。勇猛果敢を義とする彼らを領土拡大の先兵とし、征服した土地に定住させて、コミュニティーを作らせる。砂漠の荒くれ者は、新天地での理想郷建設を夢見る、信仰心篤い闘士たちに変身する。

だが、アブドゥルアジーズ本人は、イフワーンの若者たちほどナイーブではなかった。サウディアラビアは、宗教界とサウード王家のタンデムで成立した国である。世俗の権力、物理的な強さを背景に、指導者の地位に上り詰めたサウード家だが、それが全土を平定し、半島統一を遂行するには、人々を納得させ動員させる「正統性」がないとやっていけない。その正統性を支えたのが、十八世紀、アラビア半島に宗教改革を起こしたムハンマド・アブドゥルワッハーブと彼の学派、いわゆる「ワッハーブ派」だ。一方、アブドゥルアジーズとそのサウード一族は、現実的な政治野心を代表する側である。宗教的熱情と現実的な政治野心が手に手を取って、今の国土を統一し、サウディアラビアを成立させた。

しかし、一九二〇年代半ばにハーシム家の領地だったヒジャーズ地方を統合した後、アブドゥルアジーズは、一転して周辺国との折り合いに気を使わざるをえなくなる。北にあるイラク、ヨルダンは、第一次世界大戦後、イギリスの委任統治下となっていた。特にイラク政府は、かつてワッハーブ派がイラク南部のシーア派聖地を襲撃して破壊したこと（一八〇二年）から、ワッハーブ派の半島北上に常々危機感を抱いていたが、そのイラクの背後に、大英帝国が控えることになったのだ。成立したばかりのサウディ王国がイギリスを刺激しないためには、それなりの外交的配慮が必要になる。

イフワーンを切り捨てる判断は、その現実主義から生まれた。第一次世界大戦後に否応なく導入された西欧基準の領域国家、主権国家という概念に、つきあってやっていくしかない、と考えるアブドゥルアジーズ。だが、イフワーンの宗教的情熱には国境はない。この国家建設理念のぶつかりあいに、サウード王家は勝利した。ここに、宗教と政治のタンデムとして始まったサウディアラビアの、現実主義的政治優位、国際社会との妥協という方向性が、決定づけられたのである。

だが、だからといって、宗教を捨て去ることはできない。タンデムを放棄したら、それはサウード王家がイスラームの聖地たるメッカやメディーナを統治している正統性が失われる。厳密に言えば、イスラームに基づけば「王」などあってはならないのだ。

なので、現世利益を追求するサウード王家は、今度はワッハーブ派の導くイスラームの信仰心に、十分以上の配慮をしなければならない。それでも、しばしば反旗を翻す者が出現する。一九七九年、我こそは救世主なりと宣言して、メッカのカアバ神殿を占拠したジュハイマン・アルオタイビーは、宗教的な理由からサウード王家の統治正統性に「ノー」を突きつけた最初のケースだ。

しかし、より一層深刻な「ノー」は、湾岸戦争後に訪れる。クウェートを占領したイラクを、米軍の力を使って攻撃すること、そのために米軍を自国領土内に駐留させること——。このことは、異教徒をイスラームの聖地のある地に入れる、という問題以上に、サウード家が国を守る責任を外国軍に任せることとの問題を浮き彫りにした。サウード家が王家の地位にあるのは、イスラームの聖地のある領地を自ら力でまとめ上げてきたからではないのか。タンデムのうち、「政治と安全保障」の部分を担ってきたからこその王家ではないのか。

湾岸戦争を契機に、サウディ国内で反政府的なイスラーム主義勢力が生まれる。一九九〇年代半ばには、サウディ国内で一定の影響力を得ていたムスリム同胞団系の運動「サフワ（覚醒）」が、政府と衝突した。ビン・ラーディン率いるアルカーイダのジハード主義は、ワッハーブ派の厳格さと、ムスリム同胞団の武闘派が合体して生まれたものだが、彼が首謀した9・11米国同時多発テロ事件は、その実行犯の三分の二がサウディアラビア出身だった。

そして、行きつくところに、「イスラーム国」がある。二〇一四年九月三日にBBCが報じたところによると、シリアとイラクの「イスラーム国」に流入した外国人のうち、一番多いのはチュニジア（約三〇〇〇人）だが、二番目に多いのがサウディ人（約二五〇〇人）である。サウディアラビアのみならず、湾岸アラブ諸国によるシリア反政府勢力支援は、暗黙の了解だ。個人による多額の寄附も、馬鹿にできない。

よりイスラームに基づいた国造りを求める人々が、王政に見切りをつけて国外で勝手をするのなら、放っておけばいいかもしれない。個人として政府の監視をかいくぐって、シリアやイラクのイスラーム主義者に資金援助するのも、やむをえないかもしれない。だが、その不満の矢が国内に広く行きわたるようなことになっては、王国としては、困る。イスラーム的に正しくない、という声がサウード王家に寄せられないように、「ワッハーブ的正しさ」を国民に知らしめなければならない。

AF通信によれば、二〇一四年にサウディアラビアで執行された死刑は九十件弱で、前年より十件ほど増加した。今年はなんと、半年も経たないうちに、昨年並みの数の死刑囚が処刑されている。昨年十月には、国内シーア派宗教指導者として有名なニムル・アルニムル師に死刑判決が下り、五月には執行されるのでは、という不穏な空気が漂った。

サウディアラビアで、シーア派モスクが「イスラーム国」によって爆破されたのは、そんな時だった。サウディアラビアは、今年初めにシーア派の一勢力が政権を奪取したイエメンに対して、三月末から空爆を続けている。イエメンの、イラクの、シリアのシーア派を通じてイランが中東地域全体に覇権を拡大しようとしているのではないか——。そんな懸念を深めたサウディが、目と鼻の先に成立したシーア派政権に、牙を剝き出しにした。だったら、と、国内外からこういう囁きも聞こえる。自国のシーア派社会ももっと徹底的にやっつけるべきじゃないのか？　ワッハーブ的には、シーア派はイスラームとは認められないはずじゃないのか？

そんな空気をサウディ国内に生み出すことが、「イスラーム国」の目的だったのだろう。案の定、と言っていいかもしれない。シーア派モスクの爆破後、同じサウディ国民が受けた悲劇を宗派を超えて共有する声が伝えられる一方で、シーア派に対しては献血を拒否する、といった差別的言動も報じられた。さっさとシーア派モスクを閉鎖しろ、と息巻く輩もいた。

これまでは、シーア派との共存も、サウード王家の現実主義的政治の一環だった。差別は歴然とあるものの、シーア派社会にシーア派としての裁判権を与えたり、一定のシーア派宗教行事の実施を認めたりと、それなりの配慮をしてきたのが、サウード王家だったのだ。そう、急進的ワッハーブ派のイフワーンが、周囲にお構いなくどんどん自分たちの理想郷を広げようとしたときに、ストップをかけたアブドゥルアジーズのように。

だが、国家が現実政治のなかに小さくまとまっていくのを見ると、その枷を外して自由に、自分たちの「くに」を目指す、夢に溢れた運動に憧れる人々が現れる。「アラブ王国」を夢見てアラビア半島からダマスカスを目指した、ファイサルの「アラブの反乱」のようにワッハーブ思想と組んでアラビア半島の統一を目指した風雲児、アブドゥルアジーズのように。シリアとイラクの領土の三分の一を制圧して、「カリフ制の復興」を謳いあげる「イスラーム国」のように。そして、自分の祖国に居場所を見出せない世界中の若者たちが、そうした夢の計画に憧れる。自分の居場所を「オリエント」に求めたフィルビーやローレンスのように、あるいは、ベルギーのラッパーやジハード戦士の妻を夢見るフランス人少女たちのように。

『アラビアのロレンス』の映画の最後の方で、ファイサルがローレンスについて、こう言う。「戦士の仕事は終わった。取引は老人の仕事だ。若者は戦い、戦いの美徳は若者の美徳だ。そして、平和は老人が請け負う」。そして今、老人＝国家から厄介払いされた若者たちが、ここぞとばかりに、戦いに美徳を見出している。

ポスト・スクリプト――パリ同時多発テロ事件

先週、かつて日本に留学していたというシリア人の女性が、来日していた。留学から戻って、ダマスカス大学で日本語教師をしていたのだが、内戦と化したシリアで、今はシリア赤新月社の難民救援のボランティアをしているという。

彼女が、かつて学んだ校舎で日本人の学生たちに言った言葉が、重い。「かつて私がここで学んでいたとき、自分の国がこんなふうになってしまうなんて、想像もしてなかった。みんなと同じように、普通に勉強し、普通にレストランに行っておしゃべりし合っていたのに」。

二〇一五年十一月十三日、パリでコンサート会場を襲った襲撃犯は、銃を撃ちながらシリアやイラクのことを口にしていたという。「フランスはシリアに関与すべきではなかった」「フランスはシリアで起きていることを知るべきだ」。目撃者の証言では、犯人はどこにでもいる普通の若者で、街で会ったらわからなかっただろう、という。現在判明している限りでは、彼らはヨーロッパで生まれ育った青年であるという。

　ヨーロッパがこんなに富と繁栄と猥雑と快楽に満ち溢れているというのに、シリアやイラクで起きていることは流血と暴力と破壊と死だ。なぜわたしたちばかりが、という思いが、過去数年間、イラク戦争やシリア内戦以来、積み重なってきた。パレスチナ問題を加えれば、過去六十年以上にわたって、だ。

　パリでの惨事の後に中東諸国で飛び交うツイッターやコメントのなかには、パリでの事件と、その前日に起きたレバノンでの爆破事件を重ねあわすものが多い。まさに「中東のパリ」とかつて呼ばれたベイルートの、にぎやかな商業地区二カ所で同時に起きた事件で、四十三人の死者と二〇〇人の負傷者を出した。シーア派イスラーム主義組織「ヒズブッラー」の支持基盤地域を狙ったものだったが、ここ数カ月激化している、「イスラーム国」とイラン革命防衛隊やヒズブッラー、イラクのシーア派民兵集団「人民動員組織」の間の抗争を反映したものだ。

　ベイルートもパリも、「イスラーム国」との戦いの延長で、テロによる報復にあった。だが、その二つは受け取られ方の点で、大きく違う。

　一つは、ベイルートでの事件が、欧米メディアのなかでかき消されていることだ。英『インディペンデント』紙の報道によると、「イスラーム過激主義の動向を懸念している国」リストのなかで、フランスとレバノンは同率二位（六七％）である（一位は「ボコハラム」の攻勢に悩むナイジェリア（六八％）だ）。中東の出来事だって、パリと同じく「被害者」として扱われてしかるべきなのに、という思いが、中東諸国だけではなく世界に広がる。アメリカの歌手ベット・ミドラーは、こうツイートしている。「パリの事件も悼ましいが、ベイルートでの犠牲者も忘れてはいけない」。

二つ目は、フランスが「イスラーム国」との戦いに深く関与していることが覆い隠されていることだ。ベイルートで起きていることは「イスラーム国」の周辺として波及しても当たり前だが、遠いフランスは理不尽なテロに巻き込まれただけ、と思う。それは、違う。フランスは、堂々と「イスラーム国」との戦い（実際にはアサド政権のシリアとの戦い？）に参戦している。参戦して空爆でシリアの人々の命を脅かしているのに、フランスの人々は戦線から遠いところにいる。だったら遠いところから近いところに引きずり出してやろうじゃないか——。犯人が劇場で、「フランスはシリアで起きていることを知るべきだ」とフランス語で叫んだのは、そういう意味ではないか。

シリア内戦の悲惨さ、アサド政権の非道を、メディアを通じて積極的に報道してきたのは、西欧諸国である。二〇一一年三月、アサド政権に反政府派が反旗を翻したとき、これを露骨に支援して反アサド行動を煽動してきたのは、西欧諸国だ。イギリスやフランスから「イスラーム国」に合流しようとした若者に、その動機を聞くと、多くが「シリアでアサド政権の弾圧に苦しむ人々のために、なんとかしたい」と答えている。

「イスラーム国」には誰もが頭を痛めている。なんとかしなければと、思っている。だが「イスラーム国」の「テロ」にあうと欧米諸国はいずれも、自分たちの国（と先進国の仲間）だけを守ることが「イスラーム国＝テロとの戦い」だと線を引いてしまい、他の被害にあっている国や社会との連帯の声は、聞こえない。自国の利益を追求するのに、「テロとの戦い」という錦の御旗を利用しているだけだ。

そして「テロとの戦い」と主張してやっていることは、ただ攻撃と破壊だけである。攻撃の後にどういう未来を、平和を約束するのかへの言及は、ない。反対に、同じ被害者である難民を拒否し、「テロ」予備軍とみなす。

「テロとの戦いで国際社会は一致する」というならば、その被害者すべてに対して、共鳴と連帯の手を差し伸べるべきではないのか。そうじゃなくとも、まずシリアやイラクやレバノンで紛争の被害にあっている人たちに対して、「被害者だ」とみなすことが大事ではないのか。もっと言えば、自分たちの国の決定によって「被害者」になる人たちがいることに、目をつぶらないでいる必要があるのではないのか。

少し前までわたしたちと同じように、普通に学生生活を送り、家族や友人と外食を楽しんでいた「生きること」を楽しんでいた人々を、どうか国際社会が「被害者」から「テロ予備軍」に追いやってしまいませんように。

著者略歴

（さかい・けいこ）

千葉大学法政経学部教授．専門はイラク政治史，現代中東政治．1959年生まれ．東京大学教養学部教養学科卒．英ダーラム大学（中東イスラーム研究センター）修士．アジア経済研究所，東京外国語大学を経て，現職．著書に『イラクとアメリカ』（岩波新書 2002）『イラク 戦争と占領』（岩波新書 2004）『〈中東〉の考え方』（講談社現代新書 2010）『中東から世界が見える』（岩波ジュニア新書 2014）．編著に『〈アラブ大変動〉を読む——民衆革命のゆくえ』（東京外国語大学出版会 2011）『中東政治学』（有斐閣 2012）など．

酒井啓子
移ろう中東、変わる日本
2012-2015

2015 年 12 月 18 日　印刷
2016 年 1 月 8 日　発行

発行所 株式会社 みすず書房
〒113-0033 東京都文京区本郷 5 丁目 32-21
電話 03-3814-0131（営業）03-3815-9181（編集）
http://www.msz.co.jp

本文組版 キャップス
本文印刷・製本所 中央精版印刷
扉・表紙・カバー印刷所 リヒトプランニング

Printed in Japan
ISBN 978-4-622-07958-3
［うつろうちゅうとうかわるにほん］